高中思想政治课创新课例研究

只要心儿长出翅膀：

高中思想政治课『症结』课例的解读与研制

主编：陈方梁 吴志贵

编委：金依平 张家如

范树怀 许军国

ZHEJIANG UNIVERSITY PRESS
浙江大学出版社

探索更加鲜活的政治课教学方式

——读《只要心儿长出翅膀》有感

眭依凡

中学政治课教学于我而言是一个较为生疏的领域。长期以来,我对它的了解只限于如下范围:这是一门学校教育中不可不设、不得不考的重要课程,但同其他课程相比,似乎效果不够理想,在学生(尤其是面临中考、高考的学生)心目中很有一种说起来重要、忙起来次要的味道,老师、学生都颇感遗憾。尽管我不专门研究中学政治课教学问题,但我知道这不是这门课程本身的错。有什么办法能够使这门课更加生动活泼一些、更受学生喜爱一些呢?

阅读陈方梁和吴志贵两位中学特级教师共同主编的《只要心儿长出翅膀——高中思想政治课"症结"课例的解读与研制》书稿,让我有一种可以说几句话的感觉:书中呈示的政治课创新教学设计所达到的水准不仅超出了我阅读前的期望,而且让我深感参编这本书的老师们不简单,这是一个有愿景和有眼光的教学研究共同体。以前我常常说,做教师难,做一个好教师更难。但现在我想补加一句:做一名政治课教学的好教师难上加难。阅读了本书之后,我很想和研究教学的同行们说,政治课教学对教师素养的要求太不一般了,从经济、政治、法律、文化到国际事务、外交政策,没有三招两式实在是没法在课堂上立足!谁敢说它比数学教学简单,比语文授课肤浅,比科学探究狭窄?

读完本书,我有三点深切的感受:

第一,积极思考努力探索真谛。参加本书编写的老师都有一种共同的追求和愿景,他们通过与常态课的比较,研制创新课,努力使得每一堂创新课有自己的特色。确实,凡事只要讲究认真和投入,那么,我们就一定能寻找到有效的方式,从必然之路走进自由王国。政治课教学也不例外。

第二,真诚面对学生实际需要。本书中创新课的研制给人留下的一个十分深刻的印象,就是从学生的实际需要出发,充分考虑他们已有的经验,体会其思想上的形成期和多样性等特点。政治课教学不是板起脸孔训人,不是落入概念云雾之中,不是只寻求一个答案一种路径,而是循循善诱,协商达成共识。

　　第三,新老教师联手奉献精品。我们可以看到,参与本书编写的老师中有一部分是青年教师(当然可能不是新教师,但是肯定有一些教坛"新秀")。这些创新课的研制面世,不仅大大改变了人们对政治课教学的刻板印象,同时也让人们感觉到了执教者的智慧和大气。

　　我想简要引证几个例子来说明,本书中创新课研制中教师是如何来体现各自的风采的。

　　慈溪观城中学王盛老师在"中国共产党:以人为本,执政为民"一课设计中,从华西村的变化看吴仁宝是如何发挥优秀共产党员的先锋模范作用,带领大家共同富裕的。在内容安排上,考虑如何重点突出,难点突破,紧密联系国际国内社会主义现代化建设实际,与时俱进,充分利用和整合各种德育资源把爱国主义教育、革命传统教育统一于教材之中。在结构脉络上,注重师生共同唱好了三部曲:创设教学情景,提出有针对性的问题;引导学生自主学习,合作探究;走进生活,理解运用。给出典型的材料,判断运用。在情感、态度、价值观上:注意选择能够体现时代性的典型事例,不让学生觉得材料老套、没有兴趣,用另一种方式诠释社会主义新农村建设的成就,使学生感受到党的一切工作为了造福人民,人民群众共享改革发展成果,使得学生能够从内心上认同这一点。

　　慈溪中学张家如老师设计的"政治权利与义务:参与政治生活的基础与准则"一课,试图体现"贴近生活、贴近实际、贴近学生"和"基于案例、基于情景、基于问题"进行学习的理念,以"话题"为教学切入口,以"情景—话题—探究—生成"为活动方式,这一设计既能落实教材相关知识,又能突出情感、态度和价值观的转化,既能丰富民主的、开放的教学氛围;又能培养学生自主学习、合作探究能力;既能发挥教师在多样性基础上的主导活动方式,又能促使学生主体的思考、发现、探索和感悟。

　　宁海县教师进修学校严永伟老师设计的"国际关系的决定性因素:国家利益"这一课,通过创设学生关注的全球气候暖化问题为教学情境,并以哥本哈根气候峰会为主线,采用对话式、合作探究式、体验式等多种教学方法,让学生主动建构知识,落实教材基础。

　　象山第二中学陈微老师设计的"公司的经营"一课,"放飞创业梦想"主题活动是主线,以四个创业片段为镜头,真实呈现当"董事长"所要遇到的主要挑战,在注册公司及其经营活动中,不知不觉地掌握了经营公司的相关知识点,并且树立了诚信、进取、兼济天下的意识。通过创业这条主线把公司的优点、形式、组织机构、经营成功的因素等零散知识点,有机地串联在一起,保证了内容上的连贯性。

以上几个设计事例都给我留下了较深的印象,可以说,同样精彩的设计在本书中还有许多。这就使我想起了一个问题:究竟什么样的教学内容和方式才有助于形成和发展学生的当代素质?中学政治课教学为什么长期以来都处在味同嚼蜡、食之无味、弃之不容的尴尬境地呢?细细追究的话,也许我们将不得不说,这恐怕同我们的教学脱离学生需要,重说教、轻剖析,没有直面社会问题、枯燥地背诵条文概念有着密切的关系。在学校课程的设置问题上,长期以来人们似乎一直有一种"吃啥补啥"的嗜好,什么数学能够使人聪慧,历史能够使人深沉,科学能够使人博闻,地理能够使人致远,等等。这实际上是"官能心理学"的遗风,真的没有多少科学道理可言。政治课教学完全能够同其他学科一样,担当起培养能力、开发智力和陶冶品质的重任。现在学习理论的研究,已经摒弃了一种课程培养一种素养的思维套路,而是强调各门课程都要围绕着意义学习的过程进行,实现学习迁移。学习迁移是怎样实现的呢?新的学习与教学理论研究倾向于教师要做好哪些事情呢?我们不妨来列举一二。

当代国际著名教学设计专家范梅里恩伯尔在20年研究的基础上提出了"综合学习设计"及其十步骤。他认为,解决问题的过程中有三个要素:一是给定状态(已知);二是目标状态(求解);三是在给定状态和目标状态之间实现转换,找到解决问题的路径或者方案。问题的关键在于我们将如何通过教学实现这种转换呢?这就需要教师创设一定的情境,从扶到放,逐渐过渡。教师要给出三种任务的学习方案:一是完全扶持的"案例学习任务"(提供了给定状态、目标状态和解决方案)。二是通过半扶半放的"补全学习任务"予以逐渐过渡(提供了给定状态和目标状态,并且根据需要给出了部分解决方案,其余的解决方案需要学生自己"完形填空"。请注意,补全学习任务不一定只有一个,根据实际情况教师要做到扶放有度,拿捏得当)。三是完全放手的"常见任务"(提供了给定状态和目标状态,需要独立寻找解决方案)。

总之,"补全学习任务"为学生在"案例学习任务"与"常见学习任务"之间架起了桥梁,是"部分有"解决方案的学习任务。因为"案例学习"可以被视为是一个已经"全有"解决方案的"补全任务",而"常见任务"则是"全无"解决方案的"补全任务"。这样,学习的结果无非是要做到两件事情:一是相同知识之相同应用,即运用熟练的具体规则解决问题中的熟悉方面;二是相同知识之不同应用,即运用认知图式解决问题中的不熟悉方面。这就是学习迁移的真相。

美国"学习有限公司"总裁伯尼斯·麦卡锡在30年的探索中,不断完善"自然学习设计"模式,强调学习应该按照"为什么"、"是什么"、"应如何"和"该是否"这样一个循环圈进行，以此达到体验价值、探究新知、尝试应用和融会贯通的要求。

欧洲经济与合作组织(OECD)教育研究和创新中心的学者新近提出了面向"适应性教育"的"CSSC学习范式"，明确提出，培养学生"适应性能力"所必须遵循的基本学习原则是：(1)主动建构；(2)自我调节；(3)情境相依；(4)协同努力。同时还要辅以"新旧知识融合"与"区别对待教学"。

美国"21世纪技能联盟"经过了10年的研究，提出了"21世纪学习框架"(21st Century Learning Framework)。他们认为，自古以来，"质疑解难"(question & problem)一直是人类进行学习，获得新知和创造新生活方式的前提，而要实现这一目标，需要依靠两种强大的途径，即通过开展"科学研究"向自然界发问和实施"工程技术"来解决实际问题。基于质疑的学习方法称为"探究学习"，寻找解决问题方案的学习方法称为"设计学习"，这两种方法已被证明在参与和维持学习、深化理解方面有着显著效果。如果再结合传统的获取知识内容和基础技能的方法，以及今日的数字学习工具的驱动，便组成了21世纪学习方法的内核，这就是"融探究、设计、合作于一体的项目学习法"(inquiry, design and collaborative project learning)。具体的学习中包括四个具体阶段：明确目标、计划路线、贯彻实施与反思检查。

简单引证了以上几种新的学习与教学理论的研究，给我们探索更加鲜活的政治课教学有什么启示呢？我想总体要求是：贴近学生需求，联系生活情境；面向完整任务，聚焦意义学习；学会解决问题，实现学习迁移；协商达成共识，容许存疑质疑；鼓励协作探究，倡导分享识见；不求唯一解答，鼓励多种视角；教师扶放有度，整体/有序设计；学生主动建构，学会自我调节。《只要心儿长出翅膀——高中思想政治课"症结"课例的解读与研制》已经给出了许多尝试，我想请读者朋友们不妨细细品味，不一定限于政治课教师，其他学科的教师也可以从中得到很好的启示与参照。

2012年1月3日于浙江大学

目　　录

必修 4：生活与哲学

选修 3：国家和国际组织

必修 1：经济生活

第三课第二框:树立正确的消费观

一、课例选取依据

本框是第三课教学的落脚点。理论的价值在于指导实践。通过让学生了解、认识、辨析消费,最终使学生能以科学的态度对待消费,崇尚健康的消费方式,选择正确的消费行为,用科学的消费观指导自己的生活实践。这不仅对学生个人的成长具有重要的意义,更符合现代和谐社会的要求。基于社会经济的发展,社会生活的复杂多样,更需要学生做一名理智的消费者。

二、基本内容和要求

1. 基本内容。教材分两目:第一目"消费心理面面观"。教材分别从从众、求异、攀比、求实等四个心理角度阐述人的消费行为受消费心理的影响。第二目"做理智的消费者"。教材针对当代社会的实际,提出了做理智消费者应该践行的消费原则。

2. 基本要求。(1)课程标准:描述几种消费心理;比较消费行为的差异;辨析消费观念的变化,树立正确的消费观。(2)学科教学指导意见:①描述几种主要的消费心理;②比较几种受不同消费心理影响的消费行为的差异;③理解理智消费的四大原则;④(发展要求)辨析消费观念的变化,树立正确的消费观。

三、常规课例解读

1. 教学课例(出自《新课标教案思想政治必修 1(人教版)》,延边教育出版社 2011 年 6 月第 7 版。有删节)

【教学目标】(略)

【教学重点、难点】

重点:做理智的消费者。

难点:勤俭节约、艰苦奋斗。

【教学过程】

[问题]在前一节课,我们学习了消费及其类型,不妨先回顾一下影响消费的客观因素有哪些? 请大家列举一下。

[学生]收入水平和消费品的价格,这是最主要的客观因素。

[板书]树立正确的消费观

[板书]一、消费心理面面观

[课件]展示某同学过生日的场景图片,引导学生回答。

[师小结]跟风随大流是人们的一种心理,这种心理往往能够引发人们对某类商品、某种风格商品的追求,并形成流行趋势。这种消费心理是从众心理,简单地说,就是大家这样我也这样。

[板书]1. 从众心理引发的消费

[师小结]对消费是否应该从众要具体分析,要看消费行为产生的意义。我们不主张的是盲目的从众。好,我们再聊第二个话题。

[课件]校服,让我欢喜让我忧。

[问题]刚才,话题一出,很多同学都不由自主地彼此打量一下。校服,是不是让我们欢喜又让我们忧呢?

通过学生回答,导出“求异心理”。

[总结]这些人的消费心理叫“求异心理”,也就是在消费时追求展示个性和与众不同的效果。这种消费心理引发的消费也有一定的积极作用,有时可以推动新工艺和新产品的出现。

[板书]2. 求异心理引发的消费

[问题]有的同学买运动服,他说他犹豫过,徘徊过,又狠心过。请问:你犹豫什么呢?

通过学生回答,导出“攀比心理”。

[板书]3. 攀比心理引发的消费

[过渡]根据自己的需要去考虑,去决定取舍。这是由求实心理引发的消费。

[板书]4. 求实心理引发的消费

[过渡]消费心理是多样的,比如有的商品造型特别美,有的人出于一种爱

美的心理引发消费;又比如有的人偏好某种颜色而引发消费。除此之外,还有安全心理、便宜心理,等等,而且人在消费时有时会受多种心理的影响。正因为消费心理对消费有重要影响,所以,在消费时更要注重培养健康的消费心理,使我们的消费向合理、健康、文明的方向发展,做一个理智的消费者。

[板书]二、做理智的消费者

[过渡]经济在发展,人们的生活水平在提高,消费观念也不同,要做一个理智的消费者,必须遵循一定的消费原则。

[课件]有关"月光"族。

[总结]刚才大家分析得都很好,都主张消费"悠着点儿",也就是要量入为出,适度消费。

[板书]1. 量入为出,适度消费

[问题]我们一方面主张量入为出,适度消费,而另一方面银行又在到处宣传贷款消费。这二者不是自相矛盾吗?

[引导]这不矛盾。我们主张量入为出,适度消费,即消费支出应该与自己的收入相适应,这既包括当前的收入水平,也包括对未来收入的预期,因此就有了贷款消费。当然,贷款要考虑偿还能力,偿还能力也是承受能力。所以,在自己经济承受能力之内,还是应该积极、合理地消费。

[板书]2. 避免盲从,理性消费

[引导]苏联著名诗人马雅可夫斯基曾说过:"流行的不一定好,比如流行感冒。"我们不妨归纳一下,理性消费该怎么做?

通过学生回答来落实观点。

[板书]3. 保护环境,绿色消费

[过渡]绿色消费是以保护消费者健康和节约资源为主旨,符合人的健康和环保标准的各种消费行为的总称,核心是可持续性消费。

[课件]展示教材第22页的图片。

[问题]大家说说看,在我们日常生活中,有哪些行为违背了绿色消费的原则?

通过学生回答来落实观点。

[板书]4. 勤俭节约,艰苦奋斗

[过渡]今天,国家正鼓励消费;在这样的背景下,把"勤俭节约,艰苦奋斗"作为一个消费原则提出来,不切合实际吧?对这个问题,大家不妨讨论一下,再发表自己的见解。

学生讨论(略)

[总结]对,同学们分析得非常好。提倡消费不是提倡挥霍浪费,主张节约也不是压抑消费,勤俭节约、艰苦奋斗,是一种原则、品质、精神,无论何时都是非常重要的。"历览前贤国与家,成由勤俭败由奢。"以艰苦奋斗为荣、以骄奢淫逸为耻,是社会主义荣辱观的体现。

[小结]人的消费行为受客观因素的影响,同时也受到消费心理的影响,健康的消费心理才会产生理智的消费行为。做一个理智的消费者,有益于个人,也有益于社会,能促进个人的健康发展和社会的可持续发展。

板书设计

树立正确的消费观

一、消费心理面面观

1. 从众心理引发的消费

2. 求异心理引发的消费

3. 攀比心理引发的消费

4. 求实心理引发的消费

二、做理智的消费者

1. 量入为出,适度消费

2. 避免盲从,理性消费

3. 保护环境,绿色消费

4. 勤俭节约,艰苦奋斗

2. 课例点评

(1)教学目标上,重视书本知识目标的落实,力图通过学生自身生活现象的重现,培养学生透视生活现象,追求理性消费。但侧重正面教育,缺乏对社会现象复杂性的观察和思考,难以达到学生对生活现象的理性思考,缺乏现实教育意义。

(2)教学内容上,依据教材的编排体系授课,侧重教学内容和环节的落实,但由于缺乏对社会矛盾的深入探讨和分析,难以达到对学生心灵的震撼,从而难以完成教学目标中情感、态度、价值观目标的实现。任何知识不分主次,泛泛而谈,难以引发学生的思考。

(3)教学活动设计上,围绕学生的生活实际,针对当前社会中的一系列现象进行师生、生生之间的讨论和交流,较好地体现了课程标准的要求。但在讨论设计中,预设性过多,给人以"钓鱼"式提问的感觉,不能真正达到对学生心灵的触动。

总之,这是一堂比较典型的常规课例。以教材为教学依据,以知识落实为主要任务,以教师的预设来推进教学,但未能充分考虑教学内容的特殊性,尤其是该内容的现实教育意义,泛泛而谈而不能真正触动学生心灵,难以引发学生思考的激情,也就难以真正对学生今后消费的选择产生重要影响。

四、创新课例研制

【教育教学目标】

知识目标:理解从众、求异、攀比及求实消费心理的基本特征,并能作正确的评价;理解量入为出、适度消费,避免盲从、理性消费,保护环境、绿色消费,勤俭节约、艰苦奋斗等基本消费原则。

能力目标:正确评价和对待各种消费观及消费行为的能力;提高科学理财的意识和能力;根据主客观条件设计理性的消费方案的能力。

情感、态度与价值观目标:树立正确的消费观,以科学求实的态度对待消费;坚持正确的消费原则,发扬勤俭节约、艰苦奋斗的精神;树立生态文明观念,自觉落实环境保护行动。

【教学重点、难点】理性消费的基本原则。

【教学手段】多媒体课件、讨论引导法。

【教学过程】

导入:1. 播放中央台"面对面"栏目片头。

2. 开场解说词:关注生活、直面社会。欢迎收看本期的"面对面"。我是主持人××,欢迎来到节目现场的各位嘉宾。

本期节目,我们离开了熟识的演播厅,来到了美丽的××中学,将和高一(×)班的同学们一起,为大家呈现一期特别的"面对面"。

本期的话题是:关注中小学生的高消费

经济社会的发展,增加了社会财富,提高了人们的生活水平。作为祖国未来的广大中小学生,被家庭、社会寄予了很多的关注和希望。

可最近一则新闻让我们深深地陷入了思考。2011 年 4 月,安徽一名 17 岁高中生,作出了卖肾的举措,而卖肾的初衷则是"当时想要买一个 iPad2,但是没钱"。某种程度上讲,这并不是一个必须要支出的"刚性消费",但在这个媒体塑造的消费主义时代,它却足以使得一个高中生义无反顾地作出卖肾的选择。

我们的孩子怎么了? 我们的社会怎么了?

为此,我们记者走访了部分中小学校,走进中小学生的生活,希望能引发我们的共同关注和探讨。

请看前方记者发回来的报道。

教学环节一:中学生消费大调查

视频展示:中学生消费现状

[提问]1. 看了前方记者发来的报道,各位嘉宾有何感想?

学生回答:略。

[总结]从前方记者发回的调查我们不难看出,当代中小学生日常消费水平普遍增长,热衷于品牌消费,高消费趋势明显。

[提问]2. 我们不禁要思考,是什么因素促使学生消费的增长,甚至出现高消费、精品消费的现象?

学生回答:略。

[总结]1. 社会经济的发展,家庭收入的提高。

  2. 家庭环境、社会风气。

  3. 学生个人的心理因素(攀比、从众、求异、求实、崇外、炫耀、好奇……)

  ……

教学环节二:透视中小学生消费

因素一:经济发展,家庭收入增长(注:收入包括当前收入和预期收入)

家庭收入是家庭消费的重要物质基础和保障。收入与消费的不协调,会造成不必要的麻烦。

[提问]1. 你如何看待低收入高消费呢?

  2. 你认为高收入低消费合理吗?

学生回答:略。

[总结]低收入高消费,缺乏责任感,是不理智的;高收入低消费,需求得不到满足,也不利于推动社会生产的发展。消费应坚持"量入为出,适度消费"。"适度"消费,这个度,就是家庭的收入情况,家庭的可承受能力。"量入为出",就是要有计划性。

[提问]3. 那你认为中学生就应该高收入高消费吗?各位嘉宾有何见解。

学生回答:略。

[总结]家庭收入提高,改善生活无可厚非,但作为未成年人,还不是真正意义上的劳动者。对广大中小学生而言,高消费,追求品牌生活、精品生活,并不是我们生活的全部。我们有更重要的任务和使命。作为未来经济活动参与者的孩子们,如果现在就开始没有节制无度地挥霍,未来他们将怎样通过自己的手去获得劳动的果实呢!也许人生道路上留下那么一些不圆满和缺憾,这

样他们未来的财富和智慧才能更加健康。

因素二:家庭环境、社会风气

[提问]有人说,再苦不能苦孩子。所以,我们的家长对我们这祖国未来的花朵爱护有加。成人世界里的人情世故,无形地感染着我们广大学生的思想。成人世界的行为准则,我们学生是不是也一定要遵守呢?

学生讨论发言:略。

[总结]要学会辨析,用智慧的双眼来取舍,合理消费,移风易俗。

因素三:中学生的主观因素

当然,学生的各种心理因素也是由于社会、环境的影响而造成的,关键是我们要会辨析。

一、从众心理

[多媒体展示]名词解释:(百度)从众心理(conformist mentality)即指个人受到外界人群行为的影响,而在自己的知觉、判断、认识上表现出符合于公众奥论或多数人的行为方式,而实验表明只有很少的人保持了独立性,没有被从众,所以从众心理是大部分个体普遍所有的心理现象。

(原因:1. 环境、权威;2. 个体的性格特质)

[提问]1. 你有从众过吗?

学生举例:略。

(用学生的例子来说明问题是最有效的方式。最大的从众就是被强大的媒体广告从众。)

[提问]2. 你如何看待由从众心理引发的消费行为?

[总结]要坚持具体问题具体分析。

[提问]3. 这种行为,你从众吗? 为什么?

(图片展示:绿色消费,引出"保护环境,绿色消费"。)

学生举例:略。

[总结]绿色消费的基本内涵,本质上讲就是人与自然和谐相处,人与环境和谐相处,坚持可持续发展。

保护地球,就是保护我们人类自己。

[提问]4. 请你具体举例在日常生活中还能做些什么吗?

[学生可能回答]节约水电、出门多乘公交、选用环保型材料商品、充分利用纸张……

[提问]5. 怎样的消费行为,我们不应该从众呢? 为什么?

学生举例:略。(也可举例人们在商场打折促销时期购置了大量不必要的物品。)

[总结]避免"盲从",理性消费。注重使用性,避免不必要的浪费。

二、求异心理

名词解释:追求与众不同,标新立异。

我们记者在走访学校中发现了一个有趣现象,除非学校有某些强制性要求,一般在校学生并不乐意穿校服。

[提问]1. 在座嘉宾如何看待这一校园现象呢? 如果整个学校、社会都穿统一的着装,现在的你能想象吗?

[提问]2. 嘉宾如何看待求异心理引发的消费? 为什么?

学生回答:略。

[总结]坚持具体问题具体分析。

利:显示个性;推动新工艺和新产品的出现;

弊:过分的标新立异,不值得提倡。

三、攀比心理

[多媒体展示]名词解释:攀比在心理学上被界定为中性略偏阴性的心理特征,即个体发现自身与参照个体发生偏差时产生负面情绪的心理过程。

注:在心理学中,根据产生的作用不同,攀比心理分为正性攀比和负性攀比。

正性攀比:是指正面的积极的比较,是在理性意识驱使下的正当竞争,往往能够引发个体积极的竞争欲望,产生克服困难的动力。

负性攀比:指那些消极的、伴随有情绪性心理障碍的比较,会使个体陷入思维的死角,产生巨大的精神压力和极端的自我肯定或者否定。负性攀比最大的问题在于缺乏对自己和周围环境的理性分析,只是一味地沉溺于攀比中无法自拔,对人对己都不利。

[提问]1. 在座嘉宾如何看待由攀比心理而引发的消费呢?

学生回答:略。

[总结]攀比心理引发的消费往往是为了赌一时之气,一般是由负性攀比

心理引发的,所以是一种有害的、不健康的消费。

［提问］2.如何有效抑制攀比心理引发的消费呢?

学生回答:略。

［总结］学会控制自己的情绪,避免情绪化消费。攀比心理引发的消费,往往是只注重物质层面的消费,只为达到炫耀的目的。而人的需求是多方面的,不仅包括物质上的需求,也包括精神上的需求。所以我们的消费也应该是"有文化"的消费,要强调物质消费和文化消费相协调。

四、求实心理

［提问］看了这么多影响消费的主观心理因素,有没有一种相对比较理智、科学的消费心理呢? 如果有,它又应该是一种怎样的消费表现呢?

学生回答:略。

［总结］根据自己的需要选择商品的消费行为,可以说是既充分考虑了自己的需求,又能够充分使用物品,物尽所用,是一种较科学的消费行为。这种"货比三家",选择性价比较高商品消费,可以说是在新的时期对"勤俭节约、艰苦奋斗"的继承和发展。

"勤俭节约、艰苦奋斗"新解:这不是指某种具体的消费行为,而是代表一种精神。它不代表要穿补丁衣服和天天吃草根。时代不同,其内涵也与时俱进。但这种节约资源、善用资源,努力奋斗的精神,无论哪个时代都适用,都应该发扬光大。

五、炫耀心理

……

课堂小结:

家庭是社会的细胞。家庭情况不同,消费方式的选择当然也会不同。但是合理消费、理性消费,做一个既理性又有智慧的消费者,不管对我们自身、家庭,还是对社会都是有着极其重要而又深远的意义。

理智消费,利国利民。

课后活动设计:

家庭、社会对我们的影响很大,我们也可以通过我们的行动来改变我们的家庭和社会。请在座的各位嘉宾,为你的学校同学设计一次以"做一个理智的消费者"为主题的活动。希望通过我们的宣传和影响,让我们未来的主人能主宰自己的生活消费,合情、合理消费,做一个既理性又有智慧的消费者。

［结束语］感谢您收看本期的节目,感谢各位现场嘉宾的积极参与。

欢迎您继续收看本台的其他栏目。再见。

五、教后比较与反思

1. 消费观念的形成是社会众多因素共同作用的结果。而要触及学生内心深处已有的观念,甚至于要改变它,那绝对不是简单的几个原则说教就能够解决的,更不可能在短短的一节课中就解决。教师简单的说教,更易引起学生的逆反。所以本课例在设计中通过情景的创设,将教师与学生的身份转化为主持人与嘉宾,通过平等的对话与探讨,引发对当前学生中高消费问题的关注和思考。

2. 消费原本就是一个很生活的话题。怎样消费,又因个体的差异、家庭背景的不同、社会时代的变迁而呈现不同的色彩。消费行为或消费方式的不同选择,只存在有没有更好或更合理的选择,而没有对与错之别。在本课教学的设计中,应尊重学生的选择和回答。在问题的设计中多选用"你",从而体现对学生个体差异的尊重和理解。教师的角色只重"导",而不是"论"。

3. 本框教材内容编排的逻辑是从影响消费的各种主观因素入手,得出"做理智的消费者"应该遵守的各种原则,两大块内容构成一节。条理清楚但不符合现实的思维逻辑。我们不可能在课堂上讨论了一大堆社会现象,最后再去生成一大堆结论,而是在逐步的讨论思索中逐渐生成各种认识。所以在本课例的设计中,讲第二目做理智消费者的各种原则逐步渗透在对中学生高消费这一社会现象的讨论和思索中,使整个教学环节更符合思维逻辑,也使课堂教学活动更自然流畅。

姜山中学　王　煜

第五课第一框:公司的经营

一、课例选取依据

一是内容本身的重要性。公司的经营的相关知识点在会考、高考中多次出现,我们要引起足够的重视。二是基于现状的必要性。在社会主义市场经济条件下,作为今后就业的、创业主力军,中学生有必要了解公司的相关信息,尤其是公司的经营。三是情感态度、价值观上的难度。作为集知识与思想教育于一身的政治学科,这一框如何把知识点与思想教育有机结合,让学生体会到锐意进取、诚实守信的重要性,给教学带来很大的挑战。

二、基本内容和要求

1. 基本内容。教材分两目:第一目"公司的类型",介绍了企业的作用、类型,公司的含义、组织机构、优点,着重介绍公司的两种法定形式并且加以比较。第二目"公司的经营与发展",阐述了公司的经营战略、竞争优势、信誉和企业形象对于企业经营的至关重要的作用。

2. 基本要求。(1)课程标准:识别公司的不同类型;了解建立公司的目的和条件,描述公司的经营与发展状况。(2)学科教学指导意见:①知道企业的含义、作用和所有制类型;②了解公司的含义、法律特征和组织机构;③比较有限责任公司和股份有限公司;④把握公司经营成功的因素;⑤了解企业的兼并、破产及其意义;⑥(发展要求)结合实例,阐述锐意进取、诚实守信在现代经济生活中的价值。

三、常规课例解读

1. 教学课例(出自《新课标教案》。有删节)

【教学目标】(略)

【教学重点、难点】

重点:公司的经营与发展。

难点:企业的兼并、破产、联合。

【教学方式和手段】

教学方式:主要采用案例教学、师生对话、对比教学、合作探究等方式进行教学。

教学手段:运用多媒体课件。

【教学过程】

导入:

企业千千万万,类别林林总总,我们的所用、所需都是由企业经营而来,由劳动者辛勤劳动而来,我们几乎生活在一个由企业构成的社会中。那么,什么是企业,企业与"公司"是什么关系? 为什么有的企业红红火火,而有的企业破产倒闭呢? 这一节课我们就来探究这些问题。

讲授新课:略。

设计思路:

(1)从企业的内涵、特点、类别、组织形式来介绍企业,并且引出公司是现代企业主要的典型的组织形式。

(2)通过教师讲授和案例分析让学生知道公司的组织机构、优点及其法定形式。

(3)教师举办一个自由论坛,让学生针对公司的经营这一话题,谈谈自己的看法。

2. 课例点评

(1)教学目标上,重视了知识目标的落实,但由于照本宣科,难以激发学生诚实劳动、合法经营、积极创业、锐意进取、诚实守信的精神,情感态度与价值观的达成不够理想。

(2)教学内容上,知识点全面,但重难点不够突出,对学生兴趣点关注不够,引不起学生的认同感,影响了教学的有效性。

(3)教学方式上,方式和手段多元化,但由于涉及的知识点较多,有些方式流于形式,比如"公司的经营"这目本来是安排学生自主学习、自主探究的,但最终结果可能是照本宣科。

(4)教学过程中,思路清晰、体系完整。但预设太多,生成性东西太少,无法真正调动学生的积极性,从而影响了学生在课堂中主人翁的地位。

总之,这是一堂常规课,依然以教材为教学依据,以知识的落实为主要任务,以教师的预设来推进教学,但未能充分考虑内容的独特性,未能很好体现新课程从学生生活经验出发,根据学生自己的视角来进行教学,也就难以真正触及学生的心灵。

四、创新课例研制

导入:

师:同学们,大家现在十七八岁,像花一样的年纪,充满了青春气息和对未来的憧憬。你们还记得你小时候的理想吗?你长大了想当什么?

生:医生、老师、公务员、记者、演员、老板……

师:许许多多美好的梦想,让我羡慕,年轻真好啊。我请未来想当老板的同学举一下手,统计一下,咱们班未来的大老板。嗯,不错,有×个。在就业形势严峻的今天,越来越多的人选择了今后自己创业。今天这堂课,让我们一起放飞创业的梦想。

讲授新课:

探究 1

师:衣食住行永远是我们的第一位,哪怕经济再不好,再怎么金融危机,这些方面的需求都不太会减少。所以如果我们班级成员打算办一个关于餐饮的企业,第一步先要去工商局注册,注册什么形式的企业呢?

生:公司。

师:为什么会选择公司而不是个人独资企业或者是合伙企业的形式呢?

生:略。

师:那是因为公司跟个人独资企业和合伙企业相比,有一整套管理结构。即使经营不善,破产了,公司作为法人能够独立承担民事责任,只不过是我投资的那些钱打了水漂,我其他的钱总不用贴进去。正是由于公司具有这些优点,独立法人地位、有限责任制度、科学管理结构,所以我们现代企业绝大多数采用公司制。

板书:企业→公司:优点

探究 2

几位公司投资人兴冲冲地跑到工商局去注册,工作人员说:"你们想注册什么法定形式的公司呢?"他们几个人面面相觑,情急之下班长说出一句话:"等我们这家公司步入正轨,做大做强之后,我们还打算上市呢。"

大家支支招:应这要求,是该成立有限责任公司还是股份有限公司呢?参考书本第38页两者对比。

生:略。

师:尽管两者有相同点,"合股"和"有限"。但两者还存在很大的不同,在公司的资本、发起人数量、股东对公司承担的责任、股东表决权、公司财务、注册资本限制等方面都存在差异,其中最大的区别在于有限责任公司不能公开向社会募集资金,而股份有限公司可以,如果经过证监会审核通过,他们还可以通过上市发行股票的方式来达到筹集资金的目的。

板书:公司:形式(比较异同)

探究 3

师:注册好公司以后,你打算事事都亲力亲为吗?你想任哪个职位,设置哪些机构?

生:不可能事事都亲力亲为。想任董事长。

机构(用幻灯片展示,带过即可)

决策机构——股东大会、董事会——处理公司重大经营管理事宜

执行机构——总经理——负责公司的日常经营

监督机构——监事会——对董事会和经理的工作进行监督

板书:公司:机构

师:在创业初期,我分别借给每个小组五十万元的创业基金(展示支票),如何在这充满机遇与挑战的市场中走出一条自己的路,就看大家的创业能力了。

创业片段一　　拿着这五十万元,你们踏上了创业的征程。结合自身和本地的实际情况,你们打算成立一个从事什么行业的公司?列出你们这样选择的原因(每小组不少于三条,三分钟时间讨论)。

生:小组 1:餐饮公司。原因:①民以食为天;②自身比较喜欢吃,对厨艺颇有研究;③象山各种小吃比较丰富,比如萝卜团、麻滋、麻团、大糕、米馒头等倾倒象山人民和外地游客,但目前为止专营象山特色小吃的公司很少,存在很大的市场空白,等待我们公司去开拓。

小组讨论、展示。

师:你们最认可哪一个组,为什么?

生:略。

师:无论开什么样的公司,我们同学都提到了一个重要信息,那就是要学会观察本地市场,公司经营要适应本土的实际情况,我们称之为本土化经营战略。本土化经营战略走得最成功的要数肯德基了吧。它从 1987 年进军中国

餐饮业至今发展成为中国餐饮业规模最大、收益最好的第一品牌。它一直在践行"为中国而改变"的宗旨,针对中国人的口味,推出了一系列适应中国消费者口味的产品,如老北京鸡肉卷、葡式蛋挞、玉米沙拉、川香辣子鸡、营养早餐(香菇鸡肉粥、海鲜蛋花粥、枸杞南瓜粥、鸡蛋肉松卷、猪柳蛋堡)等。实际上不同的公司还会采取不同的战略,比如海尔的全球化品牌战略,网易公司双管齐下的战略(同时经营魔兽世界和梦幻西游),李宁的英雄战略,华翔的兼并战略,这些根据自身实际和时代特点所作出的决策,为这些公司的发展作出了巨大的贡献。

所以决胜第一招:公司要制定正确的经营战略。这是一个大的方向的把握。只有把握成功,公司才能蒸蒸日上。

创业片段二:现在各行各业竞争都很激烈,加上金融危机的影响,消费者把钱包捂得更紧了,你们想拿出什么样的竞争法宝来吸引更多的消费者呢?(小组讨论一分钟)

小组讨论、展示。

师:我们现在总结一下刚才大家所讲的竞争优势,有价格、质量、服务、品牌等。那这些优势的取得靠什么呢?

生:技术、管理。

师:决胜第二招:公司要提高自主创新能力,依靠技术进步、科学管理等手段,形成自己的竞争优势。

创业片段三:你们知道你们所要踏足的行业存在什么样的潜规则吗?面对一系列黑幕,你是选择同流合污,为赚钱不择手段,还是独善其身,最终赢得消费者的信赖?

小组讨论、展示。

师:(正反面例子都可,如正面海尔集团砸冰箱。1985年,海尔从德国引进了世界一流的冰箱生产线。一年后,有用户反映海尔冰箱存在质量问题。海尔公司在给用户换货后,对全厂冰箱进行了检查,发现库存的76台冰箱虽然不影响冰箱的制冷功能,但外观有划痕。时任厂长的张瑞敏决定将这些冰箱当众砸毁,并提出"有缺陷的产品就是不合格产品"的观点,在社会上引起极大的震动。反面三鹿集团三聚氰胺事件,在牛奶中添加三聚氰胺,导致全国出现很多结石宝宝,严重危害儿童的身体健康)

实际上三鹿集团、双汇集团都给我们一个很好的警示,你不诚信经营,纵然你有数十年甚至更长的历史,也会在一夜之间失去所有。

所以,决胜第三招:公司要诚信经营,树立良好的信誉和企业形象。

创业片段四:当你们公司实力不断壮大、品牌逐渐打响的时候,周边同行业的 A 公司由于资金短缺生产停滞,对此,你们公司会怎么办?

小组 1:看着它倒闭、破产,少了一个竞争对手。

师:破产是不是百害而无一利呢?(破产的作用)

小组 2:兼并。也就是我们公司去兼并 A 公司。

师:出于何种目的去兼并?

生:兼并那些相对劣势的企业,可以扩大优势企业的规模,增强优势企业的实力,以优带劣,提高企业和整个社会的资源利用效率,有益于促进国家经济发展。

师:(不可盲目兼并)

师:你公司做大做强,除了去兼并一些相对劣势的企业,还有什么路可以走?

生:跟具有其他优势的企业进行强强联合。

所以,我们得出决胜第四招:兼并或强强联合。

师:我们要在市场上决胜,是一个系统工程,需要各方面因素的配合,我们所说的只是其中几个比较主要的因素。但是,不管使什么样的招,都是围绕一个直接目的,那就是"利润"。

但是,如果一个企业唯利是图,忽视了它本应该承担的社会责任,即对员工、消费者、社会和环境应该承担的责任,这个企业会何去何从呢?请结合现实中的企业加以说明。

生 1:略。

生 2:略。

师:通过同学们列举的一幕幕真实的案例,我们明白了企业的成功离不开它所承担的社会责任,引用温家宝总理的一句话:"企业家身上应该流淌着道德家的血液。"希望今后创业的同学们,要有长远的眼光,要有诚信意识,要有"达者兼济天下"的胸怀,预祝同学们今后创业成功!

【课堂小结】略

【板书设计】

$$
\text{企业} \to \text{公司}
\begin{cases}
\text{优点、法定形式、组织机构} \\[1ex]
\text{经营成功的因素}
\begin{cases}
\text{经营战略} \\
\text{竞争优势} \\
\text{信誉和企业形象} \\
\text{兼并和强强联合}
\end{cases} \\[1ex]
\text{目的:利润(直接目的)、社会责任}
\end{cases}
$$

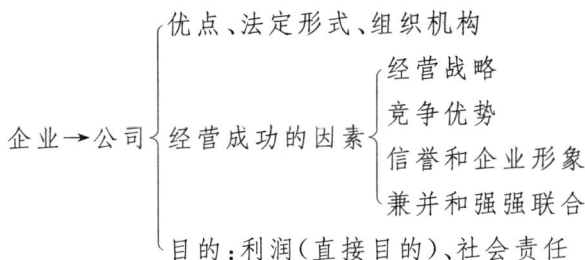

五、研制创新点

1. 立足点。很多教案都是选择一个著名公司或者身边的公司来探讨公司的经营,这需要教师对这个公司的深层把握和学生对这个公司的了解。很大程度上,课的好坏制约于学生的知识面。对于一些不太关注时政的学生来说,往往很难有自己的想法,而且总有置之身外的感觉。

如何让学生真正参与其中,调动学生的积极性,让学生真正地做课堂的主人翁?在这堂课的构思上,笔者颇费脑筋,终于在 3D 电影中找到了灵感。3D 电影为何吸引人,因为它够真实,它让你产生身临其境的感觉,你就是故事中的当事人。本节课以"放飞创业梦想"主题活动为主线,以四个创业片段为镜头,真实呈现他们当董事长的过程,他们在注册公司、经营公司活动中,不知不觉地掌握了经营公司的相关知识点,并且树立了诚信、进取、兼济天下的意识。

2. 内容。通过创业这条主线把公司的优点、形式、组织机构、经营成功的因素等零散知识点,有机地串联在一起,保证了内容上的连贯性。

3. 方法。自主探究、小组讨论、情景教学法。

4. 价值。在创业活动中,学生达到了对知识的内在驱动和情感上的升华,他们体会到经营战略对经营者素质的要求,相信他们今后会有意识地提高自身修养。其次,他们明白了诚信经营并非是个口号,而是个利人利己的行为,今后我们可以多一点"放心"商品。最后,学生明白了作为经营者身上应承担的社会责任,不能唯利是图,要有"达者兼济天下"的胸怀。

象山二中　　陈　微

第五课第二框:新时代的劳动者

一、课例选取依据

"新时代的劳动者"以高中学生逐步扩展的经济生活为基础,立足于学生的现实生活经验,帮助学生认识现实生活中常见的就业、劳动者合法权益保护等现象,在分析和解决问题中活化知识,建构知识,获得参与现代经济生活的必要知识和技能。尤其是劳动者要树立的正确就业择业观是我们本框教学的重要落脚点,学习"如何依法维护劳动者合法权益"有助于学生增强法律意识和法制观念。

高中学生的身心发展趋于成熟,知识积累量增加,社会交往面扩大,社会交往日益频繁,思维能力明显提高。他们对我国就业难问题有初步的生活体验但缺乏理性的思考。高中学生的思想活动和品德形成具有独立性、选择性、多变性和可塑性的特点。学习"新时代的劳动者",实现学生价值观的提升,感悟人对劳动的态度,领会现代经济生活中劳动者所应具备的素质,提高参与经济生活的能力,提升人文素养,实现道德教育的内化,从而达到知识技能目标和情感态度目标的统一。

二、基本内容和要求

1. 基本内容。本框包括"劳动和就业"、"依法维护劳动者权益"两目:第一目"劳动和就业",介绍劳动和就业问题,明确劳动的地位和意义,了解我国当前的就业形势,理解就业的意义与作用,明确解决就业问题的政策、方针、途径,树立正确的就业择业观。第二目"依法维护劳动者权益",介绍依法维护劳动者权益问题,了解劳动者的基本权利,明确政府在维护劳动者合法权益方面的巨大作用,学会依法维护自身的合法权益。二者的联系是:从劳动的地位与意义及就业的意义与作用,引出我国当前的就业形势和劳动者应树立的正确就业择业观,进而引导人们了解劳动者的基本权利,学会依法维护自身合法权益。

2. 基本要求。(1)课程标准：评析劳动者依法维护自身权益的案例；列举几种就业途径和创业方式；树立诚实劳动、合法经营、积极创业的观念，确立正确的择业观。(2)学科教学指导意见：了解就业的重要意义。树立正确的择业、就业、职业观。知道劳动者依法享有的权利。把握劳动者享受权利和履行义务的关系。知道劳动者依法维权的途径。评析劳动者依法维护自身权益的案例。

三、常规课例解读

1. 教学课例

【教学目标】（略）

【教学设想】

教学过程中努力贯彻新课程理念，发挥学生主体作用。因为本节内容和学生的生活息息相关，为了增强感染力，设计一个普通打工者王铁蛋的就业故事，让学生的思路融入其中，在老师的引导下，一步步地完成学习内容。

【教学重点、难点】

1. 正确就业观；

2. 劳动者权利的维护。

【教学方法】情景创设法、教师引导学生主体参与法、讨论法、讲练结合法。

学生学法：参与式、探究式。

【教学过程】

导入新课：歌曲导入：《我不是民工》，引起学生触动，感受劳动者的生存处境。

老师：引出课题。同时，创设情境：王铁蛋的就业故事。

王铁蛋的就业故事一：进城的困惑。

学生阅读教材第41—42页第一段，归纳劳动和就业的意义。

学生回答：

老师总结：一、劳动和就业（板书）

1. 光荣属于劳动者

2. 就业是民生之本

王铁蛋的就业故事二：找工作的困惑。

图片演示：2011年高校毕业生达660万，求职高峰来临

学生讨论：城市这么大，按说好找工作，可我怎么这么难呢？

学生回答：略。

老师点评:王铁蛋找不到工作,既有社会原因,也有自身原因。(简单分析)

小结:3.目前我国的就业形势非常严峻

学生概括分析就业形势严峻原因:

——我国人口总量、劳动力总量大;

——劳动力素质与社会经济发展的需要不完全适应;

——劳动力市场不完善、就业信息传递不畅通。

王铁蛋的就业故事三:王铁蛋犯难。

学生思考:就业这么难,这可怎么办啊?

教师提问:4.如何解决我国的就业问题(措施)

学生回答:略。

师生归纳:(1)从党和政府的角度:把扩大就业放在经济社会发展的突出位置。

①从人民群众的根本利益出发,实施积极的就业政策;

②加强引导,完善市场就业机制,扩大就业规模,改善就业结构。

……

王铁蛋的就业故事四:王铁蛋打工。

学生合作探究:各抒己见。

王铁蛋的观点属于哪种? 你认为他为找工作该做什么准备呢?

师生继续归纳:如何解决我国的就业问题(措施)

(2)从劳动者个人角度:树立正确的就业观念

A.树立自主择业观　　　　B.树立竞争就业观

C.树立职业平等观　　　　D.树立多种方式就业观

王铁蛋的就业故事五:王铁蛋的麻烦事。

二、依法维护劳动者权益(板书)

学生画书第44页第3段:1.我国劳动者享有的主要权利?(8个)

学生做练习判断:王铁蛋的哪些权利受到了侵犯?

老师点评:

学生分组探究:

假如你就业以后,也遇到了像王铁蛋这样的麻烦事,你该怎么办?

学生小结:

小结:2.劳动者如何维护自身的权益

(1)依法签订劳动合同——重要依据

(2)自觉履行义务——基础

(3)要增强权利和法律意识,运用法律武器维护自身的合法权益——途径

王铁蛋的就业故事六:打工结束篇。

本课小结:劳动光荣—就业重要—正确择业—依法维权

作业布置:略。

板书设计:新时代的劳动者

一、劳动和就业

1. 劳动

2. 就业

3. 目前就业形势

4. 如何解决

二、依法维护劳动者权益

1. 劳动者享有的主要权利

2. 劳动者如何维护自身权益

2. 课例点评

本节教学设计思路符合以学生为主体、以教师为主导的教学原则,体现了课程实施的实践性,在一定程度上培养了学生的综合素质,但由于以一个普通劳动者王铁蛋的经历为主线,这离学生的生活还比较远,学生的兴趣不会很足,学生的状态可能不会特别地投入,学生的参与度不太容易调动。

四、创新课例研制

【教学目标】

知识目标:通过对大学生"校漂族"现象的讨论使学生理解劳动、就业的意义。通过对自己未来道路的选择的讨论了解我国的就业形势。通过对当代大学生代表的想法和做法的讨论分析使学生理解正确就业择业观的内涵。通过对乙肝携带者就业受歧视案例的分析使学生知道应如何维护劳动者合法权益。

能力目标:结合我国当前的大学生就业形势,通过分析解决就业问题的紧迫性、分析劳动者的择业观念对就业的影响以及维护自身合法权益的途径等问题,培养学生的分析问题能力和辩证思维能力。在对情景问题的讨论、发言和倾听中,使学生在其归纳、演绎思维得到深刻训练的同时,学会建构知识。

情感、态度、价值观目标:引导学生从社会的需要和自身的能力方面,树立正确的择业观和就业观,增强自身的维权意识和法律意识。

【教学重点、难点】

重点:分析经济现实中存在的就业形势以及应树立什么样的就业观;

依法维护劳动者合法权益。

难点:如何解决我国的就业难问题。

【教学方法】

教法:情境教学法,创设教学情境;问题探究法,设置悬念,启发思考;案例教学法,引导学生体验感悟。

学法:探究式学习,合作交流式学习,体验式学习。

【课前准备】把全班按 6～7 人分组排好座位,发给每位同学一张纸、记号笔、吸铁石。

【教学过程】

导入新课:

同学们,最近这段时间正是应届大学毕业生最忙碌的时候了,他们忙着做什么?

生:找工作!

师:确实如此。他们不断地奔波于各大人才招聘会场,寻找着属于自己的工作机会。我们先来看一张图片(投影打出图片:拥挤的人才招聘现场)。再过 6 年的时间,我们中的大多数同学也要走向市场去寻找工作了。那么怎样才能顺利地实现就业?在择业的过程中应该树立什么样的就业观念?当我们作为劳动者的合法权益被侵犯时,应该如何去维护?作为未来的劳动者,今天这堂课,让我们带着这些问题一起来关注大学生就业,关注"新时代的劳动者"。(多媒体课件显示:课题"新时代的劳动者")

进入新课:

同学们,根据你的了解,大学生在毕业时,面对自己的未来会有哪几种选择呢?(直接就业、考研深造、出国留学深造、考公务员,等等。)

同学们,接下来大家的身份是 2011 届的大学应届毕业生,我们马上要面临大学本科毕业,每位同学都非常关注自己的出路在哪里。那么你会选择什么出路呢?请同学们结合自身能力、家庭和社会情况,在深思熟虑之后作出一种选择(A. 找工作就业、B. 考研深造、C. 出国留学深造、D. 考公务员、E. 其他)。

我们每位同学手中都有一张纸一支记号笔,接下来请大家从自身角度、家庭角度、社会角度考虑,在纸上写出自己作这样的选择的理由,然后把纸吸贴到黑板指定的位置上。

在关注同学们的选择之前,让我们先来关注一下社会事实。2010年我国高校毕业生就业率达到了87.4%,但数据背后的问题也很明显:专业不对口、就业不理想、职业发展遇瓶颈、就业再失业。

统计数据显示,报名参加2011年考研的全国考生比2010年增加了11万人,达到151万名。考研竞争更加激烈了。

"你考公务员了吗?"这句话现在已经成为大学校园和择业人群里最流行的话语之一。参加公务员考试,已经成为即将毕业的本科生和研究生的最主要的择业手段之一。大学生考公务员被社会认为是超过高考和考研的"中国第一考"。2011年度国家公务员考试最终报名人数达到1415138人,共同角逐约1.6万个岗位。2011年国考平均考录比为87.5∶1,国家能源局"能源节约和科技装备司"一职以4961∶1的竞争比例高居热门职位榜首,从数字的角度来解读,目前正在进行的国考说它是千军万马过独木桥一点不足为过。但重点大学毕业生考公务员的录取比例不超过10%,普通大学毕业生考公务员录取比例仅为5%左右。

以上信息中,一串串数据比较让人触目惊心。接下来我们一起来关注我们班的大学毕业生作出未来选择的理由。

看来选择直接就业的人数还是最多的,我们来看看为什么有这么多的同学选择了直接就业。(老师把比较集中的理由进行板书——取得报酬、实现人生价值、丰富生活促进全面发展、创造社会财富)。看来拥有一个工作,进行快乐的劳动无论是对自己还是对社会都非常重要。

教师:上节课让大家去搜集关于劳动的名人名言,现在大家各自说说自己搜集到的名人名言。

学生:劳动是一切知识的源泉。——陶铸

学生:我们世界上最美好的东西,都是由劳动、由人的聪明的手创造出来的。劳动是世界上一切欢乐和一切美好事情的源泉。——高尔基

学生:我觉得人生求乐的方法,最好莫过于尊重劳动。一切乐境,都可由劳动得来,一切苦境,都可由劳动解脱。——李大钊

异曲同工,无论是名言,还是同学们的真实感受,都可以让我们感受到:

一、劳动和就业

(一)劳动与就业的意义

	劳动的意义	就业的意义
国家	一切为我国社会主义现代化建设作出贡献的劳动,都应当得到承认和尊重	有效的劳动就业,可以提高劳动生产率,促进国民经济发展
个人	劳动是个人取得收入、获得生存的谋生手段	就业得到的报酬,是劳动者的生活来源,使劳动力不断得到发展;同时,也有利于实现劳动者的人生价值,促进人的全面发展
社会	劳动是人类社会文明进步发展的源泉	就业使劳动者生产出社会所需要的物质财富和精神财富,保证社会生产顺利地运转

然而,在大学校园里还有这样一群人,他们虽然已经毕业了,失去了学生的身份,出于各种原因却不肯离开校园,促使他们继续留驻在高校周围。他们被称为"校漂族"。他们在食堂吃饭,到图书馆学习,去操场踢球,在学校网吧上网……他们早已不是学生,但仍过着和学生一样的生活。从目前的情况看,校漂们大致可以分为这么几大类:考研派、公考派、出国派、恋校派、不就业派,还有一种是因考试不及格而被迫留在学校。但不管是哪一类,校漂群体都有不断扩大的趋势。

最近,根据一项针对北京、上海、广州、武汉等地的 10 所重点和普通高校110 个毕业班所作的调查统计,重点高校的"校漂族"约占毕业生总人数的5%,普通高校的"校漂族"约占 10%。

学生分组讨论:"校漂族"尤其是不就业派"校漂族"的存在和壮大会给社会、家庭和自己带来哪些不利影响?你想送给他一句什么样的激励语?(注重情感态度价值观目标的落实)

学生讨论,回答。

师:同学们对"校漂族"的评论和激励,让我们从反面进一步感受到了劳动、就业对于社会和个人发展的重要意义。相信同学们的激励语也给他们送去了温暖和动力。

刚才大多数同学选择了直接就业,但是我们还有一部分同学选择了考研、出国留学、考公务员,这又是什么原因呢?(继续总结并板书——就业形势严峻、为了提高自身素质、工作稳定待遇好、社会保障完善)

同学们作出多种选择的背后其实有个共同的直接的原因,那就是就业形势严峻。那么社会的就业形势究竟如何呢,大家一起来看一下:

1. 从人口预测看,我国人口将从 2011 年的 13.7 亿多人增加到 2020 年的约 14 亿人,并持续增加到 2033 年的约 15 亿人。"十二五"时期我国劳动年龄人口增长仍处于高峰期,遭遇大学毕业生、农村富余劳动力和下岗失业人员

"三碰头"。城镇需要就业的劳动力年均达到 2500 万人。其中 2011 年新毕业大学生约 660 万人,加上往年毕业尚未就业的 150 万人,总共超过 800 万人。目前我国农民工要进入城镇就业的人数约 1.46 亿人;但是目前每年社会新增就业机会大约 700 万至 800 万个。

2.2011 年高校就业趋势预测:总劳动力富余,但专业技术人才缺口不小,农业缺 218 万,工业缺 1220 万,第三产业缺 325 万。根据中国人事科学研究院《2010 中国人才报告》预计,到 2011 年我国专业技术人才供应总量为 4500 万,而需求总量为 6800 万,专业技术人才仍将出现供不应求的局面。

3. 我国在就业渠道和就业服务上有明显不足,现行就业管理体系和服务能力仍不能满足毕业生的需要,尚未形成全国性的就业市场,大学生异地求职,信息不畅,成本太高。

看着以上信息,我们不禁一阵紧张,大家来概括一下,我国就业的形势如何?

从以上信息中我们可以感受到未来几年我国的就业形势依然是非常严峻。

(二)就业形势严峻

A. 我国人口总量和劳动力总量都比较大。

B. 劳动力素质与经济社会发展的需要不完全适应。

C. 劳动力市场不完善,就业信息不畅通。

面对如此严峻的就业形势,如何保障我们的大学生朋友走出校门后能张扬理想、顺利就业呢?我想我们的国家、企业和千千万万的求职者、劳动者自己都要承担一定的责任。接下来让我们分别从国家、企业、劳动者角度,结合前面我们了解到的就业形势和大学毕业生的想法和做法,来为如何促进我国就业问题的解决出谋划策。(分配到各个小组从国家、企业、个人某一个角度进行讨论两分钟。)

热烈的讨论之后,是每个小组的汇报,老师把三个角度的建议分别给予板书。

解决大学生就业难问题需要国家、企业、劳动者各个层面的共同努力。

(三)解决就业的措施

1. 国家

A. 从根本上说要大力发展经济,扩大就业规模,改善就业结构。(据统计,国民经济每增长一个百分点,即增加 100 万个就业机会。)拓宽就业渠道,要通过努力发展经济,调整产业结构,迅速从劳动力密集的加工业跨越到资金、技术、人才密集的新兴产业,为大学生就业创造更多的机会,加强对大学毕业生的吸纳能力。

B. 国家应该实施积极的就业政策,给予一定的政策倾斜,并且应"倾斜"到位,引导高校毕业生树立正确的就业观,鼓励和支持高校毕业生到基层、到西部、到企业、到非公经济单位就业和自谋职业、自主创业。

C. 要大力开展职业培训,提升劳动者素质,帮助他们就业。

D. 要完善公共服务,畅通就业信息。

E. 要加强社会保障制度建设。缩小企业和政府机关社保差距,完善社会保障体系。

2. 企业:要妥善经营,扩大生产,增加就业,积极承担社会责任

要努力提高工资,落实社会保障制度,切实为员工打造"归宿感"和"成就感"。要积极承担职业技能培训提升的职责。

师:靠天靠地不如靠自己,要顺利实现就业,关键还是大学生作为劳动者自己应该怎么做。

3. 个人

首先,要提高自身文化、技术素质。

现实生活中,面对如此严峻的就业形势,我们的大学生朋友们又是怎么想、怎么做的呢?我们来看看部分当代大学生的想法和做法:

A. 四川在线消息,用两年半的时间修完大学 4 年的绝大部分学分,放弃申请保送研究生和进公司就业的机会,不顾家人极力反对,四川农业大学种子科学与工程专业的大三学生余昌洪与大二学生刘洪沛一起利用国家鼓励大学生创业政策集资 7 万余元,在大邑县租下 40 亩地,搞起了糯玉米和刀豆的种植。再过两三个月,余昌洪就将迎来收获季节,估计今年有近 5 万元的毛利。下一步,余昌洪还要注册品牌、成立公司……

B. 小周,东北某大学行政管理专业新晋硕士毕业生,通过了淘汰率极高的公务员考试,刚刚被中国贸促会录取。其实成功不是偶然的。从读研究生的第一天起,小周就在分析自己性格的基础上,拟定了一份求学与求职的详细计划。他的职业目标是:高校行政管理者和公务员。"求职绝不是从制作简历才开始的。"由于当年大学本科毕业时已经对求职难有了深刻体会,小周从上研究生之初就开始为两年后的求职实战进行精心准备。这期间,他发表了多篇专业论文,并且自学法律,考取了律师资格证。集中精力尽快尽好地完成论文之后,他在毕业半年前开始全力投入求职。收到中国贸促会的面试通知,似乎是情理之中,后来一位考官告诉小周,他对知识的把握和镇定的态度令人印

象深刻,正是单位想要的人才。在十几名北京名牌高校学生中脱颖而出的小周最终顺利地被中国贸促会录用。

　　C. 见到缪辉时,他正在龙湾一家创办不久的设计工作室里忙碌着,看上去有些腼腆的他,脸上显示出与年龄不相符的沧桑。刚过而立之年的他曾于2005年首次参加公务员考试,落选后便不再对公务员抱有非分之想,对于当前严重失调的报名和招考比例,缪辉很是不解:"不是每个人都适合做公务员。"此后他自谋职业,积极参加各种宣讲会、招聘会。曾经卖过保险,做过股票,在济南一家企业做过策划,积累了丰富的工作经验和人脉资源。直到今天他自主创业,开了这个自己非常喜欢的设计工作室。

　　以上三位大学生代表中,你最佩服哪一位? 你佩服他的什么? 他对你有何启示?

　　学生回答后,教师总结:大学生要更好地就业,除了要提升自己的能力,还要转变观念。

　　其次,大学生要转变旧观念,树立正确的就业观。

　　A. 要树立自主择业观(根据个人的兴趣、专长和条件选择职业……)。

　　B. 要树立竞争就业观(提高自己的技能和素质,积极主动地适应劳动力市场的需要)。

　　C. 要树立职业平等观(各种正当职业,没有高低贵贱之分。"行行出状元")。

　　D. 要树立多种方式就业观(现代市场经济和信息技术的发展导致就业形式多样化,因此,我们可以通过多种方式和渠道选择正当职业,实现就业。如随着市场经济的发展,出现了许多新的职业,如新闻线人、自由举报人、精神陪护、钟点文秘、专业道歉人、房产经纪人等)。

　　师:总之,有党和政府的帮助,再加上个人的努力,相信每个人都一定可以找到适合自己的满意的工作,我国的就业问题一定能够得到妥善的解决。

　　(过渡)经过同学们的不懈努力,大家终于都走上了自己满意的工作岗位。然而,人生道路并不是一帆风顺的,我们来看个例子:

　　李磊是2005年大学毕业生,毕业后进入某大型国有企业工作,现已成为脱硫工程师,工作福利待遇丰厚。2009年5月,可耐福通过猎头公司联系到李磊,邀请他到该公司工作。通过各项考核后,李磊被安排至天津公司任职,与公司签订了三年的劳动合同。

　　在2010年9月公司为员工安排的两年一次的例行体检中,李磊被查出是乙肝携带者,但肝功能正常。可耐福公司以乙肝容易传染为由单方面终止了与李磊的劳动合同。李磊以劳动合同未到期为由与公司协商,要求继续履行合同,但遭到了公司的拒绝,并扣发了李磊一个月的工资奖金,李磊在之前进行的高级工程师评定培训费 3000 元也不给予报销,胁迫他早日离开公司。

当年年底李磊依照法律规定向劳动仲裁委提起仲裁申请,但仲裁委员会因种种原因没有受理。而后他向法院提起诉讼,法院受理了此案,并定于 2010 年 12 月 8 日在北辰区法院北仓法庭开庭审理。

双方最终在法院的调解下达成和解,可耐福退还李磊未发工资奖金 8000 元,报销李磊 3000 元高级工程师评定培训费,赔偿原告李磊 6 万元,征得李磊同意,提前终止劳动合同。

小组讨论探究:劳动者依法享有哪些劳动权利? 可耐福公司侵犯了李磊的哪些劳动权利?

李磊通过哪些途径维护了自己的合法权益?

你赞成李磊的维权行动吗? 为什么?

二、依法维护劳动者权益

1. 劳动者享有的权利。这是由《劳动合同法》第三条规定的。教师简单介绍《劳动合同法》:2008 年 1 月 1 日开始实施。

2. 如何维权

维权基础:义务的履行。

维权依据:签订劳动者合同。本着"平等自愿,协商一致,不违反法律法规"的原则签订。

维权途径:协商、调解、仲裁、诉讼。还包括投诉、信访、媒体曝光等。

维权的具体过程是这个样子的:

(各级工会、监察机关、媒体)投诉—(劳动者与单位协商化解)协商—(企业的劳动争议调解委员会)申请调解—(政府的劳动争议委员会)申请仲裁—向人民法院起诉

过渡:投诉有门,求助有道。经过我们三方努力,将问题很好地解决。请问同学们:维权问题的解决有什么意义?

3. 维权的必要性

(1)维护劳动者的合法权益是社会主义制度的本质要求。

(2)劳动者享有的权利是保障劳动者主人翁地位的前提。

(3)保护劳动者的合法权益有利于充分调动和发挥劳动者的积极性和创造性。

(4)是企业提高劳动生产率实现利润的软实力。

课堂小结

教师:通过这节课的学习,我们了解到劳动使人伟大,就业持续生存。不过在中国这样严峻的就业形势下,解决就业除了党和政府的积极作为外,作为新时代的劳动者应该转变自己的择业观和就业观,才能找到让自己满意的工作。就业之后还要注意依法维护自己的合法权益,具备法律意识,这样才是一个合格的新时代的劳动者。同学们,你是否做好了就业的准备,迎接时代的挑战?

最后,请同学们伴随着歌曲《怒放的生命》书写自己美好的明天。

情景回归,参与生活:调查大学生中存在哪些错误的就业观念?

板书:

```
                              ┌── WHY
                  劳动和就业  ┤
                              └── HOW
                       │
                       ↓
                              ┌── WHAT
                              │
                  劳动者维权  ┤── WHY
                              │
                              └── HOW
```

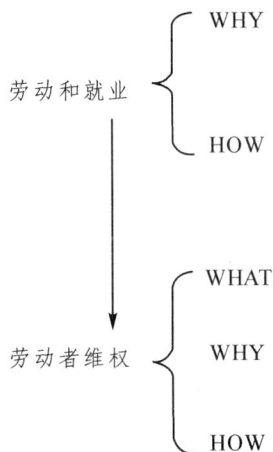

五、研制意图和创新亮点

1. 努力实践新课程倡导的"三贴近原则"(贴近实际,贴近生活,贴近学生)。以学生感兴趣的大学生就业为主线,整合了相对零散的知识,使逻辑清晰、线索分明,努力进行对教材的再加工和处理。通过大学生就业的形势、案例等情境设置,把就业压力、就业观、政府行为、劳动者维权有机结合,有助于实现教学目标,在新教材的使用上作了有效的探索。

2. 努力实践于潜移默化中实现情感态度价值观目标。著名教育家戴尔·卡耐基说:"一两的参与重于一吨的说教。"可见,单靠教师的说教,德育是苍白无力的。要让思想政治融入生活,让生活走进思想政治,通过创设情景、营造氛围或社会实践让学生亲身体验、领悟,只有当情感态度价值观内化于学生心中的时候,我们的教育才是有效的。本框教学中通过对"校漂族"危害的讨论,通过对三位大学生自我努力案例给予学生的启示,让学生在潜移默化中进行体验和感悟,从而实现德育无痕而有声的作用。

3. 树立以学生为本的教育理念,学生是课堂的主人,教学的本质是对话、沟通和合作。教师努力营造和谐课堂,平等是灵魂,互动是生命,开放是活水,生成是归宿。在新课程背景下,使"活动内容化,内容活动化",采用开放互动的教学方式和合作探究的学习方式,让学生主动参与,独立分析解决问题,变知识的"容器"为知识的主动探索者、知识的建构主体。

浙江省宁波华茂外国语学校　毛素芬

附:

政治课堂应该展示多样化的生活

过去我们的课程内容"难、繁、偏、旧",而且过分注重书本知识,现在的新课程改革要求改变这样的状况,我们要让课程内容与学生的生活和时代相联系,让学习回归生活,贴近生活。老师们也为此作了很多的努力,我们从很多的公开课、展示课、观摩课上可以看到老师们都十分注重与实际生活的联系,举例论证都力求生活化。然而,在我们追求教学生活化、社会化的过程中,总是习惯把生活中的案例套用到我们的教材上,却没有发现案例体现的可能只是我们生活中的一面而已。其实,我们的生活是多样的,是丰富多彩的,这其中有积极的,也有消极的,有正面的,也有负面的。我们不能一味地歌颂社会,或者一味地抱怨社会,过多地歌功颂德会让学生感到与现实不符而产生反感,过多地危言耸听会让学生沮丧、焦虑不安。以经济生活第五课"新时代的劳动者"这框的设计为例。

"新时代的劳动者"本框内容,在大量的教学实践和活动中最常用的模式是采用了一例到底的方式。设计一个人物,围绕就业困难、就业观念、权益受损的话题展开。例如我在课堂中设计的打工者小刘,他有着超乎他年龄的成熟与沧桑,他把他的老成归咎于农村的辛苦劳动,他初到城市的第一个困惑就是农村的劳动很苦很累,农村的劳动是为了吃饭,并不理解为什么劳动是最光荣的。通过这个疑惑的解答,让同学们清楚劳动的意义何在,为本课内容的深入开展奠定理论基础。

进了城的小刘又产生了新的困惑——为什么要进城打工呢?小刘的想法很简单——为了赚钱。但是找到工作,实现就业,就是为了赚钱吗?由此引发学生们对就业意义的思考,深化对就业的认识和理解。

　　然而消除困惑的小刘,又不得不面对一个残酷的事实——工作难找啊!从小刘自身和整个就业大环境来分析如今我国就业形势严峻的原因。虽然找到了就业形势严峻的主要原因,但是这更增加了小刘的担忧,如何帮他顺利就业呢? 要求同学们结合就业形势严峻的原因和小刘自身情况,为他设计就业策略,同时也找到应对严峻就业形势的对策。

　　在同学们的帮助下,小刘顺利找到了建筑工地的工作,可是他又碰到了被侵权的麻烦事。通过分析小刘的遭遇,让同学们了解作为劳动者有哪些权利;遭遇侵权,不能采用一些过激手段,应该用正当的合法的方式维权。

　　小刘的就业之旅虽有点坎坷,但也总算圆满解决。但是,我们同学们以后也会成为新时代的劳动者,也可能面临严峻的就业形势,现在就来给自己设计个就业策略,我应该具备哪些素质,做好哪些准备,才能顺利找到工作? 通过设计这个能力拓展的问题,引导学生对自身进行思考,深化对知识点的认识和理解,并学会学以致用。

　　在本课结束之后,我进行了一次随机调查了解,有将近一半的同学在本课内容学习之后,对自己今后的就业问题产生了担忧。而这样一例到底的设计思路,是很多老师在教授本课内容中普遍会采用的方法,这也就意味着有相当一部分同学在这堂课的学习过程中或者学习结束后,可能会产生对就业的焦虑,对自己未来的迷茫,这显然就与我们思想政治课的课程性质和目标相违背。

　　我们的高中思想政治课“课标”在“课程性质”这一部分,有这样一段表述:“高中思想政治课进行马克思列宁主义、毛泽东思想、邓小平理论和‘三个代表’重要思想的基本观点教育,以社会主义物质文明、政治文明、精神文明建设常识为基本内容,引导学生紧密结合与自己息息相关的经济、政治、文化生活,经历探究学习和社会实践的过程,领悟辩证唯物主义和历史唯物主义的基本观点和方法,切实提高参与现代社会生活的能力,逐步树立建设中国特色社会主义的共同理想,初步形成正确的世界观、人生观、价值观,为终身发展奠定思想政治素质基础。”从这段高中思想政治课的课程性质表述中,我们看到思想政治课应该帮助学生正确看待社会,树立正确的“世界观、认识观、价值观”,提高参与社会生活的能力和素质,培养学生自觉关注社会、理论联系实际,付诸实践,才是思想政治课的目标。

　　再者,从目前高中生的心理特点来看,学习压力大、偏执、抑郁、对未来生活没有希望、情绪不稳定等是普遍存在的状况。而且,高中学生已经具备了一定的自我意识和独立意识,评价分析能力也有所提升。他们会去关注和了解社会现状,但是对于社会阴暗面、对于社会上存在的问题显然更感兴趣,也极易受到极端思想的影响,对社会、对国家、对党和政府产生不满情绪。这就需要我们的思想政治课去引导、帮助学生形成积极乐观的人生态度,学会全面地看待社会、分析现状。

在"新时代的劳动者"这框内容的设计中,传统的一例到底的方式有其可取之处,能贴近生活、落实知识、梳理结构,但是材料中严峻的就业形势和劳动侵权行为的频发,会让学生联想到实际生活中有很多这样的事例可循,因而容易增加学生的心理负担,产生负面影响。本着新课程理念要求的以学生为本,以学生发展为本的宗旨,我们在本框内容设计时,应当有所侧重。说明事实固然重要,让学生意识到就业形势的严峻这是有必要的,但是更重要的是,我们要帮助学生形成积极乐观的应对态度,可以从观念、态度、准备三个方面来呈现。首先,观念的更新非常重要。挑三拣四、好逸恶劳、吃不了苦,是现在很多学生的"通病",通过学习、讨论、举例,让学生意识到作为新时代的劳动者,职业不是终身的,事业是需要拼搏的,关键在于自己的努力。其次,端正态度,正确对待就业问题。靠父母、托关系、碰运气的情况在很多学生的求职过程中出现。找不到好工作,就"啃老",不敢正视和面对,也是社会现实。这就需要我们通过课堂教学帮助学生勇敢面对就业难的问题,同时不等不靠、不凭运气,积极应对,解决就业。最后,机会总是留给有准备的人的。现在开始就要做好准备,确定目标,全面提高自身素质,就业就不会是难题。这样多角度、多方面地呈现生活,尤其是在就业难成为社会热点的时候,及时帮助学生们正视问题,解决问题,才能发挥思想政治课的积极作用。

我们的课堂教学应该而且必须生活化,只有生活化的课堂才能吸引学生,引起学生的求知欲,培养学生的兴趣。但是,我们也要从学生已有的社会经验出发,这是师生互动的起点。课堂中一味地进行说教,过度地粉饰太平只会让学生感到反感。相反,呈现真实的社会事实,承认问题的存在,勇于揭露问题,同时帮助学生正确分析和解决问题,才能让学生全身心地参与,得到真实的体验和感悟,对书本知识的理解也更加透彻。而在课堂结尾富有创意地向社会实践延伸,鼓励学生把学习到的知识用于生活实践中,去解决实际问题,这才是最终的目的。实践是认识的来源,也应该是认识的目的和归宿。

我们的课堂应该是源于生活,而又高于生活的。我们展示的社会生活应该是多样化的,是丰富多彩的。在多样化的生活中教会学生选择,教会学生正确分析,教会学生勇敢面对,促进学生积极向上,这才是我们高中思想政治课应该有的作用。

慈湖中学　章海佳

第七课第二框:收入分配与社会公平

一、课例选取依据

1. 本框在单元中起着承上启下的作用,它承接了教材第一框所介绍的个人收入分配制度,进一步介绍在分配的过程中应该坚持的原则。同时,本框内容涉及国家收入的再分配,为第八课第二框"财政与税收"的内容起到了铺垫作用。

2. "收入分配与社会公平"是当然社会的热点问题,也是最新版《经济生活》中改动最大的一框,从框题到目到内容都进行了改动,很多观点都是一字未改地取自党的十七大报告,具有较强的理论性、时政性、抽象性等特点,教学上有一定的难度。

3. 高一学生的知识占有量少,思维能力不足,如何客观看待党的政策和当前社会存在的现状,需要教师进行引导。

二、基本内容和要求

1. 基本内容。"收入分配与社会公平"这一框由收入分配问题引出收入分配公平,由我国当前如何在收入分配中实现社会公平引出效率与公平的辩证关系,集中分析当前应该如何处理效率与公平的关系。具体来说这一框共分两目:第一目是社会公平的重要体现,本目教材的内容可以分为两个大的部分,首先是帮助学生了解什么是公平,尤其是收入分配中的公平;然后帮助学生理解我国当前的收入分配制度是如何实现社会公平的。第二目是处理好效率和公平的关系,教材讲了效率的含义、正确认识效率与公平的辩证关系、当前我国为处理好效率与公平的关系所采取的政策措施这三层意思。

2. 基本要求。(1)课程标准的基本要求:解析"效率优先、兼顾公平"的原则。(2)学科教学指导意见:①懂得收入分配公平的表现;②理解我国实现社会公平的制度保证和重要举措;③理解效率与公平的关系及其要求;④ 结合实例说明实现社会公平的重要意义。

三、常规课例解读

1. 教学课例

【教学目标】(略)

【教学重点、难点】(略)

【教学方式与手段】(略)

【教学过程】

(一)导入新课

漫画:某公司收入分配状况(多媒体展示)

老总豪宅靓车全有;副总吃吃喝喝洗桑拿;科长精打细算全家花;职工这俩钱儿咋拿回家?

思考:你能看出这家公司的收入分配状况存在什么问题吗?

(二)新课教学

1. 合理的收入分配制度是社会公平的重要体现

(1)收入分配公平的含义、意义

(2)措施

A. 课堂探究:公平就是平均主义吗? 公平允许差异存在吗?

B. 多媒体展示:网络上"晒工资",引发收入分配不公的评论。

问题:根据上述材料,你认为实现收入分配的公平有什么现实意义?

C. 课堂探究:

多媒体展示:2008 年到 2010 年居民收入、企业和政府收入在国民收入中的比重变化比较,以及居民收入比重下降产生的影响。

第一组问题:材料反映了我国经济发展的什么问题? 这些问题对实现收入分配公平会产生哪些负面影响? 该如何解决这一问题?

第二组问题:观察漫画回答,在该公司里,过于悬殊的收入差距主要存在于哪些人之间? 会产生哪些负面影响? 又该如何解决这一问题?

学生:讨论、回答。

追问:你还能举出其他措施吗? 试说明你的理由。

2. 处理好公平与效率的关系

(1)效率的含义

(2)公平与效率的辩证关系

(3)如何处理好公平与效率的关系

课堂探究:导入漫画:因分配不公,公司面临倒闭;新任领导的竞聘演讲甲:我要公平,公平才能得人心,要一碗水端平,大家工资平均算。

乙:我要效率,效率是企业的生命,收入差距必须拉大。

丙:我要……

问题:(1)你认同甲和乙的观点吗?为什么?

(2)如果你是丙,你会如何改革公司原先不合理的分配制度?

2. 课例点评

整个课堂清晰实在,扎实系统,动静结合。但遗憾的是,教师虽以新课程理念为指导,但在实际教学中并未真正体现。表现在:学生在整个教学过程中比较被动,主体性未能真正得以体现。教师依然是课堂的主角,学生依然是为满足教师的教而进行活动。同时这框内容中也有学生思维的冲突和情感的激荡,但在实际教学中却未能很好解决,缺乏情感的体验与升华。

四、创新课例研制

【教学目标】

1. 认知目标:理解公平及收入分配公平的含义;懂得社会主义社会注重收入分配公平的必要性;理解我国当前实现社会公平方面的举措;理解"两个合理比重"的意义;懂得效率的含义;理解公平与效率的辩证关系;理解当前我国正确处理效率与公平关系的政策措施。

2. 能力目标:准确把握效率与公平之间关系的辩证思维能力;从收入分配角度对如何提高效率、更加注重公平提出合理建议的实践能力。

3. 情感态度价值观目标:通过了解党和政府解决收入分配不公的种种举措,增强对党和政府工作的理解之情;通过正确认识和处理效率与公平的关系,树立效率意识,培养公平精神。

【教学重点、难点】

重点:社会公平的重要体现。

难点:如何在收入分配方面实现社会公平;正确处理效率与公平的关系。

【教法与学法】

教法:(1)情景教学法法　(2)讨论式教学法

学法:(1)自主学习　(2)合作学习

【教学过程】导入:(直面现实,抛出问题)

师:我们班级同学的家庭收入差距大吗?

生:略。

师:这种收入分配不公的现象仅仅在我们这里出现吗?

生:略。

师:既然收入分配不公现象已经成为全国普遍的问题,那么今天我们就一起来关注一下这个问题。

讲授新课

一、问题的冲突

视频:投影展示"关注西部学生小餐桌"

探究1:在这个视频中,给你印象最深的是什么?

生:略。

师:收入分配问题是当前经济社会发展的重大问题,事关人民群众的切身利益,事关改革发展稳定的大局。解决好收入分配不公、让全体社会成员共享改革发展成果,是实现社会公平正义的关键。当前我国存在哪些分配不公的现象?

"用数据说话"。

生:各个学习小组展示课前收集的有关收入分配不公的相关数据。

投影相关的资料,并简单分析说明相关资料。

过渡:图文展示:群体性劳资纠纷事件。

二、问题的危害

探究2:(1)群体性劳资纠纷事件的原因是什么?

　　　　(2)这些问题的出现到底会带来什么危害?

生:讨论、回答。

师:总结,PPT上展示。

(1)分配不公有悖于社会主义的本质。分配不公导致收入差距过大,有悖于共同富裕的目标。实现收入分配公平,既是社会主义的本质要求,也是改革发展成果由全体社会成员共享的体现。

(2)分配不公阻碍国民经济科学发展。近年来,内需不足越来越成为制约我国经济发展的一大瓶颈。居民的工资性收入增长缓慢,财产性收入比重偏少是影响民众消费需求乏力的主要原因。高收入者消费需求增长空间不大,而低收入者虽有消费需求,但无力消费支出。

(3)分配不公抑制现代化建设的积极性。分配不公会使低收入者生活水平和社会地位下降,同时也降低对发展成果的认同感和投身现代化建设的积极性;而既得利益者因害怕改革触及自身利益,则会极力阻碍改革,使得收入差距持续且扩大。这会导致激励机制严重扭曲,使得低收入者对勤劳致富失去信心,更使得社会再生产丧失活力和动力。

(4)分配不公影响社会稳定。分配不公会使不同收入群体产生,尤其是低收入群体产生心理失衡,引发对社会诸多不满,成为社会矛盾的"孵化器"。当前诸多的社会问题和社会矛盾都与分配不公有着直接或间接的关系。而且分配不公还容易导致社会风气败坏、人们价值观扭曲以及拜金主义思想泛滥,等等。

师:收入分配不公已经成为制约我国百姓幸福感的重要因素。那么我们该如何让更多的国民远离郁闷、拥抱幸福?

生:努力实现社会收入分配的公平。

师:那么我们应追求什么样的收入分配公平呢?

板书:收入分配公平的表现

三、问题的解决

情景一:财富向政府、投资方的"集中"

有关调查显示,23.4%的职工近5年没有增加工资,61%的职工认为普通劳动者的收入偏低是最大的不公平。影响一线职工工作情绪的究竟有哪些因素? 其中占比例最高的是两口子吵架,而吵架的原因主要是经济拮据。同时收入增长缓慢成为居民消费需求不足、消费率连年下降的主要原因。

有专家指出,当前我国国民收入分配格局存在明显的"集中"倾向:从社会和政府角度看,财富不断向政府集中。近几年财政收入占 GDP 的比重不断上升,从1994年的10.39%提高到2008年的19.99%;从劳方和资方角度看,劳动报酬占比持续下降。1996—2007年,我国劳动报酬总额占 GDP 的比重从53.4%下降到39.7%。

以上反映了什么经济问题? 针对这个问题我们该怎么办?

生:思考、回答。

师:A. 提高居民收入在国民收入分配中的比重;

　　B. 提高劳动报酬在初次分配中的比重。

(投影)居民收入 $\begin{cases} 劳动报酬收入 \\ 家庭经营性纯收入 \\ 财产性收入 \\ 转移性收入等 \end{cases}$

具体措施:

1. 合理调整政府、企业和居民之间的收入分配关系,坚持与完善我国的分配制度。

2. 提高低收入者的收入,维护劳动者权益,建立和谐的劳资关系。逐步提高最低工资标准,建立企业职工工资正常增长机制和支付保障机制。

3. 大力发展生产力,增加就业(根本之策)。

4. 完善财产性收入增长的保障机制。

(这部分内容学生较陌生,以教师讲授为主,并且讲解要缓慢和清晰。视时间而定,若时间宽裕,可以介绍"劳动者如何才能取得合理的劳动报酬? 比如,可以通过企业工会、工资协调员等来实现"。学生是未来的劳动者,因此,高中政治课教学的目的不能只停留在高考上,而应定位在学生成长的需要上。这既有利于凸现政治课教学的实用性,又有利于提高学生学习的积极性,增强课堂教学的实效性。)

过渡:师:中低收入人群不仅涉及一线工人,包括广大农民和农民工。他们现在的生活状况又怎么样呢? 我们来了解一下。

情景二:展示有关农民和农民工生活与生产现状的图片与图表

问题:怎样解决农民与农民工的困难,以有利于实现收入分配的公平?

生:略。

师:1. 积极推进新农村建设;2. 继续加大对农民的各种优惠政策,如取消农业税;3. 继续完善社会保障制度,健全新型农村合作医疗制度;4. 改革户籍制度;5. 加快推进小城镇化建设等。这些措施都将有利于解决农民与农民工的贫困问题,缩小收入差距,实现收入分配的公平。

情景三:文字资料:"一个教室走出两个不同的人生"

小张与小李是大学同学,俩人的能力以及其他方面都相当。毕业后,小张就职于一家民营企业,凭借他的努力,现已担任高端客户经理,年收入约 12 万元;小李毕业后被家人安排到国家电力部门工作,如今也担任科室经理,年收入约 30 万元。

1. 如果你是小张,你有何感想?

2. 你认为出现这种问题的原因何在?

3. 针对这个情况,应如何解决呢?

生:略。

师:简要说明后进一步拓展。

PPT 展示:文字资料:国家曾专门组织过一次全国性的调查,收入分配不公涉及方方面面,而因垄断形成的分配不公在最终报告中占据了相当的比重。调查组的"现象公布":收入分配中,行业差距存在着"屁股决定腰包"的怪现象。高收入靠的既不是聪明才智,也不是勤劳致富,而是行业垄断。调查组的

"数据公布":130 家央企占有的总资产约 88 万亿元,吸纳就业人员约占全国就业人员的 10%,而国企职工的薪资却比全国平均工资水平高出一半多。垄断行业凭借它的垄断性获得超常规利益,直接导致收入分配不公。这业已引起社会各界的高度关注。

师:问题:针对这种情况,社会各界尤其是我国政府应如何解决呢?

生:讨论、回答。

PPT 显示:

深化垄断行业改革

加大税收调节力度

积极发展社会慈善事业,弘扬人道主义精神

坚决打击和取缔非法收入。对违规收入或来源不明的巨额财富要坚决取缔和打击。

探究:要实现共同富裕的根本目标就要保障公平,发展社会主义市场经济又要讲求效率,那如何正确处理好公平与效率的关系呢?

提示:公平与效率是非此即彼的关系,它们就像硬币的正反两面,不可分离。效率是公平的物质前提,而分配的公平也是促进效率的保证。公平与效率的关系,既要看到收入差距过大带来的种种矛盾和问题,也要认识到解决需要一个较长过程;问题的解决不应以效率的降低为代价,而应在保证公平的基础上,着力提高效率。

PPT 投影:文字资料:回音壁"公平正义比太阳还要有光辉"。

(1)"两头超载"、中间纤弱的"哑铃形"发展其实是一种病态的发展。

(2)实现收入分配公平,才能消除社会不同群体的挫折感和被剥夺感,

(3)如果说做大社会财富的"蛋糕"是责任,那么分好社会财富的"蛋糕"就是良知。

(4)像守住 18 亿亩耕地"红线"一样,守住贫富差距的"红线"。

(5)企业工人工资要算成本账、收益账、良心账。

课堂小结:略。

课堂巩固:

1. 请你选择合适的方法来建构本框的知识结构(如建构模型、图示法等);

2. 通过上网、阅读报刊、调查等方式了解一下我国政府对解决收入分配的措施与实例,把有关资料摘录好,贴在教室后面的墙面上,供大家阅读与了解。

课堂板书:略。

五、课后反思

1. 一反常态地利用现实生活中的反面例子来导入新课,一下子就吸引了学生的眼球,刺激了学生的感官。当学生看到西部小学生的就餐情况时,全班同学情绪高涨:有的说太可怜了;有的连眼泪也出来了;有学生甚至还感慨:以后一定要将孩子送到那里去,好好体验一下;连平常上课不太专注的学生也在嘀咕:差距咋就这么大呢?如此一来,学生很快就进入课堂状态,这为下面问题的探讨和展开埋下了伏笔。另外,我本来以为如今的学生在感情方面是非常麻木和冷漠的,但那一刻我意识到我错了,更被学生感动了:原来,我们的学生是活生生的、有血有肉的、有感情有思想的人,而不是所谓的高考知识的填充物。我感动于他们的感动。我深刻地意识到日常教学中,教师也应充分地注意和利用好这点。

2. 在本课中涉及较多的专有名词和专业术语如初次分配和再次分配、转移支付制度等,学生平时没有接触过,若是不讲解,学生无法真正理解相关知识。而在教学指导意见里又没有要求展开讲解,因此,有些难以把握。

六、研制意图说明

1. 突出情感目标。通过学情分析,了解到学生由于生活阅历与视角的局限性,对社会收入问题了解不深入,而且也缺乏对社会不公平问题的感性认识。如果单凭教师的直接讲授、举例等是难以达成这一目标的。本课例以"收入分配不公"为主题,以情感触动为主线,通过几个环节:"关注西部学生小餐桌":感知收入分配不公的存在——"群体性劳资纠纷事件":感悟收入分配不公的危害——"如何让更多的国民远离郁闷拥抱幸福":关注收入分配不公的解决,由浅入深,由现象到本质,层层递进,让学生在问题的探究和解决中升华情感,体验生活。

2. 注重课堂生成。学习过程是一个动态生成的过程,是学习者用原有认知结构从环境中接受信息进行相互作用、主动建构教学信息意义的过程。政治学习的动态生成过程,强调学习的自主建构和动态发展,重视学生生动活泼、富有个性的发展。这就需要我们政治教师在教学实践中,合理运用教学机智,提出有价值的问题,发现解决问题的新思路、新方法。本课例通过教师的支架作用,表现在教师的设问和追问上,学生的合作探究、自我感悟等来实现课堂知识的生成,以及课本知识的突破。这改变了传统教学中教师讲、学生记的被动局面,充分挖掘学生作为课堂资源的价值。

3. 突破知识体系。本课例紧紧围绕"收入分配不公"这一中心主题,设计"问题的冲突"、"问题的危害"、"问题的解决"三个环节展开课堂教学,教学设计源于教材却又不拘泥于教材,打破教材的知识体系,灵活地运用教材。

象山三中　朱　印

必修 2：政治生活

第一课第二框:政治权利与义务: 参与政治生活的基础与准则

一、课例选取依据

一是内容本身的重要性。"政治权利与义务:参与政治生活的基础和准则",是对人民当家作主地位以及民主广泛性、真实性作进一步的分析。人民当家作主的地位是通过人民享有的政治权利和履行的政治性义务体现的,是受宪法保障的;人民享有的政治权利和履行的政治性义务是民主广泛性的具体体现。二是思想教育的必要性。基于当前学生身心发展特点,引导学生树立权利意识、义务意识,培养学生的理性思维,增强学生的社会责任感,提高参与政治生活的自觉性。

二、基本内容和要求

1. 基本内容。教材共分三目:第一目"生活中的政治权利与义务"是情景导入。通过六张照片展示公民享有的政治权利和义务,旨在使学生对本部分内容有初步的感性认识。第二目"神圣的权利,庄严的义务"是情景分析。教材在阐明公民的权利神圣不容剥夺、义务庄严不容推卸的基础上,具体介绍了公民享有的三项政治权利和自由与公民应履行的四项政治性义务。第三目"参与政治生活把握基本原则"是情景回归,是对公民政治权利与义务关系认识的深化和升华。教材主要讲了公民在法律面前一律平等、坚持权利与义务的统一、坚持个人利益与国家利益相结合三个基本原则。

2. 基本要求。(1)课程标准:引述宪法对公民政治权利与义务的有关规定,说明公民参与政治生活的法律保障和应把握的基本行为准则。(2)学科教学指导意见:①把握我国宪法规定的公民的政治权利和自由;②明确我国公民应履行的政治性义务;③理解公民参与政治生活要遵循的基本原则;④(发展要求)从权利与义务的角度培养有序参与政治生活的意识,增强社会责任感。

三、常规课例解读

1. 教学课例

【教学目标】(略)

【教学重点、难点】

重点:理解公民的政治权利和义务,参与政治生活的基本原则。

难点:理解法律面前一律平等、权利与义务的关系。

【教学方法和手段】

教学方法:主要采用学生举例法、讨论法、师生对活、合作探究等方法。

教学手段:运用多媒体课件。

走进新课:

(多媒体展示一组图片:公民投票选举,公民应征入伍,各族人民共植"团结树",公民网上举报……)

通过师生互动导出这节课要探究的内容:公民有哪些政治权利,应履行哪些政治义务,怎样参与政治生活。

(多媒体展示课题:政治权利和义务:参与政治生活的基础和准则)

推进新课:

(一)神圣的权利、庄严的义务

师:指导学生阅读第8页,让学生从面上思考并回答权利与义务有什么相同和不同之处?

通过师生互动,来界定权利和义务,并导出"选举权和被选举权"这个最重要的政治权利。

(1)选举权和被选举权(板书)

通过师生互动来理解选举权和被选举权是公民基本的民主权利,行使这个权利是公民参与国家管理的基础和标志。

师:我国宪法还规定了公民的哪些政治权利?

通过师生互动导出公民的监督权。

(2)监督权(板书)

师:公民行使监督权方式多样,有批评权、建议权、检举权、申诉权和控告权。宪法的这一规定含有两层意思:一是有监督权;二是依法行使,要负责任地行使。这个问题我们将在第二课中作进一步的分析。

师:人民参与国家政治生活,充分表达自己的意愿,这是人民行使当家作主权利的重要方式,是社会主义民主生活的具体表现。国家制定了相应的法律,创造了各种条件,保障公民真正享有政治自由。

(3)政治自由(板书)

师:关于政治自由,我国宪法又是怎么规定的呢?

生:我国宪法规定:"中华人民共和国公民有言论、出版、集会、结社、游行、示威的自由。"

师:政治自由是公民表达民意、参加社会生活和国家生活的基本手段和途径,在合法的范围内,这些手段的行使可以免于国家政治干预,故称之为政治自由。但自由是相对的,也要受到法律的限制。

(通过播放 2009 年 7 月 8 日新疆乌鲁木齐市打砸抢烧事件的视频,来讨论公民必须在法律允许的范围内行使政治自由。)

(过渡)刚才我们一同探究了公民的政治权利和自由,体验了权利的神圣性。那么,我国宪法规定公民必须履行哪些政治性义务呢?

(学生自学教材,逐一分析说明。)

师:通过一同学习和探究,我们已经了解了公民的政治权利和政治义务。公民参与政治生活,依法行使政治权利,自觉履行政治义务,这种参与是有序的,这种有序性体现在遵循一定的原则上。那么,公民参与政治生活,应该把握哪几个基本原则呢?

(二)参与政治生活,把握基本原则

(引导学生自学教材,了解三项基本原则的主要内容,探究问题。)

(多媒体展示)探究问题 1:古代有"王子犯法与庶民同罪"的说法,如今新中国成立后,我国公民在法律面前如何行使政治权利,履行政治性义务?

生:(略。从内涵、表现角度说明"公民在法律面前一律平等"。)

师:公民在法律面前一律平等是指司法、守法上的平等,不是指立法上的平等;也不是绝对的平等,而是反对一切特权。

(多媒体展示)探究问题 2:观点一:没有无义务的权利,也没有无权利的义务。观点二:权利与义务是完全对等的。你认为两种观点是否相同?请说明理由。

生:公民参与政治生活,必须坚持权利与义务相统一的原则。权利与义务是统一的、不可分割;同时权利与义务又是相辅相成、相互促进的。观点一体现了权利与义务是统一的、不可分割,是正确的;观点二割裂了权利与义务的统一关系,是错误的。我们既要树立权利意识,又要树立义务意识。

(多媒体展示)探究问题 3:在四川汶川抗震救灾考验面前,涌现了"英雄陆航团"、"警察妈妈"蒋晓娟、"优秀纪检监察干部"赵忠兴、"农民志愿者"李国华……一大批抗震救灾先进集体、个人以及许多可歌可泣的感人事迹。但也有一幕幕令人悲愤的场景:"无耻教师""范跑跑"、"可恶骗子"李步九、"黑心奸商"刘老板……上述材料说明了什么问题? 对这一问题你是如何理解的?

生:上述材料说明了一个如何处理国家利益与个人利益的问题。在我国,公民的个人利益与国家利益在根本上是一致的。在行使公民权利与履行公民义务时,必须把国家利益与个人利益结合起来。公民个人利益与国家利益在某些具体问题上也会产生一些矛盾。当个人利益与国家利益产生矛盾时,公民的个人利益必须服从国家利益,这是公民爱国的表现。

小结新课:

师:权利是神圣的,义务是庄严的。我国宪法既赋予公民政治权利与自由,又要求公民依法承担对国家、对社会应承担的责任。当我们坚持"公民在法律面前一律平等",坚持"权利与义务统一",坚持"个人利益与集体利益、国家利益相结合"的原则,并且把握这些原则去参与政治生活,那么,公民与国家之间就和谐,我们的社会就和谐。

2.课例点评

(1)教学目标上,重视了知识目标的落实,并通过具体材料的分析与探究,培养学生的辩证分析能力,提高学生的参与意识、义务意识和国家意识。但由于侧重于知识目标,忽略了情感、态度和价值观的内化,情感、态度和价值观目标的达成不够理想。

(2)教学内容上,紧扣教材且逻辑严密,过渡自然流畅,重难点定位较准确,且在重点突出、难点突破上又作了一定的努力。但教师预设性较强,生成性不够,不能很好地激发学生学习积极性,从而影响了教学的实效性。

(3)教学方法上,运用了多种方法和手段,一定程度上体现了新课程的教学理念。但由于涉及的知识较多,而且又各自相对形成体系,留给学生的思考与探究时间相对不足,有些方式在实际教学中难以发挥应有的作用。

总之,本教学课例只是一堂较为传统的常规课例,依然以教材为教学依据,以落实知识为主要目标,以教师的较强预设推进教学,未能很好地体现新课程的学生观、效率观,未能真正发挥学生的主体作用。

四、创新课例研制

【教学目标】

知识目标:知道公民享有的政治权利、应该履行的政治性义务,理解公民参与政治生活需要把握的基本原则。

能力目标：通过了解公民的基本权利和义务等知识，使学生明白作为公民应该怎样行使自己的政治权利、怎样履行自己的政治义务。

情感、态度和价值观目标：培养学生的公民观念，使学生认识到在人民当家作主的国家，公民依法享有的政治权利、履行的义务，激发学生的主人翁责任感；培养学生的国家观念，使学生认识到，参与政治生活，履行自己的义务，要以国家利益为重，自觉地维护国家利益、国家安全和国家荣誉。

【教学重点、难点】

重点：公民的政治权利和义务。

难点：正确理解公民的权利与义务统一性、个人利益与国家利益相结合的原则。

【教学方法和手段】

教学方法：以教师引导、学生自主的探究性教学方法为主。

教学手段：运用多媒体课件。

【教学过程】

1. 导入：播放视频"中日钓鱼岛撞船事件"。（事件简介：2010 年 9 月 7 日上午，钓鱼岛附近海域，一艘中国拖网渔船受到日本海上保安厅一艘巡逻船冲撞，后又受到日方另外两艘巡逻船跟踪、冲撞、截停、登船、检查。中国外交部副部长随后奉命约见日本驻华大使，要求日方停止非法拦截行动。当晚，日本海上保安厅以涉嫌妨碍公务为名逮捕这艘中国渔船的船长。同时以涉嫌违反《渔业法》为名对该船展开调查。中国外交部对日本巡视船非法扣留中方渔民渔船表示强烈抗议，要求日方立即放人、放船，避免事态进一步升级。中国民众、港澳台同胞和海外华人反应强烈，聚集在日本使领馆前进行示威抗议，民间保钓人士要求登岛宣示主权……13 日上午，日本海上保安厅释放了 7 日非法抓扣的 14 名中国船员。24 日，日本地方检察厅宣布释放中国渔船船长。25 日凌晨，被日方非法抓扣的渔船船长詹其雄乘中国政府包机返回福州。）

话题一：看了这个视频以后，同学们的心情怎样呢？你们是怎么看的？

（提示：本话题虽是开放性的，学生一般会从正面角度作肯定的、积极的回答，但也不排除个别学生有可能出现对该事件或无所谓的消极态度或过于冲动的激进态度。教师均要对上述观点进行交流、探讨，做到既尊重学生，又正确引导。）

如：正面观点：对日本行径表示愤恨、谴责、声讨，颠倒是非黑白、窃据中国钓鱼岛、扣押中国公民……对中国政府做法表示支持，维护了国家主权和领土完整、以人为本维护最广大人民的利益………对中国渔民不畏强权、维护国家荣誉与利益及中国民众示威抗议行为表示敬仰……我国青年学生要自觉维护国家的安全、荣誉和利益……我们青年学生参与政治生活,要依法行使政治权利、自觉履行政治义务。对此观点,教师要充分肯定,因为这是学生思想价值的主流。我国是人民当家作主的国家,公民与国家形成了和谐的新型关系,这种关系体现在公民的权利与义务的统一上。这一框我们就要探究公民有哪些政治权利,应履行哪些政治义务,怎样参与政治生活,从而顺利转入新课教学。

消极或激进观点:比较有代表性的是:①维护钓鱼岛主权是国家、政府的事情,与我们高中生关系不大;②民众要采取抗议示威、抵制日货、焚烧日本国旗等方式以泄心中怒气,政府要果断决策,相应扣押日本侨民,甚至不惜动武维护钓鱼岛主权等。对于出乎意料的这类观点,教师要耐心引导,一方面,作为新时期的青年学生要"家事、国事、天下事,事事关心";另一方面,要理性爱国,相信中日两国人民都是爱好和平的,相信政府能妥善处理好中日主权之争,从另一个角度说明公民参与政治生活,是以依法行使政治权利、履行政治性义务为基础和准则的。

(设计意图:设置生活化的情景与话题,旨在引发学生思维与情感上的碰撞,激发学生的学习兴趣和参与政治生活动因,明确依法行使政治权利、履行政治性义务的必要性。)

2. 播放视频(或展示图片)"中国民众抗议日本扣押中国船长"。(简介:中国北京、上海、深圳、沈阳等地一些民间团体以及市民参加了抗议活动。北京的抗议活动队伍在日本驻华大使馆以及中国外交部进行了抗议,示威者身穿印有反日字句的服装,高喊"还我钓鱼岛"、"还我船长",还有人呼吁抵制日货等。我国有关部门呼吁民众要理性爱国。)

话题二:材料表明我国公民享有什么样的政治权利和自由呢?为什么我国有关部门呼吁民众要理性爱国?除了材料表明的政治权利和自由外,我国宪法还规定了公民享有什么样的政治权利和自由呢?你是如何理解这些政治权利和自由的?

(提示:本话题重在分析我国宪法规定的我国公民的政治权利与自由,重中之重在于分析公民的政治自由是相对的。个别同学可能会有"我国有关部门呼吁民众要理性爱国,这是国家对外关系上软弱无力的表现"的想法,为此教师要合理引导,做到晓之以理、动之以情、导之以行。)

(1)关于"公民的政治自由"的教学。一是从知识角度理清三个方面:①内容:言论、出版、集会、结社、游行、示威的自由。②地位:是人民行使当家作主权利的重要方式,是社会主义民主的具体表现。③真实的:国家制定相应法律,创造各种条件,保障公民真正享有和行使政治自由,二是从情感、态度和价值观角度说明政治自由的相对性。结合教材辨析"观点一"和"观点二"(P9)或者运用孟德斯鸠、洛克关于"政治自由"的名言,让学生明确公民的政治自由是相对的、具体的、有条件的,不受任何约束、想干什么就干什么的自由是不存在的,公民必须在法律允许的范围内行使政治自由,从而也正确解答了"为什么我国有关部门呼吁民众要理性爱国"的问题。三是针对个别同学的"理智、理性是软弱外交的表现"等疑问要进行释疑,重在解决学生思想上存在的疑虑,辩证地认识自由与法律的关系,从而培养学生的法律意识、国家意识。

(2)关于"公民的选举权和被选举权"的教学。一是理清三个方面知识:①法律资格,主要包括年龄、国籍、政治、能力等基本条件。②含义,特别要注意宪法和选举法关于选举权和被选举权的内涵界定。③地位:是公民基本的民主权利,行使这个权利是公民参与国家管理的基础和标志。二是辨析一个疑问:"是不是所有的'选举权与被选举权'都是公民的一项基本的政治权利?"通过思辨让学生明白:在我国公民享有的广泛的政治权利和自由中,只有被赋予特定含义的选举权和被选举权,才称得上公民最基本的政治权利,并不是所有的"选举权与被选举权"都是公民的一项基本的政治权利,如基层民主制度中的村民或居民的选举权与被选举权等。

(3)关于"公民的监督权"的教学。着重理清四个方面:①谁监督?(主体:公民)②监督谁?(客体—对象:任何国家机关和国家工作人员)③监督方式?(内容:批评权、建议权、申诉权、控告权和检举权)④如何监督?(依法行使,要负责任地行使)

(设计意图:通过对公民的政治权利和自由的探究,一是让学生体验权利的神圣性:公民的权利是法定的、神圣的、不可非法剥夺的。二是让学生懂得公民的政治自由是具体的、相对的、有条件的,自由与法律是辩证统一的。)

话题三:上述材料(2中视频或图片:"中国民众抗议日本扣押中国船长")同时表明我国公民履行了什么样的政治性义务呢?除了材料表明的政治性义务外,我国宪法还对公民应履行的政治性义务作了哪些规定?你是如何认识这些政治性义务的?并请举例说明。

(提示:本话题重在分析我国宪法规定的我国公民必须履行的四项政治性义务,结合材料重在分析"维护国家的安全、荣誉与利益"这一政治性义务,引导学生明白"维护国家的安全、荣誉与利益不仅是国家或政府的事情,也是我们普通公民的分内事"。)

　　关于"公民必须履行的政治性义务"的教学,设计让学生在自学教材基础上,结合上述材料和话题逐一探究并分析说明。(1)明确什么是政治性义务。(即公民对国家、社会应承担的责任)。(2)把握政治性义务四方面内容(①维护国家统一和民族团结;②遵守宪法和法律;③维护国家安全、荣誉和利益;④服兵役和参加民兵组织)。(3)说明材料(2中视频或图片:"中国民众抗议日本扣押中国船长")中船长詹其雄不畏强权拒绝认罪的行为是我国公民自觉履行"维护国家安全、荣誉和利益"的具体表现。(4)谴责现实生活中不自觉履行"维护国家安全、荣誉和利益"行为,如我国某著名"明星"着日本军旗装照相,这就严重损害了民族尊严,损害了国家荣誉,让学生形成情感上的共鸣,明白"维护国家的安全、荣誉与利益不仅是国家或政府的事情,也是我们普通公民的分内事"。

　　(设计意图:讨论这一话题,主要在于让学生更加清楚地认识到公民的义务也是法定的、庄严的、不容推卸的,自觉履行公民的法定义务是公民爱国的具体表现,不自觉履行公民的法定义务是要受到谴责、声讨的。)

　　3. 展示材料:我国民众尤其是船长詹其雄在"撞船事件"中的表现。(据海外媒体报道,中国船长詹其雄在被日本非法拘留期间表现非凡:詹其雄坚持认为自己无罪,因为钓鱼岛是中国领土,自己在钓鱼岛海域捕鱼作业是正当的。日方又多次警告詹其雄如不认罪,此案最高可判刑三年或罚款五十万日元,但詹其雄回答说:"如我认罪,将会成为中华民族的千古罪人。")

　　话题四:我国民众尤其是船长詹其雄在"撞船事件"中既依法行使了公民的政治权利,又自觉履行了政治性义务,有理有序地参与了政治生活。这种政治参与的有理有序性体现在遵循一定的原则上。那么,公民参与政治生活,应该把握哪几个基本原则呢?你对这些基本原则是怎样理解的?我国民众尤其是船长詹其雄在"中日撞船事件"中的行为又是怎样遵循这些基本原则的?

　　(提示:本话题是对公民政治权利与义务关系认识的深化和升华。但在现实生活中,理论的力量往往受到现实的挑战,如公民在法律面前一律平等,但现实生活中凌驾于法律之上或事实上的不平等现象屡有发生;社会弱势群体在现实生活中难以享有应有的权利,权利与义务往往很难做到统一,等等。教师不仅要在理论上层层透析,显示理论的力量,更要在情感、态度和价值观上循循善诱,内化为学生的觉悟,以激发学生的公民意识、国家观念。)

　　关于"坚持公民在法律面前一律平等原则"教学,教师要重点说明公民在法律面前一律平等:一是特指司法平等、守法平等,而不是指立法平等。二是权利与义务上的平等并不是指绝对的平等,而是强调反对一切特权。三是理论上的平等并不否认现实中存在的事实上的不平等现象,而是恰恰证明了坚持一律平等原则的必要性和重要性。

关于"坚持权利与义务的统一原则"的教学,教师要重点说明权利与义务是辩证统一的,二者既相互统一、不可分割,又相辅相成、相互促进;公民既要树立权利意识,又要树立义务意识。同时指出现实生活中任何割裂权利与义务关系的观点、行为都是错误的,是社会责任感缺失的表现。

关于"坚持个人利益与国家利益相结合的原则"教学,教师要重点说明我国是人民民主专政的社会主义国家,国家尊重和保障公民个人的合法权益,公民在行使权利和履行义务时要自觉维护国家利益。任何把个人利益凌驾于国家利益之上的言论、行为都是错误的。

"中日撞船事件"中的我国广大民众尤其是船长詹其雄,以主人翁精神坚持了权利与义务的统一、个人利益与国家利益相结合的原则,自觉维护国家利益、履行公民应尽的社会责任。

(设计意图:讨论这一话题,主要在于让学生深化对公民政治权利与义务关系的认识,在情感、态度和价值观上牢固树立公民观念、国家观念。)

课堂小结:

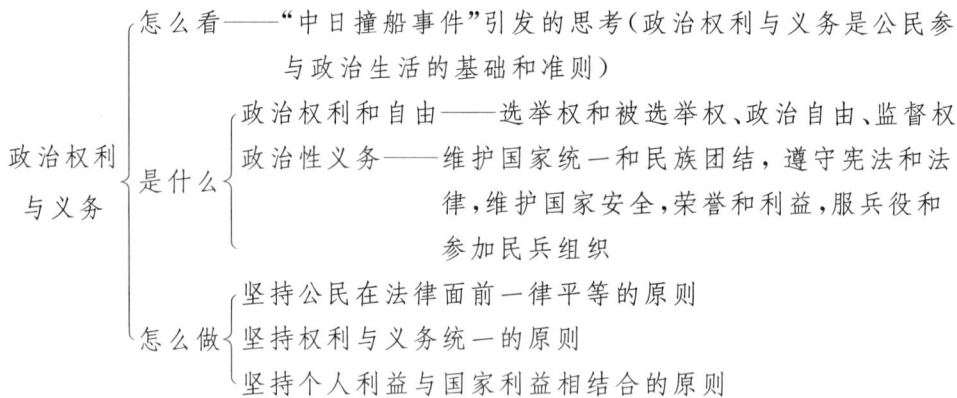

五、研制意图

1. 本课例遵循"贴近实际、贴近生活、贴近学生"的原则,以"教材是教学的资源、工具和指南"的理念为依据,选取颇受广泛关注的"中日撞船事件"为情景,围绕"政治权利与义务"主题,突出"怎么看"、"是什么"、"怎么做"教学主线,把理论观点的阐述寓于社会生活的主题之中。

2. 本课例以"话题"为教学切入口,以"情景—话题—探究—生成"为活动方式,这一设计既能落实教材相关知识,又能突出情感、态度和价值观的转化,既能丰富民主、开放的教学氛围,又能培养学生自主学习、合作探究能力,既能发挥教师在多样性基础上的主导活动方式,又能促使学生主体的思考、发现、探索和感悟。

六、教后反思

1. 教师要善于创设教学情景。教材的情景导入,体现了"贴近生活、贴近实际、贴近学生"和"基于案例、基于情景、基于问题"进行学习的理念,列举了不少具体的案例、情景、材料等。但由于思想政治课本身具有很强的时效性,教材所提供的材料难免会有滞后性,因此,教师需要不断更新其中的内容,力求使用最新的教学素材,以增强思想政治课教学的时代感。正是基于上述的认识,本课例研制中创设"中日撞船事件"教学情景,以此激发学生的学习兴趣,引起思想上的共鸣,增强课堂教学的时代感。

2. 教学要关注"三维"目标的达成。新课标是以促进学生的全面、和谐发展为目的的,要求教师通过教学活动的开展,使学生的知识得到丰富与更新,能力得到提高与发展,同时形成和提升正确的情感、态度和价值观。本课例通过创设"中日撞船事件"情景,分析"中日撞船事件"中政府、民众及船长等的行为表现,使学生深深感悟到权利的神圣性和义务的庄严性,公民必须正确行使法定的权利,自觉履行法定的义务,关注国家和社会"大事",自觉维护国家利益。

3. 教师要优化教学方式。顺应新课标要求,探究式、体验式、合作式、信息技术与学科教学整合是我们倡导的主导教学活动方式,实践也证明了其在学生发展中的推动作用,因此,教师在选择教学活动的形式时,在生活化、多样性的基础上,要力求体现主导的活动形式。本课例通过"情景—话题—探究—生成"的活动方式,让学生在矛盾冲突与思想碰撞中,去寻找、发现"生活"的真谛,去感悟、体验"生活"的价值,去理解、认同"生活"的意义。

慈溪中学　张家如

第三课第二框：政府的责任：对人民负责

一、课例选取依据

1. 从内容本身看，本框是对政府职能的进一步总结，是第三课的落脚点，同时又是建设社会主义政治文明的有机组成部分。本框内容体现了本课的主题——我国政府是人民的政府，也体现了本单元的主题——为人民服务的政府，还是必修1《经济生活》中的国家宏观调控工作的指导原则，同时是必修4《生活与哲学》人民群众观理论的具体体现；只有了解了对人民负责的原则，才能真正领会政府在实际生活中的施政行为。

2. 从社会现状看，当前社会对于政府及其工作人员的各种行政行为的评价不一，特别是部分社会成员由于没有正确的世界观的指导，往往受以偏概全的狭隘思维的影响，看到少数政府官员的违法乱纪行为，便认为所有的政府官员都是一样腐败，对政府产生负面的评价，这严重影响了政府的形象，削弱了政府的权威，阻碍了政府的施政，降低了政府的效能，所以有必要用全面详尽的事实引导学生正确看待我们的政府，学会怎样处理公民和政府的关系，懂得如何通过政府来维护自己的合法权益，以使成长中的中学生逐步形成正确的政治观点。

二、基本内容和要求

1. 基本内容。教材分三目：第一目"解读一个市长的承诺"是本框情景导入，教材节选了市长承诺中的几件实事，要求学生根据市长承诺的内容，探究市长最关心的问题，以及市长的承诺与我们的关系，引导学生意识到政府所做的事情与自己密切相关，感受政府关注民生、为民服务的措施，引出我们的政府应该是多为人民群众办实事、办好事的负责任政府。第二目"坚持对人民负责的原则"是本框的情景分析，阐明了政府的宗旨和政府工作的基本原则，从工作态度、工作作风、工作方法三个方面论述坚持对人民负责的具体要求，引导学生相信并热爱政府。第三目"求助有门 投诉有道"是本框的情景回归，教材从公民遇到困难可以求助政府入手,说明政府是日常生活中与我们联系最密切的国家机关,阐述了政府为公民求助或投诉提供的多种途径和意义。

2. 基本要求。(1)课程标准:列举生活中的实例,评议政府履行职责的表现;说明政府部门及其工作人员依法行使职权对我们生活的影响和作用。(2)学科指导意见:①基本要求:理解我国政府对人民负责的原则;了解我国政府为公民求助或投诉提供的途径。②发展要求:列举具体事例,评议政府履行职责的表现。

三、常规课例解读

1. 教学课例(出处:中学思想政治 http://www.gzsxzzjx.cn.vc/)

【教学目标】(略)

【教学重点、难点】

重点:坚持对人民负责的原则。

难点:政府的工作态度、工作作风、工作方法。

【教学方法】

教师启发、引导,学生自主阅读、思考,讨论、交流学习成果。

【教学建议】

本框与人民群众的生活密切相关,与上节政府的职能密切相连,因此在教学中要运用政治生活的具体事例和上节政府行使职能的具体事例来帮助理解。

【教学过程】

引入新课:

上节课,主要学习了政府的职能是什么以及行使职能的重要作用。我们的政府在不停地履行着自己的职能,职能的行使说明了我们的政府是便民利民的政府,也说明了我们的政府在坚持对人民负责的原则。

进行新课:

一、解读一个市长的承诺

教师活动:引导学生阅读教材第39页材料,同时思考所提出的问题。

学生活动:阅读课本,讨论问题。

教师点评:这样公开承诺,一方面,有利于广大市民更多地了解我们的政府,相信我们的政府是为人民服务的政府,从而积极支持政府的工作;另一方面,使政府职能的履行情况置于群众监督之下,自觉接受群众监督,从而不断增强服务意识。

教师活动:引导学生阅读教材第39页中南海新华门影壁,思考:毛泽东手书"为人民服务"用意是什么?

学生积极回答:为人民服务是政府的宗旨,对人民负责是政府工作的基本原则。

二、坚持对人民负责的原则

教师活动:指出对人民负责是一切国家机关及其工作人员的行为准则和工作宗旨。坚持对人民负责原则,要求做到以下三点。

1. 坚持为人民服务的工作态度

教师活动:请大家列举实例说明本地政府及其工作人员是如何为人民服务的?

学生活动:积极讨论并踊跃发言。

教师点评:检验政府是否坚持了为人民服务的思想,关键是看其有没有深入群众,体察民情;是否急群众所急,想群众所想,有没有官僚主义和形式主义做法,损害了人民的利益,有没有以权谋私,搞权钱交易。像登封市公安局长任长霞嫉恶如仇,顶住压力,不畏恐吓,端掉几个涉黑犯罪团伙,维护广大劳动人民的利益,正是坚持为人民服务态度的体现。

2. 树立求真务实的工作作风

教师活动:近年来,某些地方政府为捞"政绩",搞了很多劳民伤财的"形象工程",请你谈谈对"形象工程"的看法。

学生活动:积极讨论并踊跃发言。

教师点评:这些"形象工程",第一,增加了政府财政的开支,劳民伤财;第二,搞"形象工程"捞的是所谓的"政绩",而不是着力解决老百姓的实际问题,影响了政府在人民群众心目中的形象;第三,会助长某些公职人员弄虚作假的不良作风,滋长了腐败。

3. 坚持从群众中来到群众中去的工作方法

教师活动:如何坚持从群众中来到群众中去的工作方法?

学生活动:思考、讨论并积极回答。

教师点评:坚持从群众中来到群众中去的工作方法的基本要求是:一方面,政府要通过各种途径,利用各种群众组织、社会团体广泛收集群众的意见和建议,认真对待群众的意见和建议,认真对待群众的来信来访,深入了解民情,充分反映民意,广泛集中民智;另一方面,还要为群众诚心诚意办实事,尽心竭力解难事,坚持不懈做好事。

三、求助有门　投诉有道

教师活动:在复杂的社会生活中,每个人都难免遇到困难,自己的合法权益还可能受到侵害,那么,我们可以从哪些方面获得帮助呢?

学生活动:积极讨论并回答。

教师总结:一方面,可以从单位、社会团体等方面得到帮助;另一方面,也可以求助于政府,学会向政府求助或投诉。

作为政府,要不断提高行政效率,增强服务意识,杜绝一些不良现象,为公民求助或投诉提供多种途径。教材第 41 页就提到了几种方式与途径。请大家了解几种方式的特点和优点,当我们遇到困难或自己的合法利益受侵害时,我们就可以选择合适的方式和途径来维护自己的合法权益,这也有助于促使政府不断改进工作。

课堂小结:

本节课联系大量生活实际,让我们感受到我们的政府是便民利民的政府,是坚持对人民负责原则的政府,并了解了寻求帮助的一些途径与方式,使我们学会向政府求助。

课余作业:

学生分组进行社会调查,了解政府及其工作人员有没有践行对人民负责原则,是如何践行的。

教学体会:

本节学习的知识,与学生的生活实际联系比较密切,因此,教学中要注意双向互动,让学生深入实际了解情况,联系现实生活体会教材的政治学道理。

2. 课例点评

(1)从教学目标的达成看,注重知识目标的落实,通过对教材所提供的正面和反面情境材料的思考与讨论,培养了学生的辩证思维能力和语言表达能力,但由于教材中的情境材料仍然侧重于正面教育,缺乏充分的认知和情感冲突,不利于学生形成对政府的正确看法,也不利于激发学生对当前民主政治建设的深入思考,情感、态度和价值观目标的实现不够到位。

(2)从教学过程看,通过问题的创设,实现了一定的师生互动、生生互动,但由于问题本身缺乏思考性,因此缺少了思维的碰撞、观点的交流、思想的交互,这样不利于激发学生的求知欲,不利于培养学生的独立思考、敢于探索、敢于质疑的思维习惯,不利于提高学生多方面、多角度思考和解决问题的能力,同时也抑制了课堂教学创生点的出现。

(3)从教学方法和手段看,运用了情境教学法、讨论法、讲授法、归纳法等多种方法,但由于这些方法重复运用,故略显单一化,而且未能适时、适当地运用现代化教学手段,致使整个课堂缺乏动态、开放、主动、多元。

(4)从教学思路的设计看,基本符合教学内容实际,重点突出、脉络清晰,但不够符合学生实际,缺少独创性,不能给学生以新鲜感,从而导致学习积极性不高,学习效率低下。

(5)从教材处理和情境材料选取看,能充分地利用教材中的情境材料,发现教材内容的价值之所在,但由于教材中的材料本身时代感不强,只对此加以采用,而不去努力寻找与教材知识紧密结合、与时俱进的社会热点材料,不关注学生所关注的社会热点问题,是不利于增强思想政治学科教学的可信度和课堂教学的有效性的,同时还有照本宣科之嫌,从而有损政治课教师的形象和威信。

四、创新课例研制

【教学目标】

认知目标:了解当前政府的工作表现及其影响,充分认识我国政府的宗旨和政府工作原则,明确我国政府坚持对人民负责原则的基本要求;了解公民在遇到困难、合法权益受到侵害时所选择的求助途径,认识到公民学会向政府求助或投诉的重要意义。

能力目标:学会用辩证的观点观察问题、分析问题、认识问题,提高作出正确价值判断的能力。

情感、态度与价值观目标:关注我国政府的工作表现,体验政府对人民作出的承诺,升华对"我国政府是人民的政府"的认同,作出理解、相信、支持政府的正确价值选择,培养现代公民意识。

【教学重点、难点】

重点:政府工作的基本原则,如何坚持这一工作原则。

难点:坚持对人民负责原则的具体要求。

【教学方法和手段】

教学方法:通过事例引发学生思考,通过话题探讨相关问题。

教学手段:运用多媒体课件。

【教学过程】

情境一:播放第一段剪辑视频《广州大接访,谁冷? 谁热?》(源自《新闻1＋1》)

主要内容:2010 年 10 月 18 日,广州市政府在全市 12 个区及县级市同时举办了市领导大接访活动,在这次接访中,市、区两级领导共接待来访群众3978人次,所投诉的问题基本上都事关市民的重大切身利益,很多来访者听到了领导现场拍板的声音。在现场的近4000人次有绝大多数直接奔的是市长,相对而言一些委办局的柜台却门可罗雀,这种现象很大程度上是由于相当多的人还没有建立起对各个部门能够解决问题的一种彻底的信任。当然也有例外的,比如,物价局的零接待是因为在平常,物价局就有一个热线电话,24小时接,只要你有价格方面的问题随时可以反映。

话题一:你如何看待广州市的大接访?并说明理由。

(对这个问题的看法,学生的回答可能出现有的肯定,有的否定,有的既肯定又否定的情况。)

肯定:来访群众人数众多说明广州市民对政府还是信任的,广州市的大接访是务实、善政的做法,确实是为民办事的很好平台、与民沟通的良好渠道,创造了城市各级管理者和群众进行面对面交流的机会,变上访为下访,重视群众反映的热点、难点问题和突出的矛盾问题,正视群众的诉求,倾听群众呼声,关心群众疾苦,不回避不推诿,积极回应,认真处理,切实、高效地解决了群众最关心、最直接、最现实的重大利益问题,不失为解决民生问题的一种形式。

对肯定观点教师引导学生进一步探讨:你认为广州市政府为什么要这样做?(主要意图是让学生从中体悟我国政府的宗旨和工作的基本原则,以及政府践行宗旨和遵循工作基本原则的积极意义。)

生答:我国是人民民主专政的社会主义国家,我国政府的宗旨是为人民服务,政府工作的基本原则是对人民负责。有利于维护人民群众的利益,有利于政府各级干部进一步了解和疏导民意、民愿,也为群众提供了监督机会,推动了政府工作作风转变,强化了广州市政府务实为民的良好形象。

否定:广州市的大接访中,主要领导的接访与有关职能部门的接访相比,冷热程度相差较大,群众更倾向于向市领导,特别是一把手领导反映情况,长此以往,越是高层次的接访,相关职能部门的公信力越会受到直接的影响而间接削弱,但是问题的最后落实还是要靠相关的职能部门来执行,所以大接访并不能从根本上解决群众的问题。另外,大接访还是体现着人治的思维逻辑,这与建立法治的长远目标是背道而驰的。

对否定观点教师进一步追问:针对大接访中存在的问题,你认为政府该如何解决?(主要意图是让学生明确政府如何真正做到为人民服务、对人民负责。)

生答:一是政府应该畅通信访的渠道,完善信访的调处机制、处理系统,提高信访工作效率,使更多的问题能在平时、在基层得到及时解决。二是政府应该真正用法治手段调整规范各种利益关系,化解平息各项矛盾纠纷,让相关职能部门在依法行政的基础上建立起公信力,提高工作效率,端正工作作风,真正为民服务和解忧,构建一套相互制约、高效运行的纠纷解决机制,各个机构各司其职,各种办事人员勤政亲政。三是政府应该拓宽收集群众意见和建议的渠道,为群众诚心实意办实事。四是政府还应该在接访之余更深入地了解,群众的问题解决不了是卡在哪一个环节,要通过解决问题,找到解决这些问题的制度和方法。

老师总结:总之,要从根本上解决问题,关键在于政府工作思路的转变和服务型政府意识的强化,真正把人民群众的利益和诉求摆在头等位置,即坚持为人民服务的工作态度,树立求真务实的工作作风,坚持从群众中来、到群众中去的工作方法,只有这样,我们的政府才真正是为人民服务的政府,才会成为群众信得过的政府,老百姓有困难,合法权益受到损害时,才会求助于政府。

情境二:播放第二段剪辑视频《广州大接访,谁冷? 谁热?》(源自《新闻1+1》)

主要内容:这次大接访是继 2008 年 6 月 26 日以来广州的第二次大接访,从 10 月 17 日晚上起,接访现场就出现了背着水和干粮,带着铺盖甚至用报纸、纸盒打地铺通宵排队的访民,而到了 18 日早上 7 点,人龙更是超过了 300 人,广州市市、区两级领导共接待来访群众 3978 人次,现场化解 216 宗投诉。

话题二:这次大接访活动,对有些上访者来说,他们是幸运的,因为他们能够与市长面对面,他们的问题马上得以解决了,但是即使效率极高,接访的数量和解决的问题总是有限的,面对这样的问题,作为政府和公民又该怎么办呢?

生答:就政府而言,要开辟制度性的、常态化的干群沟通渠道,实现干部接访规范化、制度化、常态化;要以各种方式督促各个部门,使问题能够真正得到解决,比如说抽查,比如说让媒体进行监督,把大接访分解到日常的工作当中去;为公民求助或投诉提供多种途径。就公民来讲,应提高公民意识和政治素养,要了解政府为公民求助或投诉提供的多种途径,学会向政府求助或投诉,这样不仅有助于解决自己的困难,维护自身的合法权益,也有助于政府不断改进工作。

老师进一步作出说明:实际上,中央 2009 年 4 月已相继发文对"大接访"作出部署,要求县长及书记定期接访,我们期待领导干部能真正"沉"下去,定期听听百姓的"哭声、骂声、怨声",能实实在在地为老百姓解决点问题,而老百姓自身又善于求助,可以想见,长此以往,通宵排队等待接访的"盛况"必将一去不复返。

课堂小结:

政府的责任:对人民负责
- 由广州大接访引发思考
  - 肯定观点
  - 否定观点
- 政府的宗旨是为人民服务
  - 依据及其意义
- 工作基本原则是对人民负责
  - 基本要求
- 政府为公民提供求助或投诉的主要途径及意义

五、研制意图

1. 本课例所选取的是一个广受关注又颇具争议的热点焦点事件,这就激发了学生的好奇心,激活了学生的思维,引发了学生多角度的思考,使他们谈出自身的切身感受和独到见解,而在观点的撞击和情感的冲突中,既能培养他们用客观、辩证的方法判别事物的能力,又能达成基本的认识和情感的认同,增强教学的可信度和课堂的有效性。

2. 本课例结合情境材料,根据教学内容,设置了两个话题,以落实教材相关知识,而对话题的讨论,既创设了民主化、开放式的教学氛围,以扩大师生、生生的互动面,又通过进一步的追问,突出政府为什么要这样做、政府应该怎样做,促使学生作深层次思考,引导学生去发现、去探索、去感悟,提高学生参与政治生活的能力和热情。

六、教后反思

高一学生对政府的一些知识了解不多,但对社会上一些政府及其工作人员的工作态度的不热情、工作作风的不务实、工作方法的不正确等却有了不少的感性认识,在耳濡目染的过程中也在对政府形成自己的观点,这些负面的东西容易让他们对政府产生偏激的看法,从而不利于形成对政府的正确认识,不利于正确处理公民与政府的关系,不利于构建社会主义和谐社会。因此,在教学过程中,以媒体关注的热点导入,用事实引导学生分析问题,这也正是本课设计的一个亮点。由于事件本身的争议性和问题的开放性,课堂气氛非常活跃,学生的积极性很高,思维颇具广度和深度,克服了以教师讲为主的倾向,真正充分发挥了学生的主体作用。通过对具体事件的探讨,初步培养了学生透过现象分析本质的能力、辩证思维能力和创新能力,使他们正确地看待政府,让他们在了解、讨论、认识中学会正确处理公民与政府的关系,能在遇到困难时通过正当途径寻求政府的帮助,课堂的实际效果比我预想的要好得多。

　　同时,我也深切体会到,像这样的话题型创新设计,对教师的能力提出了较大的挑战,它更需要教师自身具备广博的知识,独到的见解,较强的课堂调控能力、信息整合能力,对课上新生资源加以及时引导运用、有效总结提升,以最大限度地发挥学生的潜能,引领学生思想的发展、情感的升华、行为的选择,这样才能使教师的教和学生的学达到和谐统一的效果。在实际的教学中,我在这方面做得还有欠缺,导致分析过程不够深刻,语言不够精练,时间安排上不够合理,收放不够自如,这是有待于调整和提高的。

慈溪中学　龚颖颖

第六课第二框:中国共产党:以人为本,执政为民

一、课例选取依据

一是内容本身的重要性,中国特色主义理论体系是中国经济社会发展的重要方针,是发展中国特色社会主义必须坚持和贯彻的重大战略思想。二是从学生的角度来看,"90后"高中生感同身受近年来我国社会主义现代化事业给他们生活环境带来的日新月异的变化,对党的路线、方针和政策的理解不仅仅停留在字面和概念上,而显得更鲜活、更具体,但是现实生活中出现的身居要职的高层官员的腐败现象,也让学生质疑共产党员的先进性。三是中国特色社会主义理论体系内容容量大,讲得浅,学生印象不深,讲得深,纯理论的教学对学生的吸引力不大。

二、基本内容和要求

1. 基本内容。教材分三目:第一目"共产党员的先锋模范作用",教材通过一份共产党员光辉典范、杰出代表名单和一位被誉为"为民书记"的郑培民、一位为传播党的创新理论贡献一生的模范教师方永刚的事迹简介作为情景导入,营造了对党深情热爱的氛围。第二目"坚持中国特色社会主义理论体系",说明中国共产党是用科学理论武装的党,阐释了中国特色社会主义理论体系的构成,邓小平理论的主要内容及其核心精髓,"三个代表"重要思想的集中概括及其本质,科学发展观提出的客观依据、深刻内涵及其意义,明确中国特色社会主义理论体系的意义。第三目"实现最广大人民的根本利益",阐述了中国共产党坚持以人为本,党的一切工作都是为了造福人民,发展为了人民、发展依靠人民、发展成果由人民共享。通过探究活动让学生认同以人为本、执政为民已成为广大领导干部和党员的自觉行动,进而增强对党的信赖和坚定对党的理论的信仰。

2. 基本要求。(1)课程标准:阐明立党为公、执政为民是"三个代表"重要思想的本质,理解把"三个代表"重要思想确立为党的指导思想的深远意义。

(2)学科指导意见:①把握中国特色社会主义理论体系;②理解实现最广大人民的根本利益的重要性;③(发展要求)学习科学发展观,理解中国共产党执政与人民当家作主的关系。

三、常规课例解读

1. 教学课例

【教学目标】(略)

【教学重点、难点】

教学重点:中国特色社会主义理论体系及实现最广大人民的根本利益。

教学难点:中国特色社会主义理论体系各部分的意义。

【教学方式和手段】

教学方式:教师启发、引导,学生自主阅读、思考,讨论、交流学习成果。

教学手段:运用多媒体课件。

【教学过程】

一、引入新课

上节课,我们了解了党的领导地位的确立,明确了中国共产党是社会主义事业的领导核心,并知道了中国共产党执政的方式。这节课是上节课内容的深化,就是从指导思想方面了解执政的中国共产党。

二、进行新课

(一)共产党员的先锋模范作用

教师活动:引导学生阅读教材第 66 页,思考几个探究性问题。

学生活动:积极思考并回答问题。

教师点评:指出这是由中国共产党自身的先进性所决定的。"三个代表",是中国共产党的立党之本、执政之基、力量之源。可见,中国共产党的发展壮大是与它先进的理论体系分不开的。那么,我们党确立了怎样的指导思想?党又该如何实现最广大人民的根本利益呢?带着这些问题,我们开始今天的学习。

(二)坚持中国特色社会主义理论体系

请某同学朗读课本第 67 页第一自然段。

改革开放的历史进程中,中国共产党把坚持马克思主义基本原理同推进马克思主义中国化结合起来,开辟了中国特色社会主义道路,形成了中国特色的社会主义理论体系。它包括邓小平理论、"三个代表"重要思想及科学发展观。

1. 邓小平理论的基本内容、核心内容、精髓

生：略。

2. "三个代表"重要思想的内涵

生：中国共产党必须始终代表中国先进生产力的发展要求，代表中国先进文化的前进方向，代表中国最广大人民的根本利益。

师："三个代表"重要思想，进一步回答了什么是社会主义、怎样建设社会主义的问题，创造性地回答了在长期执政条件下建设什么样的党、怎样建设党的问题，集中起来就是深化了对中国特色社会主义的认识。本质是立党为公、执政为民。

3. 科学发展观的内容和地位

生：内容：科学地回答了实现什么样的发展、怎样发展的重大理论和实际问题。科学发展的第一要义是发展，核心是以人为本，基本要求是全面、协调、可持续，根本方法是统筹兼顾。

师：科学发展观，是立足社会主义初级阶段的基本国情，总结我国发展实践，借鉴国外发展经验，适应新的发展要求提出来的。科学发展观是同马克思列宁主义、毛泽东思想、邓小平理论和"三个代表"重要思想既一脉相承又与时俱进的科学理论，是我国经济社会发展的重要指导方针，是发展中国特色社会主义必须坚持和贯彻的重大战略思想。

（三）实现最广大人民的根本利益

1. "三个代表"重要思想的本质是立党为公、执政为民

中国共产党的性质决定了它绝不是为少数人谋利益，也没有自身的特殊利益；它始终代表中国最广大人民的根本利益。我国人民是国家的主人，党执政的权力来自人民，代表人民行使权力，在社会不断发展进步的基础上，使广大人民不断获得切实的经济、政治、文化利益。

2. 最广大人民的根本利益是中国共产党一切工作的出发点和落脚点

人民群众的拥护和支持是党的力量源泉和胜利之本。实践"三个代表"重要思想必须把坚持最广大人民的根本利益作为一切工作的出发点和落脚点。

教师活动：请结合自己知道的实例来印证以上观点。

学生发言：河南省登封市公安局局长任长霞同志从警20年，全心全意为人民服务，被登封人民称为"女包公"、"任青天"。她立党为公、执政为民，不幸因公殉职，群众自发为其送葬，人数达十几万人。

呼和浩特市市委书记牛玉儒同志，在担任领导职务的20多年里，心系群众，勤政为民，于2004年8月因病去世。群众自发为其送葬，沉痛悼念这位优

秀人民公仆。

教师活动:对以上实例,你有何感受?

学生活动:积极讨论,踊跃发言:

作为青年学生,以模范人物为榜样,将来走上工作岗位,以人民的利益为重,全心全意为人民谋利益。

三、课堂总结、点评

本节结合党的发展历程和模范人物的典型事迹,理解了中国共产党是以马克思主义、毛泽东思想、邓小平理论和“三个代表”重要思想为指导思想的政党,“三个代表”重要思想的本质是立党为公、执政为民,坚持“三个代表”重要思想的关键是坚持与时俱进,核心是坚持党的先进性。

2. 课例点评

(1)教学目标上,重视了知识目标的落实,在处理知识点与思想政治观点的关系时,坚持思想政治观点统领知识点的原则,知识点的选择服务于思想政治教育的目标设置。材料选取方面,典型但是缺乏时代性,学生对这些人物不够熟悉,不能充分引起学生的共鸣,情感的升华还不十分到位。

(2)教学内容上,重点定位准确,难点突破上也作了很大的努力。

(3)教学方式上,运用了多媒体教学,传达了丰富的信息,增强学生的体验。

(4)教学过程中,结构性强,过渡自然。教师的主导地位明显,学生的主动性发挥得仍不全面。

四、创新课例研制

【教学目标】

认知目标:识记:中国特色社会主义理论体系的内容。理解:中国特色社会主义理论体系各个部分的意义;实践中国特色社会主义理论体系,必须坚持把中国最广大人民的根本利益作为一切工作的出发点和落脚点。运用:运用所学的知识分析中国共产党以人为本、执政为民的现实表现。

能力目标:通过分析优秀共产党员模范事迹具体事例培养学生关注现实、分析现实的能力。

情感、态度与价值观目标:通过对中国特色社会主义理论体系的学习,联系学生的切身感受,增进学生对中国共产党的感情。

【教学重点、难点】

重点:中国特色社会主义理论体系及实现最广大人民的根本利益。

难点:中国特色社会主义理论体系各部分的意义。

【教学方式和手段】

教学方式:略。

教学手段:运用多媒体课件。

【教学过程】

1. 情景导入——"我的华西村之行"

烟雨濛濛的三月,学校组织外出考察,地点为江苏江阴的华西村,它被誉为"天下第一村"。汽车一下高速,就看到华西村的标志,汽车驶入村庄,马路宽敞,路边是一排排整齐的别墅。在听当地导游的介绍中,记住了华西村老书记的名字——吴仁宝。一起来看看吴仁宝老书记的事迹。

从华西村村支书到县委书记,又从县委书记回到村支书的岗位,吴仁宝并非一帆风顺,但他在华西这片土地上不断创造着自己人生的一个又一个辉煌。他是"天下第一村"的带头人,他和华西村的成功造就了社会主义新农村建设的典范。他的成功在于两大因素:与时俱进和始终把群众利益放在首位。从20世纪60年代冒着风险创办小磨坊和小五金厂,到80年代坚持走发展做大集体经济的道路,再到90年代提出了"一村两制"的新尝试,吴仁宝大胆的尝试都合上了改革的节拍,带领着华西村走上了符合村情民情、实现共同富裕的好路子。他有句名言:"家有黄金数吨,一天只能吃三餐;豪华房子独占鳌头,一人也只占一个床位。"朴实的话中满载了他不谋个人私利,一心一意为群众的拳拳之心。

问:从吴仁宝老书记的身上,我们可以看到共产党员的哪些品质?哪些方面是值得我们学习的?

生答:……

师:总结。可以从多个角度谈谈他们对吴仁宝事迹的看法。对中国社会主义现代化进程发挥积极作用的人物也能够感动有着丰富情感的90后,并且从先进人物的事迹中,让学生深切感受在我们社会主义新农村的建设进程中,有着全心全意为人民服务的党员干部,党的宗旨并不是停留在理论上的。用具体材料(图片加文字材料),给学生以最直观的视觉冲击,效果会更理想。让学生感受到:我们的党就是因为有这样的优秀共产党员,无时无刻不在发挥着自己的先锋模范作用,就是因为有这样的党员的先锋模范作用,使得党旗的那一抹鲜红,经历了八十七载的风风雨雨,依然鲜艳;党徽的那一份亮丽,承载了八十七年的奋斗与梦想,历久弥新。

2. 情景分析——自主学习、合作探究

吴仁宝事迹续——问：优秀共产党员为什么能发挥先锋模范作用？

（从这个问题过渡到第二部分内容的深入。）

生：是因为有先进理论的指导。

师：指导我们党前进的先进理论又是什么？

生：马克思列宁主义、毛泽东思想及中国特色社会主义理论体系。

师：是的。我们党的历史，就是一部发展着的马克思主义指导新的实践的历史，就是一部在理论上不断与时俱进的历史。与时俱进是马克思主义理论最重要的理论品质。

展示材料：华西村的发展历程及成就。

华西建村初，是偏处一隅，名不见经传的普通小村落。20 世纪六七十年代，以革命加拼命的精神，改变生产面貌，夺得粮食连年高产；抓住改革开放的契机，于 1988 年建成亿元村。在吴仁宝老书记的带领下，时刻和党中央保持一致，根据华西村当地的实际，制定目标，创造了一个个辉煌的成就，成为世界名副其实的"第一村"。

在吴仁宝看来，华西能有今天，关键是坚持了"科学的发展观"，不断提高执政能力，做到统筹协调发展、可持续发展。什么是科学发展？他认为，有效发展就是科学发展。什么是执政能力？有发展经济的能力、有带领群众致富的能力，就是执政能力。吴仁宝和华西村党员干部，以其敏锐的发展眼光，抓住改革开放的好机遇，带领华西的党员干部，与时俱进，加快发展，进一步推动华西的"三农"变"三化"，实现经济、资源、环境和人口的协调发展。

问题一：我们的党是怎样做到指导思想不断与时俱进的？

问题二：中国特色社会主义理论体系包括几部分内容？

问题三（分组讨论）：谈谈你对中国特色社会主义理论体系各部分内容及意义的认识。结合华西村的实例。

学生回答。

第一组：邓小平理论

意义：围绕什么是社会主义、怎样建设社会主义这个主题，深刻揭示了社会主义的本质，第一次比较系统地初步回答了中国社会主义发展的一系列基本问题。

核心内容：党在社会主义初级阶段的基本路线。

精髓：解放思想、实事求是。

第二组："三个代表"重要思想

集中概括:中国共产党必须始终代表中国先进生产力的发展要求,代表中国先进文化的前进方向,代表中国最广大人民的根本利益。

意义:进一步回答了什么是社会主义、怎样建设社会主义的问题,创造性地回答了在长期执政条件下,建设什么样的党,怎样建设党的问题。

本质:立党为公、执政为民。

第三组:科学发展观

背景:是立足社会主义初级阶段的基本国情,总结我国发展实践,借鉴国外发展经验,适应新的发展要求提出来的。

意义:它科学地回答了实现什么样的发展、怎样发展的重大理论和实际问题。

与其他科学理论的关系:是同马克思列宁主义、毛泽东思想、邓小平理论和"三个代表"重要思想既一脉相承又与时俱进的科学理论,是我国经济社会发展的重要指导方针,是发展中国特色社会主义必须坚持和贯彻的重大战略思想。

华西村的发展进程是建设中国特色社会主义新农村的一个缩影,在当地党员干部的带领下,以中国特色社会主义理论体系为指导,时刻牢记历史赋予党的使命,带领人民群众走上康庄大道。

3. 情景回归

华西村村民的生活状况:2010 年全村实现销售超 500 亿元,每户村民的存款最低 600 万～2000 万元。

在华西村的游览中,最引人注意的是华西村的别墅,从第四代到第六代别墅,华西村的每家每户都住上了宽敞的别墅,每家都拥有轿车。除此之外,在华西村著名的华西金塔的北面,还有一排农民公寓同样引人注意,据导游介绍,农民公寓是提供给外来民工的,可以享受廉价的租金,也可以以低的价位购买。

华西名言——"不怕群众不听话,就怕干部不听群众话;不怕群众不说话,就怕干部说错话。"华西村的干部坚持有事同群众商量,群众盼望的,马上就办,而且一定要办好,群众暂时不理解的,加强沟通引导,等群众思想觉悟了再去办。个别人做错了事,也交给群众讨论,由群众来评议。华西村的干部一是坚持勤奋学习,二是倾听群众呼声。"老百姓是最讲良心的,干部为他们做了好事,他们会记住,干部亏待了他们,他们也记住。他们记住的不是你个人,而是共产党,党员干部的一言一行都同党的威望紧密相连。"

问:从这些材料中,分析什么是我们党一切工作的出发点和落脚点?

从华西名言中,我们感受到什么样的共产党员和群众的关系?

生活中有没有不和谐的因素?

(学生充分讨论、探究。)

结论:中国共产党是中国工人阶级的先锋队,同时是中国人民和中华民族的先锋队。这决定了它不是为了少数人谋利益。所以中国共产党的性质决定了要把最广大人民的根本利益作为一切工作的出发点和根本点。

我国是人民民主专政的社会主义国家,人民是国家的主人,社会主义国家的性质也决定了党要把最广大人民的利益作为出发点和根本点。

"得民心者得天下,失民心者失天下。"历史的走向是人民决定的,执政党的地位是人民选择的,任何政权的更替、任何政党的存亡都取决于人心向背。人民群众的拥护和支持也是我们党的力量之源和胜利之本。

党的一切工作都是为了造福人民。党始终把实现好、维护好、发展好最广大人民的根本利益作为一切工作的出发点和落脚点,尊重人民主体地位,发挥人民首创精神,保障人民各项权益,走上共同富裕道路,促进人的全面发展,做到发展为了人民、发展依靠人民、发展成果由人民共享。

当然在我们生活中,的确也存在着一些不和谐的因素,有些共产党员背离了当初的信念,身居要职,却贪污、腐败,甚至成为黑社会势力的保护伞,但这些现象是极个别的,不是社会的主流。我们应该看到千千万万的共产党员在自己的岗位上兢兢业业,在平凡的工作中发挥着共产党员的先锋模范作用,带领广大人民群众走向共同富裕。

"一滴水,只有融入大海才不会被蒸发;一抹绿,只有融入森林才不会孤单;一个共产党员,只有深深扎根于群众之中才会受到拥戴。"我们的领袖邓小平同志也曾经深情地说过:"我是人民的儿子,我深情地爱着我的祖国和人民。"千千万万的优秀共产党人,就是因为深深地扎根于广大人民群众之中,我们的党才会像今天一样根深叶茂,才会无坚不摧,无往不胜。这就是我们中国共产党始终坚持的:以人为本、执政为民!

五、研制意图

内容:合理安排教学内容,重点突出,难点突破,紧密联系国际国内社会主义现代化建设实际,与时俱进,充分利用和整合各种德育资源,把爱国主义教育、革命传统教育统一于教材之中。

结构:师生共同唱好了三部曲:第一,创设教学情景,提出有针对性的问题。第二,引导学生自主学习,合作探究。第三,走进生活,理解运用。给出典型材料，分析运用，把教学目标、策略、评价的过程与学生活动过程、体验统一起来。

情感、态度、价值观：在材料选取方面，选择能够体现时代性的典型事例，不会让学生觉得材料老套而没有兴趣，用另一种方式诠释社会主义新农村建设的成就，使学生感受到党的一切工作为了造福人民，人民群众共享改革发展成果，让学生从内心上认同这一点。课堂最后，也可以适当地让学生发发"牢骚"，让学生明确，教师在课堂教学中不回避现实问题，并不是一味地歌颂党，我们党的队伍中也有一些违背当初信念的共产党员（比如文强），但是需要引导，不要过分放大社会的黑暗面，让学生在正反面案例的对比中，认识到共产党员发挥先进模范作用才是主要方面，从而落实情感、态度和价值观目标，实现情感的升华。

六、教学反思

本课理论较多，且比较抽象，如何将枯燥的理论讲得形象生动，是本课的难点。在课堂设计中，我运用了自己的一次旅游经历，并用一个事例贯穿整堂课，让学生一起分享我的生活经历。一般情况下，学生对老师的生活经历比较感兴趣，因此在课堂导入的时候，用自己的经历调动学生的探究心理，抓住学生的好奇心，为接下来的课堂教学奠定基础，也能够体现课堂教学生活化的一面。

在选取事例方面，我选取了天下第一村——华西村的材料，在学生看来，这是一个很不可思议的地方，在我们社会主义发展中的国家，居然还有这么富裕的一个村庄，而这个村庄又是真实存在着的，可以激发学生的兴趣，避免出现冷场现象。华西村是中国社会主义新农村建设的一个成功的典型，它具有不可复制性，但是有借鉴意义，能体现党的指导思想在实际生活中的运用，华西村村民的富裕生活也是共产党员始终把实现好、维护好、发展好最广大人民的根本利益作为一切工作的出发点和落脚点的真实写照。

慈溪市观城中学　　王　盛

第八课第二框:国际关系的决定性因素:国家利益

一、课例选取依据

一是内容的重要性,国家利益是国家生存与发展的权益,维护国家利益是主权国家对外活动的出发点和落脚点,中国作为最大的发展中国家当然必须维护自己正当的国家利益。二是基于现状的必要性,在中国对外开放的进程中,中国的国家利益经常遭到侵犯,如中日钓鱼岛问题(包括最近的日本军舰在钓鱼岛附近撞翻中国渔船事件)、美国军机撞中国军机问题等,而中国政府维护国家利益的结果总显得并不尽如人意。三是内容的冲突性,各国的国家利益存在一定程度的冲突,我们要维护我国的国家利益又要尊重他国的正当利益,但当我国的国家利益与他国的正当利益发生冲突时,就成为我们处理的矛盾焦点。

二、基本内容和要求

1. 基本内容。教材分为三目:第一目"国际交往的剪影"是本框的情景导入,其功能主要是通过使用反映国际关系的图片及文字说明,展示当代国际关系的主要内容和形式,让学生了解、探究国际关系的有关知识。第二目"国际关系及其决定性因素"是情景分析,是对课程标准关于国际关系及其决定性因素的知识点的系统表述,阐明了国际关系的含义、内容、形式及国际关系的决定性因素是国家利益。这部分是学生学习知识的主要部分。第三目"坚定地维护我国的利益"是情景回归,在明确国际关系及其决定性因素的基础上,进一步认识中国通过坚定维护国家的主权和安全、壮大综合国力、坚持社会主义方向、抵制外国的干涉等努力,维护我国国家利益。

2. 基本要求。(1)课程标准:评述国家之间合作、竞争与冲突的实例,印证国家利益是决定国际关系的主要因素,说明我国在国际关系中必须维护自己的国家利益。(2)学科教学指导意见:①知道国际关系的含义、内容和形式;②理解国家利益是国际关系的决定性因素;③懂得我国在国际关系中必须维护自己的国家利益;④(发展要求)评述国家之间的合作竞争与冲突的实例,印证国家利益是决定国际关系的主要因素。

三、常规课例解读

1. 教学课例(选自教育部普通高中思想政治课程标准实验教材编写组:《新课程课堂教学设计与案例教案 思想政治必修②人教版》,人民教育出版社、延边教育出版社 2009 年版)

【教学目标】(略)

【教学重点、难点】

重点:国际关系的决定因素。

难点:国际关系的决定因素。

【教学方式和手段】

教学方式:主要采用学生自主学习、师生对话、分组讨论、合作探究等方式进行教学。

教学手段:运用多媒体课件。

【教学进程】

热点导入:

2007 年 4 月 11 日至 13 日,国务院总理温家宝对日本进行正式访问,这是中国总理 7 年来首次访日。

2007 年 12 月 27 日至 30 日,日本首相福田康夫来华进行"迎春之旅",访问期间,中日双方就东海问题、台湾问题等方面达成一系列共识。

中日双方达成共识的原因是什么呢? 国家与国家间关系是怎样的呢? 带着这些问题开始新课———国际关系的决定性因素:国家利益。

推进新课:

[板书]一、国家交往剪影

多媒体再现教材中的图片与文字。

问题情景:这些图片反映了国家交往的什么样的内容和形式呢? 国家间交往的形式是不是变化的? 那么变化又是由于什么原因而带来的?

[板书]二、国际关系及其决定性因素

[板书]1. 国际关系的含义、内容与形式

(1)国际关系的含义(略)

(2)国际关系的内容(略)

阅读下列材料,思考以下问题:

经济全球化及国际恐怖主义等因素促使国家间不断加强合作,但这种合作并没有消除各国在经济上的竞争和安全上的防范。

上面的材料反映了国家之间的什么关系呢?

(3)国际关系的形式(略)

问:国家间为什么会出现分离聚合、亲疏冷热的复杂关系呢?

(多媒体展示)

没有永久不变的敌人,也没有永久不变的朋友,永久不变的只是我们的国家利益。

国际关系的决定因素主要是由各国的国家利益决定的。国家之间共同的利益是国家合作的基础,而利益对立则是国家之间冲突的根源。维护国家利益是主权国家对外活动的出发点和落脚点。国家间出现分离聚合、亲疏冷热的复杂关系,是包括政治、经济、文化、历史、地理等许多因素共同起作用的结果。其中,国家利益是国际关系的决定因素。

[板书]2.国际关系的决定因素

国家利益是起决定性作用的因素。

老师引导学生进行认真的思考。

美国等西方国家多次在联合国人权会议上提出所谓中国人权问题的提案均以美方的失败而告终。

思考、讨论:中美关系的状况是怎么样的? 为什么会这样?

中美之间既有合作又有冲突,这是由各自的国家利益决定的。

各国间存在着复杂的利益关系,既存在某些共同的利益,也存在利益的差别和对立,国家间的共同利益是国家合作的基础,而利益的对立是引起国家冲突的根源。

由于各国的国家性质与追求的国家利益不同,执行的对外政策不同,国家间矛盾和利益交织,使国际关系纷繁复杂。因此,国际社会需要协调国家间的利益,处理好国家间的矛盾,以促进国际关系的健康发展。

任何国家都不应以维护本国国家利益为理由,侵犯别国的主权和安全,干涉别国的内政。侵犯别国主权,干涉别国内政的行为,是非正义的、错误的,应当受到谴责和反对。从根本的、长远的观点看,这样的行为也会损害本国和本国人民的利益。

[板书]三、坚定地维护我国的利益

(播放"嫦娥一号"奔月和澳门回归的视频材料。)

这两则材料共同说明了什么道理?

这两则材料向世界展示了中国的变化,证实了中国国力的强大,也说明了我国坚定地维护国家的统一和完整,坚定地维护我国的利益。

[板书]1. 中国坚定地维护自己的国家利益

显示资料:中国在加入世界贸易组织的问题上坚持保护自己的国家利益,为此进行了长达 15 年的艰难谈判;对美国攻打伊拉克的行为,中国坚持反对和抗议的态度。

中国为什么这样做呢? 说明了什么呢?

这两则材料表明:当代国际社会中,在处理许多重大问题时,中国政府坚定地维护自己的国家利益。这是因为,我国是人民当家作主的社会主义国家,国家利益和人民的根本利益相一致。维护我国的国家利益就是维护广大人民的根本利益,具有正当性和正义性。

我国的国家利益包括哪些内容呢?

我国国家利益的主要内容包括:安全利益,如国家的统一、独立、主权和领土完整。

政治利益,如我国政治、经济、文化等制度的巩固。

经济利益,如我国资源利用的效益、经济活动的利益和国家物质基础的增强等。

中国在维护自己利益的同时,应该如何对待其他国家和人民的利益呢?

[板书] 2. 尊重其他国家正当的国家利益,维护各国人民的共同利益

中国有自己的国家利益,同时与世界各国又有许多共同的利益,尊重其他国家的合理的国家利益,并维护各国人民的共同利益,也是为了更好地维护自己的利益。

为维护我国的国家利益,我们需要作哪些方面的努力?

作为中学生为维护国家的利益,一是要树立国家观念、民族意识,增强民族自豪感、自尊心、自信心。二是要努力学习,学好文化知识,提高自身素质。三是要努力维护国家安定、社会稳定的政治局面。四是必须同一切损害国家利益的现象进行斗争。

课堂小结:

国际关系是复杂多变的,它是多种因素综合作用的结果。中国作为国际社会中有较大影响力的国家,在国际交往中应更坚定地维护国家利益,为促进国家发展和世界发展作出最大的贡献。

板书设计(略)

2. 课例点评

（1）教学目标上，重视了知识目标的落实，并通过情境设计，中日、中美关系热点事例等培养学生的辩证分析能力，但由于侧重正面教育，缺乏必要的矛盾冲突，难以激发学生的情感体验和对当前正确维护国家利益的深层次思考，情感目标的达成不够理想。

（2）教学内容上，依据教材又对教材作了一定的处理，重点定位比较准确，难点突破上作了很大的努力。但由于对学情关注不够，对正确地维护我国国家利益与国际利益、理智爱国等问题未能很好认识，没有真正切入学生所关注的问题，影响了教学的实效性。

（3）教学方式上，运用了多种方式和手段，比较好地解决了想要解决的问题，达到了方式和内容的统一。但由于涉及的知识较多，留给学生的思考不够，有些方式只具有象征意义。

（4）教学过程中，语言简洁，条理清晰，转换自然。但问题的设计都是为内容服务，预设明显，生成不足，未能真正发挥学生的主体作用。

总之，只是一堂比较典型的常规课例，依然以教材为教学依据，以知识的落实为主要任务，以教师的预设来推进教学，未能充分考虑内容的独特性，未能很好体现新课程从学生的生活经验出发，根据学生思想实际来进行教学，也就难以真正触及学生的心灵。

四、创新课例研制

【教学目标】

知识目标：知道国际关系的含义、内容和形式；知道我国国家利益的主要内容；理解国家利益是处理国际关系的决定性因素；理解在维护本国利益的同时，必须尊重他国合理的国家利益。

能力目标：通过对情境教学分析，提高学生获取有效信息、分析问题、解决问题的能力；通过开展合作探究，培养学生自主学习的能力。引导学生通过教师提供的感性材料去了解国际关系的相关知识，在积极主动的思考和合作探究中理解影响国际关系的基本因素，并能运用相关的理论去分析国际事件，培养学生的责任感和使命感。

情感、态度、价值观目标：拓宽学生的国际视野，关心祖国在国际社会中的地位和命运，增强民族自尊心和自信心，用理性、智慧的态度和方法坚定地维护我国的国家利益，同时培养学生的合作意识。

【教学重点】

影响国际关系的决定性因素,坚决地维护我国的利益。

【教学难点】

理解在维护本国利益的同时,必须尊重他国合理的国家利益。

【教学设想】

尊重学生课堂主体地位,通过创设学生关注的全球气候暖化问题为教学情境,并以哥本哈根气候峰会为主线,采用对话式、合作探究式、体验式等多种教学方法,让学生主动建构知识,落实教材基础。通过对"在气候峰会上中国政府是怎样坚定地维护我国国家利益"的讨论和"我们青年学生如何来履行维护我国国家利益的义务"等活动,自然渗透情感、态度、价值观的教育,增强学生的民族自尊心和自信心,激发学生理智的爱国情感和行为。

【教学过程】

[课前准备:多媒体播放视频,激发学生学习兴趣]全球气候暖化后果:地球平均气温再升高1℃,热带珊瑚将全部死亡;升高2℃,三分之一动物将灭绝;升高3℃,沿海地区被淹没;升高4℃,北极冰盖全部消失;升高5℃,95%生物灭绝。(2分钟)

导入新课:

从课前我们看的视频,我们可以看到全球气候暖化将危及整个人类的生存。为了解决这个问题,被称为"人类遏制全球变暖的最后一次机会"的哥本哈根气候峰会召开。下面我们来看一下这次会议的情况。

[多媒体播放视频]视频主要内容:被称为世界上最火的会议——哥本哈根气候大会开幕。会议一开始就"火药味"十足:欧盟指责美国、中国减排目标太软弱;美国认为自己的目标已很可观,中国认为欧盟的要求不科学、不合理;斐济、孟加拉等小国指责发达国家温室气体排放量过高;与会各方磋商到最后一刻才达成一致协议;联合国秘书长潘基文在大会闭幕上讲话。(2分钟)

[师]视频材料反映了当今纷繁复杂的国际关系,今天我们就来学习国际关系的相关知识。

课题:国际关系的决定性因素:国家利益(板书)

(一)国际关系及其决定性因素(板书)

[师问]我们首先来思考一下:视频材料反映了哪些国际社会成员之间的关系?

[学生回答,教师副板书]联合国、欧盟、美国、中国、斐济……

[教师引导学生一起回答]我们将这些成员间的关系进行归类,联合国与欧盟反映了国际组织之间的关系;欧盟与中国反映了国际组织与国家之间的

关系;美国、中国、斐济之间反映了国家之间的关系。

这种国家之间、国际组织之间以及国家与国际组织之间的关系就是我们通常所说的国际关系。其中,最主要的是国家与国家之间的关系。

1. 国际关系的含义(板书)

[师问]从视频中与会各方的反应,你能概括出国际关系的内容和形式吗?

[学生回答,教师引导]国际关系的内容包括政治关系、经济关系,还包括文化关系、军事关系等;国际关系的形式包括冲突、合作还有竞争等基本形式。

[过渡]史上最火的会议——哥本哈根气候峰会一开始就火药味十足,各大利益集团相互指责、分歧不断,直至会议结束最后一刻才达成一致协议。

[问题探究]哥本哈根气候峰会为什么会召开?为什么一开始就火药味十足,到会议的最后一刻为什么又能达成一致协议呢?

引导学生结合教材第94页内容分组讨论(讨论时间2分钟)。

[学生回答1]因为国家利益是国际关系的决定性因素。哥本哈根气候峰会之所以会召开是因为与会各方存在不同的国家利益。

[学生回答2]我查过资料:由于人类无节制地排放温室气体,导致:臭氧层空洞扩大;气温升高,过去的14年当中有11年打破了最暖年的纪录;北极的冰盖正在融化,导致海平面不断上升;据保守估计,如若不联合采取措施,到2050年气温将会升高3~4℃,这样足以造成各大洲陆地干旱、农田变成沙漠、地球上一半的物种将灭绝、无数人民将流离失所、多个国家将整个被淹没海中。正是这个大家都关注的共同课题,使得各国懂得只有联合起来才能维护大家共同的利益,也使得会议各方在争吵中、在分歧中最终达成一致协议。

[学生回答3]哥本哈根气候峰会上一开始就火药味十足是因为参加会议的各方存在着利益上的对立。

[学生回答4]对! 利益的对立是引起国家分歧、摩擦乃至冲突的根源。我也查过相关资料:如欧盟各国,在新能源技术上占有领先地位,希望通过谈判能够占领未来经济发展的一个制高点;把先进的技术销售给发展中国家,获得更多的利润。如美国,目前能耗水平比较高,如果承担更多的责任对它的产业会有影响。如中国与印度,刚刚处在发展的工业化的过程中,国内的生活水平整体上还比较低,若作出过高的承诺,很可能为了实现承诺不得不降低经济发展速度。如马尔代夫,可能面临着海平面上升、国土面积丧失、危及生计的风险。……正是各利益集团考虑到各自不同的经济利益、安全利益,还有政治利益,形成利益上的对立,使得哥本哈根气候峰会上一开始就火药味十足。

[教师引导,学生归纳]事实上,国家之间出现分离聚合、亲疏冷热的复杂

关系是政治、经济、文化、历史、地理等多种因素综合作用的结果。其中,在国际关系中,起决定性作用的因素是国家利益。综上,我们可以得出如下结论:

2. 国家利益是国际关系的决定性因素(板书)

各国间存在着复杂的利益关系,既存在某些共同利益,也存在利益差别乃至对立。

(1)国家间的共同利益是国家合作的基础,而利益的对立则是引起国家冲突的根源(板书)

每个国家在制定对外政策,进行对外交往时都必然会首先考虑自身的国家利益。

(2)国家利益是国家生存与发展的权益,维护国家利益是主权国家对外活动的出发点和落脚点(板书)

当然,由于国家具有阶级性,在通常情况下,一个国家的国家利益首先体现了占统治地位的阶级的利益。

如欧美等发达资本主义国家,在制定减排目标时,必然会首先考虑自身的国家利益,也就首先要考虑资产阶级的切身利益,尽管经济发达,也不愿意以降低自身奢华的生活消费水平来主动减排。我国是发展中的人民民主专政的社会主义国家,人民是国家的主人,我国在制定减排目标时也要考虑最广大人民的根本利益。

出于对自身国家利益的考虑,各国在国际交往中的表现形态万千,甚至会出现前后不一的表现。我们来看一下几则材料:

[多媒体展示]在气候峰会上,以德国、法国为代表的欧盟要求中国扩大减排目标,否则可能遭遇保护主义举措;法国还曾经多次跟着美国打着人权的大旗诋毁攻击中国,总统萨科齐亲自会见达赖并支持其分裂中国、毁坏奥运火炬等。

但在2010年4月30日,法国总统萨科齐亲偕夫人布鲁尼参加上海世博会开幕式,并多番向中国示好:不但重申台湾、西藏是中国一部分,在人民币汇率问题上也展示出对中国的体谅,强调"中法误解已经成为了过去"。

[师问]同一个法国,同一个萨科齐,为什么会有前后不一的表现?

[学生思考、回答,教师归纳]各国的国家性质与利益追求不同,执行对外政策不同,使得国际关系复杂多变。因此,国际社会需要协调国家间的利益,处理好国家间的矛盾,促进国际关系的健康发展。此次哥本哈根气候峰会的召开,本身就是为了协调国家间的利益关系。

[扩展、思考]欧盟谈判代表在发布会上表示,中国不久前提出的2020年

减排目标是内部目标,欧盟的减排目标也是内部目标,既然来到哥本哈根,应把各自的目标放到谈判桌上来比较;并要求对中国的国内自主减排行为进行"监督"。欧盟的要求合理吗?

[学生回答,教师引导]欧盟诸国的要求是出于对自身国家利益的考虑,但以发达国家的标准来要求发展中国家,明显是不合理的;而对中国国内已经进行的减排监督行为横插一手,实际上是对中国内政的干涉。因此,我们说:

(3)任何国家都不应以维护本国国家的利益为理由,侵犯别国的主权和安全,干涉别国内政(板书)

面对欧盟的无理要求,中国政府坚定立场,坚定地维护我国的利益。

下面我们来看一段视频:(视频的主要内容是:中国政府承诺,到2020年单位GDP二氧化碳排放比2005年降40%～45%。温家宝总理强调,这是中国根据国情采取的自主活动,是对中国人民和全人类负责的,不附加任何条件,不与任何国家的减排目标挂钩,我们言必信,行必果。)

[师问]视频材料中温家宝总理的声明说明中国政府坚持的立场是什么?我国政府为什么要作出如此承诺?

[学生回答,教师引导、归纳]中国政府坚持的立场是,中国政府坚定地维护我国的国家利益。

(二)坚定地维护我国的国家利益(板书)

我国政府作出承诺的原因也就是我国政府坚定地维护我国国家利益的原因:

1. 原因:国家利益首先体现统治阶级的利益,我国的国家性质决定了国家利益与人民根本利益是一致的,维护我国国家利益具正当性和正义性。(板书)

[师问]上面我们探讨了维护我国国家利益的原因。那么,我国国家利益的主要内容有哪些?

[学生回答]安全利益、政治利益、经济利益。

2. 主要内容:安全利益、政治利益、经济利益(板书)

[师问]那么,如何来维护我国的国家利益呢?

3. 如何维护我国的国家利益?(板书)

在本次哥本哈根气候峰会上中国政府是如何坚定地维护我国国家利益的呢?当我国的国家利益与国际利益发生冲突时我们又应该怎样做呢?

[学生思考、自由发表意见,教师进行引导](2分钟讨论时间)

(1)中国政府坚定地维护我国国家利益:①不断提高综合国力;②抵制别国干涉我国内政;③坚持社会主义道路,坚持和平发展;④尊重他国合理的国家利益。

(2)我国的国家性质也决定了我国人民的利益和全人类的共同利益是紧密联系在一起的。尽管我国尚有 1.5 亿人口未脱贫,但在气候峰会上仍提出了可观的减排目标,体现了对全人类负责的态度。但是过高的减排目标,会使我国的贫困人口增加,实际上增加了国际贫困人口的总数量,损害了我国的国家利益,也就损害了国际利益。

［情感升华］

［教师引导］国家采取了种种措施坚定地维护我国利益,那么,作为公民个人是不是也应该为维护国家利益出一份力呢? 最近我收到了一条关于抵制日货的短信,请一位学生念短信内容。(短信内容:每买 100 元日货就会给日本政府送去 5 元钱,让日自卫队多造 10 颗子弹,多印 8 页教科书。如果你买日本汽车,将来开上中国街头的日本坦克就是你造的;如果你买日本橱具,将来射穿同胞头颅的子弹就是你造的;如果你买日本电视音响,将来就会在战地喇叭中听到同胞被杀的哀鸣! 支持中国,抵制日货,就算没有回报,这也是每个中国人的义务! 日本对中国的依赖程度现排最前,特别是对中国市场的依赖,如果中国人 1 个月不买日货,日本将有数千家企业面临破产。如果中国人 6 个月不买日货,日本将有一半人失业。如果中国人 1 年不买日货,日本经济结构彻底瓦解,日本还能这样嚣张吗! 不用你上战场当炮灰,不会在你的 **QQ** 加上太阳,也不会给你加 QB。考验的就是你那颗爱国心 。特别是在前几天的台海局势十分严峻时期,小日本还坚决要插手! 现在又撞沉了台湾渔船,扣留了船长,俨然把钓鱼岛纳于自己的领土,同意的就顶一下下,不同意的希望你默默无语看看就行!)

师:对于抵制日货的问题,出现了两种不同的声音,有人认为,日本的所作所为已严重损害了我国的利益,应该给日本人一个教训;也有人认为,盲目和冲动只会让亲者痛、仇者快,爱国需要更理智。你赞同哪一种观点? 为什么?

学生自由发表意见。教师最后进行引导:

①网友们的初衷是维护我国的国家利益,具有正义性和正当性,值得称赞。

②维护国家利益要讲究方式方法,盲目和冲动不能真正地维护国家利益,爱国需要更理性,更有智慧。

③我们在维护自身利益的同时,要尊重其他国家的合理国家利益。

［师问］盲目和冲动并不能真正地维护好国家利益,那么你心目中最佳的爱国方式是什么?

学生自由发表意见,教师进行引导升华:请把你们的想法意见整理、总结,并组织一次以"我的爱国心"为主题的主题班会。

【课堂小结】最后我们一起来分享一下这一节课大家交流学习的成果。

[多媒体逐一展示]

成果分享:

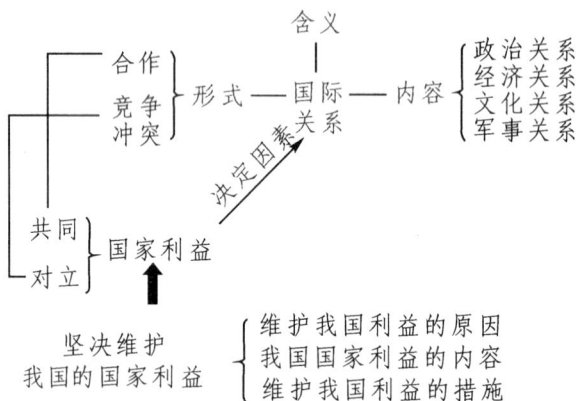

【课堂练习】

材料一:哥本哈根世界气候大会于 2009 年 12 月 7—19 日召开。会议的规模及各方对会议的关注,足以体现出国际社会对气候变化问题的高度重视,以及加强气候变化国际合作,共同应对挑战的强烈政治意愿。但会议期间,各方发生矛盾,其中夹杂了责备、争吵、抗议甚至哭泣。在经历了曲折后,最终以大会决定的形式发表了《哥本哈根协议》。

材料二:中国政府承诺,到 2020 年单位 GDP 二氧化碳排放比 2005 年降 40%～45%。这是中国根据国情采取的自主行动,是对中国人民和全人类负责的,不附加任何条件,不与任何国家的减排目标挂钩。

(1)运用今天所学的知识对上述材料加以分析说明。

(2)作为青年学生,你能否为中国政府如何履行气候峰会上的承诺提出合理化的建议?

五、研制意图

1. 本堂课教学的立足点

本框的教学,要实现三个目标:(1)培养学生的世界眼光;(2)激发学生对人类终极命运的思考;(3)让学生自觉树立维护国家利益的意识。要达到这个目的,选择恰当的材料是关键。本堂课以全球气候暖化这个全人类必须共同关注的课题为切入点,课前播放全球气候暖化后果视频,课中又选取了哥本哈根气候峰会这则典型材料并一例到底。这既能激发学生对人类终极命运的思考,又能培养学生的世界眼光;同时中国政府坚定地维护国家利益的作为,自然也能引发学生自觉关注并最终树立维护国家利益的意识。

2. 课例研制意图

高中学生随着年龄的增长,学习依赖性渐弱,独立性渐增,心理上有自主学习的愿望;高中学生有自己独特的心理世界,独特的个性,独特的学习方法和理解能力;高中学生有较强的学习思维能力。但总体上表现还不成熟,易冒失、爱冲动,缺乏思辨的理性思维。就本课内容而言,有两点值得注意:一是学生也认识到维护国家利益的重要性,但对为什么要维护以及怎样维护缺乏理性认识,特别是在如何维护的方式上容易采用极端手段,如抵制家乐福、抵制日货甚至焚毁日货等,这就需要教师加强教育与引导;二是当我国国家利益与国际利益发生冲突时,学生也会自发地认为应该要牺牲我国国家利益而去维护国际利益,这就涉及如何正确协调国家间关系的问题。本课例的设计就是基于这两个问题设计矛盾冲突的教学情境,让学生在思维的矛盾冲突中解决矛盾。

3. 课例的创新之处

(1)立足学生的真实世界,构建生活化的课堂教学模式。陶行知先生提出"生活即教育",高中《思想政治》新教材的最大一个特点也是"贴近实际、贴近生活、贴近学生",强调课程实施的开放性和实践性,倡导生活化课堂教学模式。因此,本课在教学设计上选取学生密切关注的课题,构建学生感兴趣的生活化课堂(以学生生活中关注的事例导入、创设生活化的教学情境、设计生活化的教学问题、开展生活化的教学活动等),促使学生"在生活中体验,在体验中感悟,在感悟中成长"。在教学过程中,让学生充分认识国际社会也是与他们的生活息息相关的,也是他们必须关注的和能够参与其中的,从而激发学生的学习兴趣,焕发学生的人文精神和唤醒他们的新意识。(2)精选材料、深挖材料,一例到底。选择一个典型的材料,一例到底,有助于整合教学资源,集中学生学习注意力,加深学生对问题的理解,培养学生的逻辑思维能力,同时也有助于整个课堂效率的提高。本课教学过程中选用了哥本哈根气候峰会这一典型材料,一例到底,充分挖掘材料,使整个教学过程显得严谨有序,也有助于集中学生的注意力,开发学生的发散思维,提高课堂教学效率。(3)以学生为中心,采取合作探究、自主学习的学习方式。陶行知先生提出:"好的先生不教书,不是教学生,乃是教学生学。"建构主义认为,学生在自身的经验、信念和背景知识基础上,通过与他人的相互作用能实现主动建构知识的过程,这个过程蕴含了人文精神和创新意识。因此,本课以学生为主体,在整个教学过程中,教师起组织者、帮助者与促进者的作用,创设教学情境,让学生通过小组讨论等方式合作探究,使学生拥有自主学习的空间,充分发挥学生的主动性、积极性和首创精神,让学生最终获得"应该坚定地维护国家利益、正确地维护国家利益"的理性认识。(4)设置矛盾情境,让学生在思维的矛盾冲突中解决思想矛盾问题:通过我国的国家利益与国际利益发生冲突的问题设置、通过学生对"抵制日货事件"的讨论和"用你心目中最佳的方式爱国"等活动,自然渗透情感、态度、价值观的教育,增强学生的民族自尊心和自信心,激发学生理智的爱国情感和行为。

宁海县教师进修学校　严永伟

第九课第一框:和平与发展:时代的主题

一、课例选取依据

1. 内容本身的重要性:和平与发展问题是当今时代的主题,只有掌握这两个问题,才能让学生正确认识当代国际关系的发展形势,从而理解联合国的作用及我国外交政策等内容。

2. 基于现状的必要性:由于我国总体保持了和平的国内外环境,我们的学生长期处于和平环境中,其对战争的认识都是通过电影、电视、网络等媒体获得,对战争的残酷性从来没有切身感受,甚至有个别学生因为受到网络游戏的影响,对战争持崇拜的态度,对战争造成的伤亡非常漠然。在发展问题上,学生对于全球贫困、饥饿等发展问题的体会不深,反而还抱怨自己已有的生活条件还不够优越。因此,有必要通过本框的学习,培养学生树立维护世界和平、促进共同发展的思想,并对个人实际生活有新的认识和感悟。

二、基本内容和要求

1. 基本内容。本框内容是对当今时代主题的描述,是对国际社会的动态分析。下设三目:第一目"历史的沉思,时代的启示"是本框的情景导入,对20世纪世界的和平形势作概括性的描述,引导学生感知当代和平发展问题。通过对比20世纪上下半叶世界战争与和平形势的变化,认识时代主题的转换,使学生明确二战后和平与发展是时代的主流。第二目"呼唤和平、渴望发展的历史潮流"是情景分析,对有关时代主题的知识作系统表述。阐明了和平问题的含义、和平成为时代主题的含义、当代世界和平的形势以及世界人民面临维护世界持久和平的任务,发展问题的含义、发展成为时代主题的含义、世界经济发展的特点以及世界人民促进发展的任务等。第三目"维护和平、促进发展的有效途径"是情景回归,是对时代主题内容的深化。学生明确霸权主义和强权政治是对和平与发展的严重威胁,而建立国际新秩序是解决和平与发展问题的有效途径,以及中国对建立国际新秩序的关切和主张,使学生进一步认识中国是负责任的国家,引导学生把所学的知识运用于实际生活。

2. 基本要求。(1)课程标准:引述有关资料,表明和平与发展是当今时代的主题。(2)学科指导意见。基本要求:①明确当今时代的主题。②把握维护和平、促进发展的有效途径。发展要求:结合实例说明我国为建立国际新秩序,促进和平与发展所作出的努力。

三、常规课例解读

1. 教学课例

【教学目标、教学重难点】(略)

【教学方法】教师启发、引导,学生自主阅读、思考,讨论、交流学习成果。

【教学过程】

引入新课:

如何看待当今世界的总体形势? 我国如何面对这一现实,开展对外交往,以维护我国的国家利益?

进行新课:

一、历史的沉思,时代的启示

教师活动:引导学生阅读教材第 97 页材料,并思考所提问题。

学生活动:积极思考并讨论问题。

教师点评:20 世纪下半叶,世界和平形势有了很大变化,避免了世界性战争的发生,这是世界人民共同努力的结果。但是,世界并不太平,和平与发展问题仍然突出,战争的隐患依然存在。

二、和平与发展是当今时代的主题

1. 和平问题

(1)含义(略)

(2)和平成为时代的主流:世界和平是人类社会存在和发展的基本条件,世界和平的维护将给各国经济发展和其他全球性问题的解决创造必要的前提。

教师活动:引导学生阅读教材第 98 页材料,并思考所提问题。

学生活动:积极思考并讨论问题。

教师点评:上述因素中,最重要的是世界人民渴望和平,反对战争。 第二次世界大战后,经过世界各国人民的努力,和平因素的增长超过了战争因素的增长,争取较长时期的和平的国际环境具有了现实的可能性,新的世界大战在可预见的时期内打不起来。因此,要和平成为时代的主流。

(3)当今世界仍很不安宁

教师活动:引导学生阅读教材第 98 页"相关链接"材料,并思考所反映的问题。

学生活动:积极思考并讨论问题。

教师点评:指出世界仍不安宁的原因。

2. 发展问题

(1)含义(略)

(2)追求发展成为时代的主流。第二次世界大战结束以来,在相对和平的国际环境中,世界经济有了很大的发展,发展的规模和速度超越了以往的历史。经济全球化是当今世界的一个基本经济特征。世界经济发展趋于注重提高质量,知识经济方兴未艾,经济可持续发展日益受到关注。追求发展也成为时代的主流。

(3)世界经济形势依然严峻

教师活动:引导学生阅读教材第 99 页"相关链接"材料,并思考所反映的问题。

学生活动:积极思考并讨论问题。

教师点评:指出当今世界仍是贫富悬殊的世界,全球发展的最突出问题是南北发展不平衡。

(4)和平与发展的关系

和平与发展是当今时代的两大主题。和平是发展的前提,没有和平就谈不上发展;发展是和平的基础。二者相辅相成,发展需要和平,和平离不开发展。在和平中求发展,以发展促进和平,这是人类社会走向美好未来的重要保证。

三、维护和平、促进发展的有效途径

教师活动:阅读教材第 99 页内容,思考分析解决和平与发展问题的主要障碍是什么。

学生活动:积极思考并讨论问题。

1. 霸权主义和强权政治的存在是解决世界和平与发展问题的主要障碍

2. 建立国际新秩序

(1)建立国际新秩序是解决和平与发展问题的有效途径

教师活动:引导学生阅读教材第 99 页"相关链接"材料,并思考所反映的问题。

学生活动:积极思考并讨论问题。

教师点评：世界发展的主体是世界各国人民。世界的管理必须由各国人民共同参与。这是各国人民的共同呼声。

（2）国际政治经济新秩序的主要内容

建立国际政治经济新秩序，就是要保障各国享有主权平等和内政不受干涉的权利，保障各国享有平等参与国际事务的权利，保障各国特别是广大发展中国家享有平等的发展权利，保障各个民族和各种文明共同发展的权利。

（3）中国政府为建立公正、合理的国际政治经济新秩序而努力

教师活动：引导学生阅读教材第 100 页内容，思考讨论所提出的问题。

学生活动：积极思考并讨论问题。

教师总结：中国提出关于"建立国际新秩序"的主张，反映了爱好和平、向往发展的国家和人民的共同要求，赢得了许多国家特别是广大发展中国家的赞赏和支持。建立国际新秩序的过程是一个长期的充满复杂斗争的过程。中国政府多次声明，愿意同各国政府一道，为建立公正、合理的国际政治经济新秩序而努力。

课余作业：结合教材，分组收集材料，讨论当今世界和平与发展的现状，并展望发展前景。

2. 课例点评

（1）教学目标方面：比较重视知识目标的落实，知识点非常全面，主要讲述和平与发展两大主题的含义及其现状，让学生知道霸权主义和强权政治的存在是解决世界和平与发展问题的主要障碍，明确建立国际新秩序是解决和平与发展问题的有效途径，让学生从中体会中国政府提出建立公正、合理的国际政治经济新秩序的重要性和意义。但也因为知识点面面俱到，容易造成重点不够突出，难点不能突破。

（2）教学内容方面：基本按照教材内容进行教学，充分利用了书本给出的探究活动，有利于学生落实课本知识。但是例子不够生动，不能贴近学生生活实际，影响实际学习效果。

（3）教学方法方面：注重教师启发、引导，学生自主阅读、思考，讨论、交流学习成果。但由于涉及的知识点过多，给学生的思考余地不够，也容易掉入教师讲授为主的局面。

（4）教学过程方面：语言精练，过渡自然，注重科学性与知识性相结合。但问题设计不够有新意，预设内容较多，不利于体现学生主体性。

四、创新课例研制

【教学目标】

知识目标:了解当代世界的主题是和平与发展,知道威胁和平与发展的主要根源是霸权主义和强权政治;明确建立国际新秩序是解决和平与发展问题的有效途径。

能力目标:提高运用马克思主义立场、观点和方法分析判断国际社会政治现象的能力;培养自主学习、探索当代国际发展趋势知识的能力;培养关心国际时政、关心我国国际地位和作用的能力;提高多种方式收集和分析相关资料和信息的能力。

情感、态度、价值观目标:培养和平观念,自觉反对霸权主义和强权政治;培养发展观念,认识我国与发达国家的差距,增强忧患意识;树立全球观念,关注世界各国人民的共同利益;关注我国在世界舞台上的地位和作用,增强民族自尊心、自信心和自豪感。

【教学重点、难点】

教学重点:和平问题和发展问题。

教学难点:解决和平与发展问题的主要障碍;把握维护和平、促进发展的有效途径。

【教学方式和手段】

情境教学法:利用视频、图片、文字资料,创设教学情境,引导学生思维。

学生合作探究与老师点拨归纳相结合。

运用多媒体课件。

【教学过程】

(一)课前自主探究

1. 课前自学由授课教师本人组织编印的关于和平和发展问题的拓展阅读材料。

2. 查阅南半球与北半球的国家分布情况,并比较其在经济发展程度上的差异。

3. 查阅欧洲、美国、发展中国家等提出的关于国际新秩序的主张。

(二)导入新课

[课件展示]

导入语:曾有一款游戏对青少年很有吸引力。有人评价它,紧张、刺激。无情的子弹射来让你顷刻间倒在血泊中,在你面前只有两条路:生或者死。

结合两张图片配旁白:1分14秒,玩家被击毙。但只需轻触鼠标,游戏再次开始,而我们毫发无损。

再结合"母亲在孩子血泊前哭泣"图片设问:经常进入虚拟游戏世界的我们,早已习惯无限次的"死而复活",但是面对真实的、残酷的战争,我们真的有"restart"(重新开始)的机会吗?

[设计意图]

创设情境,先从学生熟悉的网络游戏入手,引起学生的注意。再通过学生的叙述,引出游戏角色"死而复活"容易导致对他人生命的漠视,对真实战争缺乏体验极易产生渴望战争、寻求刺激的需求,以及视死亡如儿戏等想法。再通过"母亲伤心哭泣"这一给人强烈震撼的照片,使学生心灵产生震动,体会真实战争的残酷性,从而初步形成反战的意识。由此推出不要战争要和平的结论。

(三)讲授新课

第一目:和平是时代的主题

[课件展示]

设问:结合书本内容,对照拓展阅读资料中关于和平问题的三个材料,思考以下问题。

1. 什么是和平? 世界各国人民为什么期望和平,反对战争?

2. 为什么"二战"后世界能保持总体和平局势?

3. 维护世界长期和平还面临哪些挑战?

[学生活动]分小组自主合作探究活动,展示合作成果,教师归纳点评并予以表扬。

1. 和平问题是指维护世界和平、防止新的世界战争的问题。它是人类生存发展的基础,是解决其他问题的前提。

2. 总体和平的原因:人民的努力、核威慑、经济全球化……

3. 挑战:民族、宗教矛盾;大国霸权主义;领土;毒品;贫困;恐怖主义等。

[设计意图]通过学生探究活动调动其兴趣,培养自学、提取和概括信息的能力。自然引出当代世界主题之一是和平;和平的含义;和平问题的现状是总体稳定,其具有必要性和现实可能性,求和平、促合作已成为时代潮流。但又着重引出,世界仍不安宁,过渡到解决和平问题。

问题的障碍包括:霸权主义和强权政治;局部冲突和热点问题;恐怖活动、贫困和毒品等。明确其中最主要的障碍是霸权主义和强权政治。这样处理既思路清晰,又环环相扣。

[视频展示]"东方卫视新闻:加沙儿童深受战争创伤"。

[设计意图]再次多角度印证当今世界总体和平、局部战乱的形势;思考解决和平问题的障碍;体会战争对人类特别是儿童的伤害;坚定自身的反战意识;确立对全人类的道德关怀。

[课件展示]照片对比:一个美国女孩的童年和一个非洲男孩的童年。

[设计意图]通过巨大的贫富差距的展示,引出对发展问题的思索。学生能非常自然地进行比较,情绪体验非常深刻。

第二目:发展是时代的主题

[课件展示]发展问题的含义;发展问题的现状。

[学生活动]结合拓展阅读材料中有关发展问题的两则材料,进行自主合作探究活动。与教师共同归纳。

第一,当今世界经济有很大的发展。推出其可能性和表现(规模、速度、基本经济特征、注重质量、知识经济、可持续发展)。

第二,明确全球发展最突出的问题是"南北发展不平衡:贫富悬殊"。通过"经济全球化照不亮发展中国家的夜空"、"伊拉克、也门、海地、巴勒斯坦、苏丹、刚果、索马里、阿富汗难民"等图片,说明南北发展不平衡的原因、危害。

[视频展示]"世界反贫困纪实短片——来一份炸鸡套餐"。

[设计意图]通过文字和图片资料的辅助,学生可能会谈到:经济落后、科技落后、霸权主义的影响等南北发展不平衡的原因,并体会这对世界经济发展产生的种种危害。教师则要引导学生思考:为什么发展中国家经济、科技落后,或者说即使有发展的机遇但仍然深受发达国家牵制? 这就推导出解决发展问题的主要阻碍仍然是霸权主义和强权政治,并且在经济上表现为由发达国家主导的国际经济旧秩序。那么如何有助于解决这个问题呢? 这就推出要建立公正合理的国际政治经济新秩序。最后通过视频,来印证解决南北经济不平衡,建立国际新秩序的必要性和迫切性。

第三目:维护和平、促进发展的有效途径

[课件展示]和平与发展问题的主要障碍是霸权主义和强权政治;解决和平与发展问题的有效途径是坚决反对霸权主义和强权政治,改变旧的国际秩序,建立以和平共处五项原则为基础的有利于世界和平与发展的国际新秩序。

[学生活动]通过四则时政材料印证:中国推动建设持久和平、共同繁荣的和谐世界的主张及具体的五点做法。

附材料:2010年4月9日,联合国气候变化首轮谈判在德国波恩开幕。约190个国家和地区的代表参加,确定今年的任务。

2010年4月13日,核安全峰会在美国首都华盛顿举行,中国国家主席胡锦涛出席并发表重要讲话。

2010年4月30日,举世瞩目的中国上海世界博览会开幕。

2010年5月24—25日,第二轮中美战略与经济对话在北京举行。双方在双边关系、促进世界经济复苏、反对贸易保护主义、推进金融改革等方面达成广泛共识。

[设计意图]明确和平与发展问题的主要障碍;提出解决和平与发展问题的有效途径是建立国际新秩序;展示中国推动建设持久和平、共同繁荣的和谐世界的主张,说明我国为建立国际新秩序,促进和平与发展所作出的努力,从而深化了主题。

(四)课堂小结

```
          ┌ 和平 ┌ 求和平是主流
          │      │
          │      └ 但世界仍不安宁
当今       │
时代 ──── ├ 有效的解决途径:反对霸权主义和强权政治,
主题       │              建立国际新秩序  ──→
          │
          └ 发展 ┌ 谋发展是主流
                 │
                 └ 但世界仍贫富悬殊
```

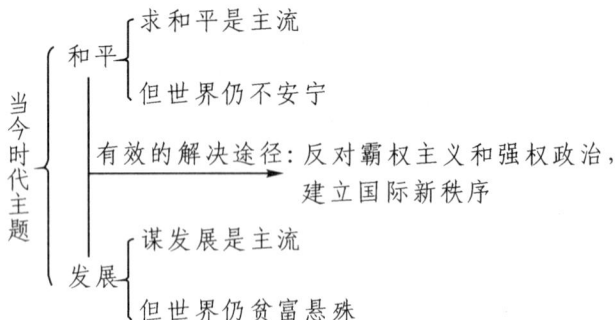

[设计意图]通过关键词法来整理思路,提纲挈领,突出了本课的重点和难点。

(五)综合探究

我的思考:

1. 请你给战争和贫困中的非洲儿童写一封信。(角度不限、形式不限、100～150字)

2. 想一想,你从现在起,可以为世界的和平和发展做些什么?

[设计意图]在上完本课之后思考这两个问题,是对学生进行情感、态度、价值观目标进行升华,使学生具有反战意识,增强维护和平的理念,自觉反对霸权主义和强权政治,使学生珍惜来之不易的美好生活,增强忧患意识和互助意识,有助于学生树立全球观念,提升思想境界。

五、研制意图

1. 框题价值创新

本框内容从知识要求来说难度适中。学生通过学习基本能够达到:(1)明确当今时代的主题;(2)把握维护和平、促进发展的有效途径;(3)结合实例说明我国为建立国际新秩序,促进和平与发展所作出的努力。

但是,为什么要选择本框进行创新课例研制呢? 教育的目的,在于促进学生德智体美的全面发展。而德智体美中又以德育为根本。知识、技能固然重要,但与正确的世界观、人生观、价值观的树立相比,就往往具有工具的性质了。高中思想政治课程在兼顾知识技能发展的基础上,最终还是以落实情感、态度、价值观目标为依托的,实现其育人功能。由于我国总体安定的建设环境,我们的学生长期处于和平状态,对战争没有切身的体验,实际缺乏直接面对战争的勇气,但因受到媒体、游戏等影响,对战争的看法不全面,有的可能还对战争持崇拜的态度。在发展问题上,很多学生对于全球贫困、饥饿等发展问题缺少直观体会,有些还会抱怨自己已有的生活条件仍不够好,欠缺人文关怀。基于学生中存在的这些问题,对学生今后生活、工作都会有影响,具有现实性、必要性和紧迫性,因此,有必要通过本框的学习,培养学生反对战争、维护世界和平、促进共同发展、推动社会公平的思想,以实现普通高中思想政治新课程标准要求——培养学生热爱和平,尊重世界各民族的优秀文化,关注全人类的共同利益,培养世界眼光。

2. 教学内容创新

教学目标与学生关注点的结合,是我们课堂教学能否成功的一个重要保证。教师要从学生原有的知识结构出发,遵循学生认知规律,力求使学生主动地参与到课堂教学中,采用模块案例来串连知识、激发能力、内化认识,从而达到预期的教学效果。

在本框教学情境创设中,我把握了三个重点:

重点一是通过生活体验导入课程,激发学生学习兴趣。我从学生熟悉的网络游戏入手,引起学生的注意。再通过学生的叙述,引出游戏角色"死而复活"容易导致对他人生命的漠视,对真实战争缺乏体验极易产生渴望战争、寻求刺激的需求,以及视死亡如儿戏等想法。再通过"母亲伤心哭泣"这一强烈震撼人心的照片,使学生心灵产生震动,体会真实战争的残酷性,从而初步形成反战的意识。由此推出不要战争要和平的结论。该实例源于生活,又回归生活,对于爱游戏的学生特别是一些男学生更有触动。

重点二是世界总体和平但仍不安宁。我给学生提供一份拓展阅读资料,让学生进行合作探究,对和平问题进行全面梳理,并展示"加沙儿童深受战争创伤"的视频,多角度印证当今世界形势;思索影响和平问题的障碍;体会战争对人类特别是儿童的伤害;坚定反战意识;确立对全人类的道德关怀。

　　重点三是世界总体发展但仍不平衡。我给学生展示"世界反贫困纪实短片——来一份炸鸡套餐"的视频。这个视频对学生的触动极大,很多学生看到那些忍受贫困煎熬的儿童而流下了眼泪,也使学生认识南北发展不平衡的现状及由此带来的种种危害。当前经济全球化的实质仍是发达国家主导的国际经济旧秩序,这就推导出解决发展问题的主要障碍仍然是霸权主义和强权政治,这就推出建立公正合理的国际政治经济新秩序的必要性。

　　通过突破这几个重点,使学生初步具备反对战争、维护和平的意识,反对霸权主义和强权政治。增强忧患意识和互助意识,树立全球观念和世界眼光。

　　3. 教学方法创新

　　教学要从学生原有的知识结构出发,遵循学生认知规律。同样的教学内容,使用适合课型和学生实际的教学方法将会取得更好的教学效果。本框内容虽然基础知识比较多,分布也比较细碎,如果采用纯讲授的方式,将基础知识一一突破,教学任务是基本可以完成的,但是学生思维的链条往往是断裂的,知识之间的过渡也不够自然。不仅课堂气氛会比较沉闷,更不能很好地完成情感、态度、价值观目标。因此,我在本框教学中采用了情境教学和案例探究的教学方法。以教师为主导,学生为主体,让学生进入预设的情境,从虚拟到现实、从国内到国际、从和平到发展、从自我到他人、从现在到未来,全方位地调动学生已有的知识储备,并在拓展阅读资料的基础上,合理设问,让学生围绕重点问题进行自主探索学习,并自主展示成果,主动地参与到课堂教学中,力求使学生在庄重、积极、互动、动情的课堂氛围中有所收获,从而达到预期的教学效果。

余姚中学　刘莹琰

必修 3：文化生活

第一课第一框:体味文化

一、课例选取依据

一是本框在整个教学过程中的特殊地位。本课是文化学模块的起始,让学生对新课程有一个愉悦的心情去面对是很重要的。二是内容的重要性。让学生明确本模块所讨论的"文化"的内涵,对学生理性认识社会生活中的各种文化现象有一初步的判断依据。三是基于现实生活的矛盾。感受文化的力量是为了能发挥优秀文化对人、对社会的巨大促进作用。而现实生活的复杂性,更需要学生树立正确的价值观,作正确的选择。

二、基本内容和要求

1. 基本内容。教材分三目:第一目"文化'万花筒'"。从感悟身边文化现象的两个探究活动中,体味文化的特征:无时不在,无处不在,又有区域差异性。第二目"文化是什么",主要是对文化概念的界定。第三目"文化的力量",从文化概念的外延得出文化是一种精神力量的论断,并阐述文化作为一种精神力量的价值和作用。

2. 基本要求。(1)课程标准:观察不同区域、不同人群和不同阶层的文化生活,体察广大人民的文化需求,知道文化是人类社会特有的现象。(2)学科教学指导意见:①了解各具特色的文化现象;②明确文化的内涵;③了解文化的形式;④理解文化是一种社会精神力量;⑤(发展要求)体味文化的魅力,感悟文化的力量,提高分析、辨别文化现象的能力。

三、常规课例解读

1. 教学课例(出自《文化生活》教师教学用书,有删节)

【教学目标】(略)

【教学重点、难点】

重点:文化的内涵;文化竞争力的表现和意义。

难点:文化与经济、政治的关系。

【教学方式和手段】

教学方式:在本框中,教师应该贯彻回归生活的教学理念,采用体验式的教学方式,引导学生学会观察和体验,利用各种机会去看、去听、去接触,了解文化现象。

教学手段:制作合适的幻灯片。

【教学过程】

课前导入:安排学生课前做准备,让每个学生将自己平时喜欢的文艺节目列一个清单,并进行归类。

我喜欢的文艺节目调查

序号	节目名单	欣赏方式	所属类型
1			
2			
3			
4			
5			

每个小组对组员所填写的表格进行讨论、归类,并选派一名代表进行班级交流。

(教师归纳)名单和类型说明丰富多彩;欣赏方式选择多样。

讲授新课:

1. 文化"万花筒"

(1)文化形式:多种多样。

结合教材第5页的探究活动及问题请学生思考。

对第一个问题,教师可以请三位同学分别到黑板上写出自己参加过哪些学校文化活动或社区文化活动,然后让他们说一说参加这些活动的感受。

关于第二个问题,应该引导学生认识到网络文化已经渗透到生活的各个领域,人们通过网络足不出户就可以与外界进行联络,获取信息,学习知识。

(2)文化现象:无时不在、无处不在。

(3)文化特色:不同区域的文化特色。

(学生活动)城乡文化大家谈:

结合教材第6页第一个探究活动中的问题引导学生畅所欲言,进行不同地区文化特色的对比。

(教师归纳)俗语说:"一方水土养一方人","十里不同风,百里不同俗"。由于不同的区域有不同的自然环境,也有不同的文化环境,不同地域的文化生活带有典型的地域特征,呈现出不同的地域特色。

过渡:前面所谈到的文化现象均属于文化的外延,那么你认为文化的内涵是什么?

2. 文化是什么

教师可以引导学生畅所欲言。

(1)文化是相对于经济、政治而言的人类全部精神活动及其产品。

讲解文化的内涵,应该注意两点。一是《文化生活》中所说的文化,是相对于经济、政治而言的人类全部精神活动及其产品,其中既包括世界观、人生观、价值观等具有意识形态性质的部分,又包括科学技术、语言文字等非意识形态的部分。二是文化的具体内容是与人类直接相关的,是人类社会所特有的,人是文化的主体。

(2)文化是人类社会特有的现象。

结合教材第6页第二个探究活动中的图示,描述人类文化创造和演进的历程,从而得出结论:文化是由人创造的,是人所特有的,是人们社会实践的产物。纯粹的自然事物或现象如原始森林,不是文化。任何社会都有与之相适应的文化,没有文化就没有社会。

(3)个人所具有的文化素养,不是与生俱来的,而是后天习得的。

(4)文化现象实质上是精神现象。

结合教材第7页的探究活动引导学生讨论。

(教师归纳)这里的"文化"是作为人的"文化修养",也可以说是从人的文明程度来理解。我们往往把文化和文明等同起来,其实二者既有联系也有区别,不能完全等同。

3. 文化的力量

(1)文化具有丰富的表现形式。

从静态和动态两个角度说明文化的表现形式是丰富多彩的。包括思想、理论、信念、道德、教育、科学、文学、艺术等；也包括文化生产、传播、积累等各种文化活动过程。

（2）文化是一种精神力量。

结合教材第 8 页的探究活动引导学生感悟文化的力量。教师最好课前要求学生结合探究问题收集相关材料。

（教师归纳）略。

（3）感悟文化的力量。

文化作为一种精神力量，能够在人们认识世界、改造世界的过程中转化为物质力量，对社会发展产生深刻的影响。

一个民族必须物质和精神都富有，才能够自尊、自信、自强地屹立于世界民族之林。文化的精神力量体现为一个民族和国家的文化积累、文化潜力、文化活动和文化发展水平，能为经济发展和社会进步提供正确的价值导向、精神鼓舞和智力支持。文化的精神力量能够通过人的实践活动创造出一定的物化成果。

课堂小结：

通过学习本框的内容，我们了解了丰富多彩的文化现象，明确了什么是文化，感悟到文化的力量，为以后的学习打下了基础。

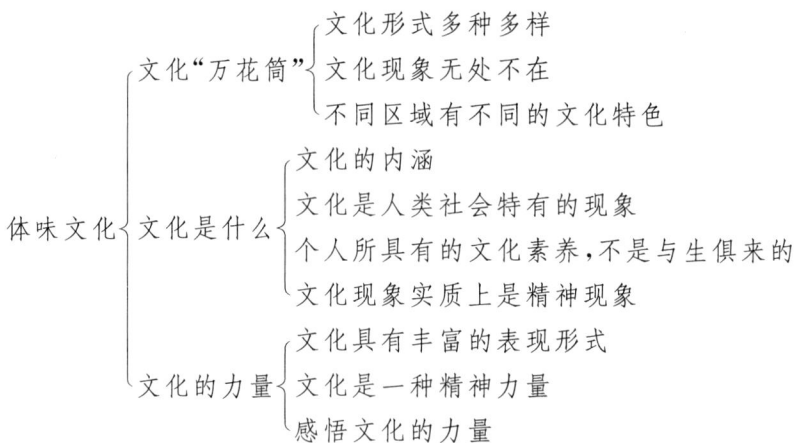

体味文化
- 文化"万花筒"
  - 文化形式多种多样
  - 文化现象无处不在
  - 不同区域有不同的文化特色
- 文化是什么
  - 文化的内涵
  - 文化是人类社会特有的现象
  - 个人所具有的文化素养，不是与生俱来的
  - 文化现象实质上是精神现象
- 文化的力量
  - 文化具有丰富的表现形式
  - 文化是一种精神力量
  - 感悟文化的力量

学习效果评价建议：

实践操作："家乡美"。

要求学生以多种形式介绍所生活区域的文化特色。

在实际教学中多用几把尺子衡量学生，为学生的成长多开辟几条渠道。可结合学生表演、所作的调查报告等对学生进行鼓励性评价。

2. 课例点评

（1）教学目标上，重视知识目标的落实，并通过书本综合探究活动中的"西装"与"中学生"的对比，培养学生辨别是非荣辱的能力，但侧重正面教育，缺乏心灵的震撼，生活矛盾低层次，难以激发学生的学习热情，难以突出文化的巨大力量，情感目标的达成不够完善。

（2）教学内容上，依据教材的编排体系授课，侧重教学内容和环节的落实，但由于对学情、社情关注不够，对文化所能凸现的巨大力量没有进行深入挖掘，使学生对其重要性关注不够，达不到预期的情感要求。

（3）教学方式上，运用多种手段和方式，凸现学生的主体地位，比较好地解决了教学任务要求。但蜻蜓点水式的教学难以给学生心灵的震撼和课后的思考。

总之，这是一堂比较典型的常规课例，以教材为教学依据，以知识落实为主要任务，以教师的预设来推进教学，未能充分考虑内容的特殊性，未能很好地体现新课程从学生的生活经验出发，根据学生思想实际来进行教学，也就难以真正触及学生的心灵。

四、创新课例研制

【教学目标】

知识目标：观察不同区域、不同人群和不同阶层的文化生活，了解文化现象普遍存在和表现方式的多样性，明确文化概念。

能力目标：通过学生的主体参与、探究，使他们学会提出问题（针对本课的主题，提出有探究价值的问题）、学会合作交流（多角度地认识事物本质），从而提高合作探究的能力和理论联系实际的能力。

情感、态度、价值观目标：体察广大人民的文化需求，关注人民群众文化生活的质量和水平，领悟文化与社会生活之间的关系，增进学生积极参与健康向上的文化生活的情感，努力提升自身的文化素养。

【教学重点、难点】

教学重点、难点：文化是什么。

【教学辅助手段和准备】

教学手段：多媒体。

教学准备：

1. 教师准备：收集各种具有代表性的文化现象并制成课件。

2. 学生准备：（1）了解自己家乡的特色文化；（2）收集有关文化概念的

资料。

【教学过程】

导入新课：

多媒体展示：广州亚运会会徽及吉祥物。

提问：广州亚运会会徽和吉祥物（乐羊羊）的设计反映了什么样的理念？

学生思考回答：略。

师解读并点拨：在中国的传统文化中，"羊"是吉祥之物，能给人带来幸运。"羊"在中国古代文字中与"祥"相通，"吉祥"也可写作"吉羊"。中国文字的"美"字，是由"羊"和"大"构成的，"羊""大"为"美"是中国传统的美学观念。中国文字中，许多与美好相联系的字和词，都与"羊"字相关。因此，取"羊"的创意，寓意着广州人民将以最美好的姿态迎接2010年亚运会，将把最美好的东西献给亚洲和世界各国人民。

该会徽设计，以柔美上升的线条，构成了一个造型酷似火炬的五羊外形轮廓，构图以抽象和具象相合，在灵动、飘逸中不失稳重，象征着亚运会的圣火熊熊燃烧、永不熄灭。既体现了广州的城市象征，也表达了广州人民的美好愿望，还表现了运动会应有的动感。

过渡：从广州亚运会会徽和吉祥物（乐羊羊）的设计所体现的文化理念，可以看出，"文化"是一个我们十分熟悉、非常亲近的词汇，但我们却不一定真正懂得"文化"的内涵。有人认为文化是知识，有人认为文化是艺术。那么，究竟什么是"文化"？这节课我们就一起来体味文化、解读文化。

讲授新课：

一、"赏"文化

多媒体展示五花八门的文化现象：各种版本的"千手观音"（正版、打劫版、到此一游版、蜘蛛侠版、广告版，等等）、超级女声演唱会、中国龙文化、齐鲁文化、燕赵文化、别有风味的傣族泼水节、斗牛文化、穆斯林文化……

（一）文化现象：无处不在

东北二人转

剪纸

（二）文化现象：无时不在

书籍

中国古代绘画艺术

（三）文化生活：各具特色

泼水节

斗牛

激发学生兴趣,调动学生参与热情。传统文化现象与现代文化现象作比较,为下文授课作铺垫。

二、"谈"文化

1. 请学生介绍:我的家乡有哪些特色文化活动?

2. 让学生谈亲身参与的文化生活:(校文艺演出、演讲比赛、篮球比赛、上课、自习、作业、上网、交友、聊天……)"文化"一词比较抽象,通过学生对熟悉的文化现象的了解,使"文化"具体化、形象化,从而让学生感受到文化现象无时不在、无处不有,在不同的区域、不同的自然环境中以及不同的人身上,文化各具特色。

通过自己体味文化,你感受到什么? 让学生自己总结,形成意念。

1. 文化形式多种多样;

2. 文化现象无时不有、无处不在;

3. 不同区域的文化各具特色。

三、"研"文化

过渡:看到各具特色的文化现象,品尝不同文化生活的韵味,我们更想探究文化生活的意义,更加关注"文化到底是什么"。

合作探究:学生组成每四人一个学习小组,自主选择参照对象探究文化的概念。

1. 教师提供研究性学习的参照对象:

相对于自然界而言　　　　　　相对于动物的本能而言

相对于人的先天遗传而言　　　相对于人的其他活动而言

相对于社会经济、政治而言　　相对于人们自身而言

相对于人的知识而言　　　　　相对于人类文明而言

通过创设情境,使学生能主动去探究文化的内涵,从而较轻松地明确文化的含义,解决文化含义抽象、难以理解的障碍。……(学生可从中选取,亦可自己拟定。)

2. 教师指导如何给文化下定义:关键是抓住一事物区别于他事物的特殊本质。

3. 学生汇报各自探究的结果(略)。

归纳:相对于自然界而言,文化是人类社会特有的现象,有了人类才有文化(人=动物+文化),文化是人们社会实践的产物(人类通过实践创造文化,个人通过实践培养文化素养);相对于经济、政治而言,文化指的是人类全部精神活动和产品;相对于人们自身而言,文化是人的一种素养(文化,它随着一个人迎面走来——他的举手投足、他的一颦一笑、他的整体素质)。

文化(culture)：与自然相对，重点强调"化"的过程；文明(civilization)：与野蛮相对，主要指"明"的结果。文化发展中的积极成果就是文明。

四、"辩"文化

探究共享：

文化作为人的一种精神活动和产品，是不是一种"纯"精神活动和"纯"精神产品？

文化传承离不开物质载体。

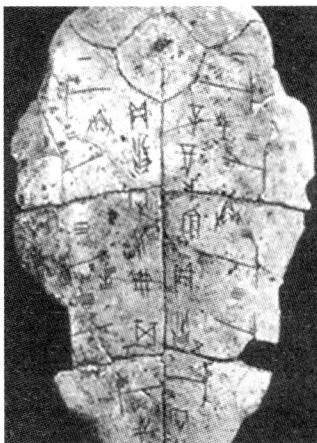

1．质疑：文化作为人的一种精神活动和产品，是不是一种"纯"精神活动和"纯"精神产品？

2．学生各抒己见：略。

3．教师适时点拨：文化传承离不开物质载体。

五、"议"文化

1．思考：我们的生活是否离得开文化？文化对我们的生活有哪些影响？文化对我们国家又有何深远的意义？

老师：(1)本届广州亚运会会对我们的生活社会产生怎样的影响呢？

学生各抒己见。

(2)但是，我们也知道，有一些文化会对社会发展产生消极影响。

展示法轮功受害者相关图片，日军侵华及对历史的态度……

学生：在案例中感受不同文化带来的不同影响。举例说明哪些文化对自己的生活产生重要影响（从积极和消极两个角度）。思考文化对我们国家有什么深远的意义？

学生畅所欲言：略。

通过对真实案例的分析，让学生切身体验，畅所欲言，激活了思维，产生独到的见解和感受。自觉摒弃落后的、消极的文化的影响，逐渐形成正确的文化观，培养爱国主义情感。

2. 教师适时启发：除此之外，文化其实还体现在一个人如何对待自己、如何对待他人、如何对待自己所处的自然环境方面。

在一个文化落实的社会里，人懂得尊重自己，他不苟且，因为不苟且所以有品位；人懂得尊重别人，他不霸道，因为不霸道所以有道理；人懂得尊重自然，他不掠夺，因为不掠夺所以有永续的生命。我们都生活在一定的文化中，文化就像血液一样浸润着我们的心田，我们的生活需要文化，我们的成长呼唤文化，让文化引领着我们走向成功。

课后拓展：

主题：校园周边的文化。

要求：亲身去调查、搜集、整理校园周边存在的积极和消极的文化现象，并写出宣传积极文化，改革消极文化的方案。

通过活动使学生主动将所学知识与生活实际相结合，并落实到行动，从而规范自己的行为。

【教学小结与反思】

本课教学注重回归生活，结合学生实际，让学生"自主学习、合作探究"，把学生的主体作用与老师主导作用有机结合起来，通过"赏、谈、研、辩、议"文化的方式对教材进行了恰当的处理,采用多种方法并结合针对性的思考来突破重、难点,让学生能够从多角度、多层次、全方位地了解文化、体味文化、感受文化、理解文化。

五、研制意图

1. 为何教? 从社会层面来说,先进文化建设是建设中国特色社会主义事业的重要组成部分,是构建社会主义和谐社会的重要任务和条件。作为未来的建设者,有必要了解我们的文化,坚持先进文化的前进方向。从学生个人层面来说,随着物质文化生活的改善和发展,文化需求也越来越强烈,而生活中的冲突也越来越多地表现在文化层面。如何让学生在文化生活中作出正确的价值判断和选择就显得尤为突出和重要了。从这意义上讲,我们之所以教,是为了让我们的学生感悟生活中众多的文化现象,并能透过现象感受不同质的文化的巨大影响力,并能对自身的文化素养有所反思。

2. 教什么? 教书育人是教师的职责,但课堂中所能传授的知识是有限的。我们要启发学生思考,学会分析,学会全面看问题。本框"体味文化",不仅仅是要唤醒学生对文化生活的"体会",更是能去"品味"文化生活。生活是精彩的,文化是多样的。只有让学生掌握如何去"品",才能给他们以生活的钥匙。而这才是教育真正价值所在。

3. 如何教? 本课设计尊重学生的认识规律,从现象入手,"赏"和"谈"两个角度来认识文化现象和文化活动,通过"研"和"辨"提高对文化本质的认识,"议"文化是对原有认识的升华,通过分析文化生活中的某个文化现象或活动,提高辨析力和洞察力,加强对优秀文化的情感倾向。课堂教学侧重学生自主探究,要求知识的生成,只有自己想明白的,才能得到最大的情感认同,才能提高教学的实际效果。而教材侧重既成知识的传授,虽能达到"速成"的效果,但在实际运用中很难有情感的认同。

象山三中　朱　印

第五课第二框：文化创新的途径

一、教前设计过程以及思路

1. 了解内容的重要性

本课内容为"文化生活"（人教版）第二单元"文化传承与创新"第五课"文化创新"的第二框。整个第五课是第三、第四两课的一个延伸和升华，文化多样性要求文化在交流中传播，文化的继承性则要求文化在继承中发展。第二框"文化创新的途径"则是对第一框社会实践与文化的"决定与反作用"知识原理讲解后，进而着重探讨了文化如何在社会实践的基础上，从纵向和横向两个维度进行创新，即继承传统、推陈出新与面向世界、博采众长。本课是本单元的重点、难点和知识的落脚点，本框又是本课的重点和难点。同时，基于现状的必要性，文化的创新与文化产业的发展息息相关，是当前社会的热点，理论性很强。

2. 了解基本内容和要求

（1）基本内容。文化创新的基本要求和根本途径；文化创新必然要经历的两个过程：一是"取其精华，去其糟粕"，"推陈出新，革故鼎新"。二是不同民族文化之间的交流、借鉴与融合；在学习、借鉴和吸收外国和其他优秀文化成果时，要坚持以我为主、为我所用的原则；正确认识当代文化与传统文化、民族文化与外来文化的关系。

（2）基本要求。课程标准的基本要求：阐明实践是文化发展和创新的重要途径，"取其精华，去其糟粕"，"推陈出新，革故鼎新"，"面向世界，博采众长"是基本途径。学科指导意见：理解文化创新的根本途径和过程，把握文化创新的正确方向，讨论"文化虚无主义"和"文化拿来主义"的片面性。

3. 思路设计

（1）总体设计。教学资源的开发和运用是为了教学目标的有效达成和促进学生的全面发展。每一种教学资源对于特定的教学目标具有不同的作用和功能，因此，它的开发和利用必须考虑课程内容和教学目标的性质和特点，以保证资源开发和利用的针对性及其实效性。另外,教学资源本身具有多质性,因此,开发和选用教学资源时,必须最大限度地发挥相关教学资源的优势,就是要特别注意课堂教学实例和教学情境的集约化运作,杜绝课堂教学例证满天飞的状况。为此,我计划采取"一例贯穿始终教学法",以便最大限度地实现课堂教学资源的集约化。当然,最关键的是要找到这个合适的"一"。

(2)选材:在教学实践中,特别是在讲授教学理论时,如何选用素材是尤为关键的。素材是理论与实践相结合的桥梁,是把空洞的理论具体化、简单化、生动化的具体体现,它不仅能提高课堂效率,激发学生的学习主动性和积极性,还能充分发挥学生的主观能动性。但在素材选择中应考虑思想教育性,应有针对性、启发性、时代性。在课间与学生聊天时,发现学生对动画片《喜羊羊与灰太狼》很感兴趣,而该素材比较符合案例选择的标准。所以决定在这个题材上做文章进行挖掘。

(3)要重点考虑导入问题:俗话说:"良好的开端是成功的一半。"我们在平时生活中可能也会遇到这样的情形:一本好的小说加上一个扣人心弦的序言,我们就会手不离卷;一部好的电视剧,有一个激动人心的序幕,我们就会目不离屏。同样,一堂好课,有个引人入胜的开场,自然会把学生的全部精力引入授课中,从而提高整个课堂效率。导入,就是政治课堂的"开门红"。导入并没有什么固定的模式,由于教育对象、内容不同,开头也不会相同。由于本课打算"一例到底",因此决定利用传统的人们思想中的"羊与狼的关系"与"喜羊羊与灰太狼中羊与狼的关系"对比作为导入。

二、初步设计的具体教学过程(教学设计)

【教学目标】(略)

【教学重点、难点】

教学重点:文化创新的两个基本途径。

难点:正确理解当代文化与传统文化、民族文化与外来文化的关系。

【本框地位】

本课是本单元的重点、难点和知识的落脚点,本框又是本课的重点和难点,是当前社会的热点,理论性很强。因此在教学中,我们要结合前面几课的相关内容,联系文化创新的实例,组织本框教学。

【教学过程】

导入:

师问:你看过"喜羊羊与灰太狼"这部片子了吗? 你们能说说为什么这么

喜欢这部片子吗？

生答：看过，比较符合大家的兴趣。

总结：也就是说，比较适合大家的口味，符合现实生活的需要。片子内容从实践调查而来。我们可以从这部作品的语言对白得出该内容与生活实践紧密联系。

该片选材上注重生活实践，而且是孩子能够懂得的、能够理解的，包括"三聚氰胺"、"无间道"、"山寨版"等热门词语。如：

喜羊羊对白牛国王说："请你别相信阴险的灰太狼，他是无间道。"

红太狼说："别想忽悠我。"

嘭恰恰对咚咚锵说："弟弟，最近白牛和黑牛的奶都不能喝了，咱黄牛的能源喏喱绝对没有添加剂，喝吧。"

"坦克、飞机都是山寨版的。"

师问：材料中哪些语言大家很熟悉呀？

学生分析。

教师总结：选材上注重生活实践，而且是能够懂得的、能够理解的，所以一部优秀的文化作品首先必须符合社会实践的需要，从生活中来。（导出内容）

1. 文化创新的根本途径：立足社会实践

忆一忆：社会实践与文化创新是什么关系？

社会实践是文化创新的源泉。所以，立足社会实践，是文化创新的基本要求，也是文化创新的根本途径。

过渡：我想，这部片子之所以获得大家的认可，不仅仅是因为它的题材与我们接近，肯定有很多优点，那我们了解一下它的优点。

《喜羊羊与灰太狼》主创团队一开始给喜羊羊定下的最核心原则就是"要欢乐，不要说教"！

自主探究一：从优点我们看出这部片子成功的原因是什么？

学生讨论，教师总结，引出新内容。

2. 文化创新的基本途径之一

(1)"取其精华、去其糟粕"——继承传统

（不能离开传统，空谈文化创造。）

(2)"推陈出新、革故鼎新"——推陈出新

（体现时代精神。）

过渡：除了继承传统、推陈出新从而进行创新外，还有其他途径吗？我们再来了解一下以下材料。

2008 年的大银幕上，一部处处是中国元素的《功夫熊猫》，为梦工厂在全球扫回了 6 亿美元的票房，制造出了一个迄今为止史上最有名气的"熊猫"——阿宝。

"好莱坞将其他国家的民族文化融入到自己的观念中，最终偷梁换柱。我们传统文化的开发能力，丰富的文化遗产，和美国丰富的再创造手段相比，是那么的具有悲剧色彩。"凤凰卫视掌门人刘长乐曾这样感慨。

自主探究二：凤凰卫视掌门人刘长乐的感慨给我们什么启示？

教师总结：导出途径二。

3. 文化创新的基本途径之二

面向世界、博采众长。

提问：什么是博采众长？（请学生回答）

(1) 是什么（过程）

不同民族文化之间要相互交流、借鉴、融合。

(2) 为什么

文化多样性是文化创新的重要基础。

过渡：既然交流、借鉴与融合这么重要，我们应该怎样借鉴、交流和融合呢？

开发《喜羊羊与灰太狼》的上海文广传媒集团(SMG)总裁黎瑞刚在寻找这部片子的开发模式时曾到日本考察迪斯尼。到了以后才发现迪斯尼讲的都是日本的故事，人物穿的是日本的服装。大阪人说，用不了多少年，就可以把迪斯尼本土化了。他们把外来的东西变成了自己的东西，特别是在内容上以日本本土文化为主。

自主探究三：你觉得此行黎总裁会得到什么收获？对我国文化的创新有何启示？

(3) 怎么办

A. 必须以世界优秀文化为营养，充分吸收外国文化的有益成果。

B. 在学习和借鉴时，要以我为主、为我所用。

过渡：我们在创新的过程中要注意什么呢？

4. 坚持正确方向，克服错误倾向（板书）

(1) 把握关系

传统文化（古）与当代文化（今）

民族文化（中）与外来文化（外）

(2) 坚持创新

①立足于发展中国特色社会主义的实践。

②着眼于人民群众不断增长的精神文化需求。

③发扬中华民族优秀文化传统,汲取世界各民族文化的长处,在内容和形式上积极创新,努力铸造新辉煌。

课堂小结:

文化创新的途径
{
1. 继承传统,推陈出新
(1)根本途径——立足于社会实践
(2)重要过程(途径)之一——"取其精华、去其糟粕"、"推陈出新、革故鼎新"
2. 面向世界,博采众长
过程(途径)二
(1)是什么
(2)为什么
(3)怎么办
3. 坚持正确方向,克服错误倾向
(1)把握关系
(2)反对错误倾向
(3)坚持创新
}

三、教后反思与反馈

1. 本堂课总体上是成功的,体现在:

(1)真正立足实践,立足学生的真实世界,构建生活化的课堂教学模式。强调课程实施的开放性和实践性,倡导生活化课堂教学模式,实现"政治生活化"。因此,本课在教学设计上选取学生密切关注的实例《喜羊羊与灰太狼》,构建学生感兴趣的生活化课堂,促使学生"在生活中体验,在体验中感悟,在感悟中成长"。在教学过程中,让学生充分认识文化创新也是与他们的生活息息相关的,也是他们必须关注的和能够参与其中的,从而激发学生的学习兴趣,唤醒他们的创新意识。

(2)精选材料、深挖材料,一例到底。选择一个典型的材料,一例到底,有助于整合教学资源,集中学生学习注意力,加深学生对问题的理解,培养学生的逻辑思维能力,同时也有助于整个课堂效率的提高。

(3)以教师为主导,学生为主体,采取合作探究(小组讨论)、自主学习的学习方式。本课以学生为主体,在整个教学过程中,教师起组织者、帮助者与促进者的作用,创设教学情境,使学生拥有自主学习的空间,充分发挥学生的主动性、积极性和首创精神。

(4)设置矛盾情境,让学生在思维的矛盾冲突中解决思想矛盾问题:通过文化中对于"孝"的理解,让学生明白在文化创新中既要正面坚持一个根本途径和两个基本途径,又要反对错误的倾向,真正起到升华学生情感的作用。

2. 本堂课也存在一定问题:

(1)不可否认"一例到底"存在着优点,但是也存在一定的问题。首先,虽然本课教学过程中选用了《喜羊羊与灰太狼》材料,但材料整合不足。本应充分挖掘材料,并整合材料,使整个教学过程显得严谨有序,也有助于集中学生的注意力,开发学生的发散思维,提高课堂教学效率。但本课例在此方面做得不够。其次,对于学生来说,"一例到底"式课堂学习模式容易使他们在心理上必然产生"思维定势"效应,对老师的讲授产生依赖感,导致其个性被扼杀,也无法激荡起积极的创新思维。应开拓学生视野,在平等、宽松自由的环境下,开展启迪性的教育,才能充分挖掘学生潜能,释放学生的学习激情。

(2)选材太单一,思想性不够开阔。作为文化生活教学,在教学中要尽可能让学生体会到中华文化博大精深和源远流长的特点,以及中华文化的包容性。特别是本课讲的是文化创新,可以通过增加相关中华文化的素材证明中华文化在不断创新,使学生产生对民族文化的自豪感,增强对中华文化的向心力。

(3)教学环节设置:通过对材料进行分析挖掘,进行环节设置,让各个环节成为本课例的一条明线,把本框内容联系起来,使整个课堂内容练习作为一个整体,体现了政治课的逻辑性。

(4)当前学生文化创新的意识和能力不足,随着年龄的增长,学习依赖性渐弱,独立性渐增,心理上有自主学习的愿望;高中学生有自己独特的心理世界,独特的个性,独特的学习方法和理解能力;高中学生有较强的学习思维能力。就本课内容而言,有两点值得注意:一是学生也认识到实践对于创新的重要性,但是不能在现实中真正运用,最好在本课例中用现实实例加以引导;二是在讲到两个基本途径时不能联系错误的倾向,不能辩证地去看问题。

(5)关注课堂设问,必须每个设问都要精心设计。著名教育家陶行知先生说:"发明千千万,起点是一问。智者问得巧,愚者问得笨。"在追求高效课堂教学的过程中,教师的设问是一个关键因素。从一定程度上讲,设问的质量决定一节课的质量。要使本课设问巧妙起到承上启下的作用,把整个课堂连成整体。

四、修改后的课例

【教学目标】

知识目标：文化创新的基本要求和根本途径。文化创新必然要经历的两个过程：一是"取其精华，去其糟粕"，"推陈出新，革故鼎新"；二是不同民族文化之间的交流、借鉴与融合；在学习、借鉴和吸收外国和其他优秀文化成果时，要坚持以我为主、为我所用的原则；正确认识当代文化与传统文化、民族文化与外来文化的关系。

能力目标：能够举例说明文化创新的基本途径；初步具备正确认识和处理当代文化与传统文化、民族文化与外来文化的能力，能运用本框的知识正确分析生活中的一些文化现象。

情感、态度、价值观目标：激发学生热爱祖国优秀文化传统的热情，关注世界文化的发展，特别是中华文化发展创新的动态；要坚持用辩证的观点对待传统文化和外来文化；反对文化生活中的"民族虚无主义"和"历史虚无主义"；积极参加各类文化学习、创作活动，具有积极学习借鉴各民族文化优点的意识。

【教学重点、难点】

教学重点：文化创新的两个基本途径。

难点：正确理解当代文化与传统文化、民族文化与外来文化的关系。

【本框地位】

本课是本单元的重点、难点和知识的落脚点，本框又是本课的重点和难点，是当前社会的热点，理论性很强。因此在教学中，我们要结合前面几课的相关内容，联系文化创新的实例，组织本框教学。

【教学过程】

导入：

师问：通过传统的狼与羊的关系图片与《喜羊羊与灰太狼》里的狼与羊的关系图片比较，请思考为什么传统的狼与羊的形象在这里有这么大的改变呢？是因为该片在创作的过程中考虑到很多的因素。那么作为文化是怎样创新的呢？今天我们来学习"文化创新的途径"。

师问：你们看过《喜羊羊与灰太狼》这部片子了吗？你们能说说为什么这样喜欢这部片子吗？

生答：看过，比较符合大家的兴趣。

总结：也就是说，比较适合大家的口味，符合现实生活的需要。片子内容从实践调查而来。我们可以从这部作品的语言对白得出该内容与生活实践紧密联系。

创作取材(幻灯片)

选材上注重生活实践，而且是孩子能够懂得的、能够理解的，包括"三聚氰胺"、"无间道"、"山寨版"等热门词语。

喜羊羊对白牛国王说："请你别相信阴险的灰太狼，他是无间道。"

红太狼说："别想忽悠我。"

嘭恰恰对咚咚锵说："弟弟，最近白牛和黑牛的奶都不能喝了，咱黄牛的能源啫喱绝对没有添加剂，喝吧。"

"坦克、飞机都是山寨版的。"

师问：材料中哪些语言大家很熟悉呀？

学生分析。

教师总结：选材上注重生活实践，而且是能够懂得的、能够理解的，所以一部优秀的文化作品首先必须符合社会实践的需要，从生活中来。(导出内容)

1. 文化创新的根本途径：立足社会实践

忆一忆：社会实践与文化创新是什么关系？

社会实践是文化创新的源泉。所以，立足社会实践，是文化创新的基本要求，也是文化创新的根本途径。

过渡：我想，这部片子之所以获得大家的认可，不仅仅是因为它的题材与我们接近，肯定也有很多优点，那我们了解一下它的优点。

展示优点(幻灯片)：

《喜羊羊与灰太狼》最大的优点在于它的中国式幽默和传统价值观：以羊和狼两大族群间妙趣横生的争斗为主线，剧情轻松诙谐，对白幽默，巧妙地融入社会中的新鲜名词，主题健康向上；其次在于他们打破了说教套式，主创团队一开始给喜羊羊定下的最核心原则就是"要欢乐，不要说教"！

自主探究一：从优点我们看出这部片子成功的原因是什么？

学生讨论，教师总结，引出新内容。

2. 文化创新的基本途径之一

(1)"取其精华、去其糟粕"——继承传统(不能离开传统，空谈文化创造)

(2)"推陈出新、革故鼎新"——推陈出新(体现时代精神)

过渡：那么它是怎样推陈出新、革故鼎新的呢？请欣赏——

精彩欣赏(材料)

汉代大儒董仲舒的六世孙董黯幼年丧父，相依为命的慈母不幸身患痼疾，董黯听说离家三十里之远的大隐溪水，甜醇清口，能治病健身，于是就长途取水担到家中奉养母亲。董黯的孝行从此传遍了全国。东汉永元八年(公元96年)二月十五日,汉和帝发了一道《征孝子董黯擢议郎诏》。后人把大隐溪改名为慈溪,也就是今天的慈城。

分组讨论:材料中体现了哪些传统文化?此类文化的古今比较。

教师总结:尊老爱幼,孝慈文化(宁波孝慈文化节,引起大家的自豪感)。

过渡:那么我们是不是应该这样"孝慈"呢?

陆绩,三国时期科学家。六岁时,随父亲陆康到九江谒见袁术,袁术拿出橘子招待,陆绩往怀里藏了两个橘子。临行时,橘子滚落地上,袁术嘲笑道:"陆郎来我家做客,走的时候还要怀藏主人的橘子吗?"陆绩回答说:"母亲喜欢吃橘子,我想拿回去送给母亲尝尝。"

分组讨论:你认为陆绩的做法对吗?给我们什么启示呢?

教师引导总结:导出错误倾向,并进行对比。

(3)克服错误倾向

A. 固守本民族的传统文化——"守旧主义"

B. 根本否定传统文化的倾向——"历史虚无主义"

同类类比(材料):

2008年的大银幕上,一部处处是中国元素的《功夫熊猫》,为梦工厂在全球扫回了6亿美元的票房,制造出了一个迄今为止史上最有名气的"熊猫"——阿宝。

"好莱坞将其他国家的民族文化融入到自己的观念中,最终偷梁换柱。我们的传统文化的开发能力,丰富的文化遗产,和美国丰富的再创造手段相比,是那么的具有悲剧色彩。"凤凰卫视掌门人刘长乐曾这样感慨。

自主探究二:凤凰卫视掌门人刘长乐的感慨给我们什么启示?

教师总结:导出途径二。

3. 文化创新的基本途径之二:

面向世界、博采众长

提问:什么是博采众长?(请学生回答)

(1)是什么(过程)

不同民族文化之间要相互交流、借鉴、融合。

(2)为什么

文化多样性是文化创新的重要基础。

过渡:既然交流、借鉴与融合这么重要,我们应该怎样借鉴、交流和融合呢?

取得成功(材料)

　　开发《喜羊羊与灰太狼》的上海文广传媒集团(SMG)总裁黎瑞刚在寻找这部片子的开发模式时曾到日本考察迪斯尼。到了以后才发现迪斯尼讲的都是日本的故事,人物穿的是日本的服装。大阪人说,用不了多少年,就可以把迪斯尼本土化了。他们把外来的东西变成了自己的东西,特别是在内容上以日本本土文化为主。

　　自主探究三:你觉得此行黎总裁会得到什么收获? 对我国文化的创新有何启示?

　　(3)怎么办

　　A. 必须以世界优秀文化为营养,充分吸收外国文化的有益成果。

　　B. 在学习和借鉴时,要以我为主、为我所用。

　　过渡:在学习和借鉴的过程中应该要注意什么呢?

　　C. 反对错误倾向:"封闭主义"、"民族虚无主义"(进行区分)。

　　学以致用:

　　佛教发源于印度,传到中国后与中国的传统文化互相影响、吸收,发展为中国的民族宗教之一,成为中国封建文化的重要组成部分,对中国古代社会历史,对哲学、文学、艺术等其他文化形态,都发生了深远的、多方面的影响。

　　请问:如何看待中国传统文化与佛教的融合? 这对我国传统文化的发展有什么重要意义?

　　解析:注意学生把所学知识和该材料进行分析结合,学以致用。

　　驻足回首:大家回忆一下我们学过了哪些内容?

　　通过前面小的总结:(板书)

　　1. 根本途径:立足社会实践

　　2. 基本途径一:继承传统、推陈出新

　　3. 基本途径二:面向世界、博采众长

　　过渡:因此,我们在文化创新中要怎么办呢?

　　学生回答,教师总结。

　　4. 坚持正确方向,克服错误倾向(板书)

　　(1)把握关系

　　传统文化(古)与当代文化(今)

　　民族文化(中)与外来文化(外)

　　(2)坚持创新

　　①立足于发展中国特色社会主义的实践。

　　②着眼于人民群众不断增长的精神文化需求。

③发扬中华民族优秀文化传统,汲取世界各民族文化的长处,在内容和形式上积极创新,努力铸造新辉煌。

课堂小结:

根本途径:
立足于社会实践
{
　　过程之一:继承传统,推陈出新
　　(反对两种错误倾向)

　　过程之二:
　　面向世界,博采众长
　　(反对两处错误倾向)
}
→ 坚持正确方向

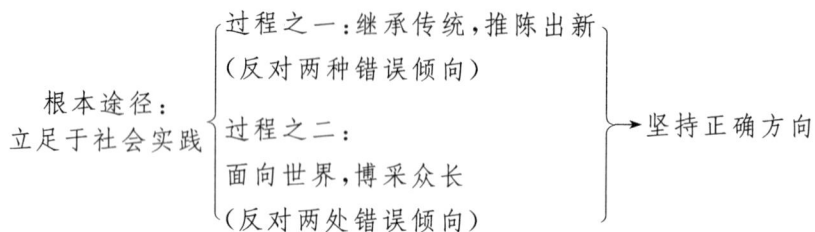

北仑中学　郭绍仪

第七课第二框：弘扬中华民族精神

一、课例选取依据

一是内容本身的重要性：民族精神是民族文化的精髓，通过学习了解中华民族精神的内涵及其重大作用，学生能够感悟中国共产党在不同历史时期领导全国各族人民对民族精神的丰富和发展，从而自觉成为民族精神的传播者、弘扬者和建设者。

二是基于当前青年群体民族精神现状的必要性：当今青年群体生长在和平环境里，普遍存在"太平无忧"感，对中华民族的优良传统、民族精神知之甚少，出现了新旧体制转型，信仰危机严重，外来文化入侵，民族精神缺乏，西方思想渗透，民族意识弱化等严峻问题，必须把弘扬和培育民族精神作为文化建设极为重要的任务，纳入国民教育全过程，纳入精神文明建设全过程，使全体人民始终保持昂扬向上的精神状态。

三是弘扬中华民族精神教学上的特殊性：本课教学既有理论的抽象，又有思想认识的困惑，既要求基本知识体系的构建，又要有情感、态度、价值观的提升，给教学带来很大的挑战。

二、基本内容和要求

1. 基本内容。教材分三目：第一目"薪火相传，越燃越旺"，通过探究活动一"在新世纪之初，你想怎样祝福祖国的未来？"阐明中华民族精神是随着时代和实践的不断发展而不断丰富和发展的。这也就是说，中华民族精神不是静止的，而是一个动态的发展过程。这既是对上文的总结，也有开启下文之意。之后又说明在新民主主义时期和新中国成立后在社会主义革命和建设中各种革命和建设精神，对中华民族精神的丰富和发展。通过探究活动三"你认为上述这些精神具有哪些共同的内涵？你能否结合当时的背景，就其中一种精神说明它的时代意义？"引出第二目"永远高擎中华民族的精神火炬"，阐述振奋民族精神，对于提高民族的综合素质，以民族精神巨大的感召力、凝聚力激发中华儿女开拓创新、奋发图强的意志和力量,为全面建设小康社会、开创中国特色社会主义事业新局面而奋斗等的重要意义。第三目"书写中华民族精神的新篇章",不仅强调丰富和发展民族精神,是我们面对的时代课题;而且要求人人都应该成为民族精神的传播者、弘扬者和建设者。

2. 基本要求。(1)课程标准:归纳以爱国主义为核心的中华民族精神的表现,理解立足于中国特色社会主义现代化建设的实践,弘扬民族精神的意义。(2)学科指导意见:基本要求:①知道中国共产党对中华民族精神的丰富和发展;②理解当前弘扬和培育中华民族精神的必要性;③懂得丰富和发展民族精神是我们必须面对的时代课题。发展要求:理解立足于中国特色社会主义现代化建设的实践,弘扬民族精神的意义。

三、常规课例解读

1. 教学案例

【教学目标】(略)

【教学重点、难点】

弘扬中华民族精神的必要性和意义。

【教学方法】

教师启发、引导,学生自主阅读、思考,讨论、交流学习成果。

【教学过程】

一、引入新课:通过上一节的学习,我们知道了中华民族精神的基本内涵,这一节我们进一步探究大力弘扬中华民族精神的必要性和意义。

二、进行新课教学:引导学生阅读教材,并体会中华民族精神的发展历程。进行探究活动一:在新世纪之初,你想怎样祝福祖国的未来?(教师:充分鼓励学生充满激情地阅读材料;结合材料,从民族的生命力、凝聚力和创造力等方面引导学生分析民族文化特别是民族精神在中华民族走过的五千多年岁月中所具有的支撑性作用,认识其在建设富强、民主、文明、和谐的社会主义现代化国家中所具有的重要作用;结合一两个范例,鼓励学生说出祝福祖国的心里话;关注学生经历探究活动—体验—表现的过程,增强学生在探究过程中提炼观点的能力;增强学生自我探究、自我分析和自我提高的能力。)

(一)薪火相传,越燃越旺

教师:请学生分别列举中华民族精神的丰富和发展,包括:体现在中国共产党领导全国各族人民奋斗的历程之中,体现在革命、建设和改革的各个时期。

学生:井冈山精神、长征精神、延安精神、红岩精神、西柏坡精神……

学生:雷锋精神、"两弹一星"精神、大庆精神、抗洪精神和载人航天精神……

教师小结:民族精神作为民族文化的结晶,其形成和发展是长期历史积淀的过程,也是随着时代变化而不断丰富的过程。然而,当今青年群体生长在和平环境里,普遍存在"太平无忧"感,对中华民族的优良传统、民族精神知之甚少,出现了新旧体制转型,信仰危机严重,外来文化入侵,民族精神缺乏,西方思想渗透,民族意识弱化等严峻问题。你觉得应如何来解决这些问题?

(二)弘扬中华民族精神的重要性

过渡:上面学习的这些精神,都是中华民族精神。为什么要弘扬中华民族精神?

学生:看课本,自己总结。

老师:必要性——弘扬和培育中华民族精神是文化建设极为重要的任务。

展示:反映国民素质的图片。

1. 弘扬和培育中华民族精神,是提高全民族综合素质的必然要求

(1)一个民族的发展不仅取决于经济科技发展水平,也取决于民族的综合素质。

(2)民族精神是民族综合素质的有机组成部分和集中体现。

(3)高昂奋进的民族精神能产生巨大的力量,发挥不可估量的作用。

展示:各国努力培育的民族精神……

2. 弘扬和培育中华民族精神,是不断提高我国国际竞争力的要求

(1)文化在综合国力竞争中的地位和作用越来越突出,民族精神作为民族文化的精华,是衡量一个国家综合国力强弱的重要尺度。

(2)民族精神作为中华文化的精髓,具有凝聚和动员民族力量、展示民族形象的重要功能。

3. 弘扬和培育中华民族精神,是坚持社会主义道路的需要

通过弘扬和培育民族精神来坚定人们的社会主义信念,抵制外来腐朽思想文化的影响,防止西方敌对势力以各种手段和方式对我国实施的西化、分化的政治战略。

老师:重要性——大力弘扬和培育民族精神,是铸造中华民族精神的精神支柱,为中华民族的生存和发展强基固本。

(三)书写中华民族精神的新篇章

通过钱学森之问来思考:如何弘扬和培育中华民族精神?

　　1. 立足于发展中国特色社会主义的伟大实践,丰富和发展民族精神,是我们必须面对的时代课题

　　2. 青少年积极成为民族精神的传播者、弘扬者和建设者

　　三、课堂小结:本节内容主要讲述了弘扬中华民族精神的有关知识,知道了中华民族精神的形成和发展是长期历史积淀的过程,是提高全民族综合素质,增强我国国际竞争力的要求,是坚持社会主义道路的需要,以及弘扬和培育中华民族精神等问题。

　　弘扬中华民族精神(板书设计)

　　1. 薪火相传,越燃越旺

　　(1)民族精神随着时代的发展而不断丰富

　　(2)中国共产党在新民主主义革命时期对民族精神的丰富和发展

　　(3)中国共产党在社会主义革命和建设时期对民族精神的丰富和发展

　　2. 永远高擎中华民族的精神火炬

　　弘扬和培育民族精神是文化建设极为重要的任务

　　(1)弘扬和培育中华民族精神,是提高全民族综合素质的必然要求

　　(2)弘扬和培育中华民族精神,是不断增强我国国际竞争力的要求

　　(3)弘扬和培育中华民族精神,是坚持社会主义道路的需要

　　3. 书写中华民族精神的新篇章

　　(1)丰富和发展民族精神,是我们面对的时代课题

　　(2)人人都应该成为民族精神的传播者、弘扬者和建设者

　　2. 课例点评

　　(1)教学目标上,重视了知识目标的落实,并通过学生列举不同时期的民族精神,使学生体会民族精神在中华民族走过的五千多年岁月中所具有的支撑性作用。但是由于侧重正面教育,难以激发学生对民族精神的深层次思考,情感目标达成不够。

　　(2)教学内容上,依据教材作者进行了突出重点、突破难点的工作,并且对教材进行了处理,将"综合探究"中"铸牢中华民族精神的支柱"也提到这一节课进行教学。但是由于对学情的关注度不够,没有真正切入学生所关注的问题,影响了教学的实效性。

　　(3)教学方式上,尽管教师设计了不少"探究性"的问题,但由于本框侧重于情感目标的提升,因此缺乏真正的"探究与思考",有些"探究"只是表而不实。

(4)教学过程中,教师极力想贯彻新课程的理念,但是问题的设计,预设有余,生成不足,未能真正发挥学生的主体作用。

总之,这是一堂比较典型的常规课例,还是按部就班地完成教学目标,未能充分考虑本框内容的独特性,未能很好地体现新课程从学生的生活经验出发,根据学生的思想实际来进行教学,也就难以真正触及学生的心灵。

四、创新课例研制

【教学目标】

根据课程标准对本节的要求以及教材内容的特点,同时为了体现新课标对知识目标,能力目标,情感、态度、价值观目标三位一体的要求,确定了本节课的教学目标如下:

知识目标:通过学习,使学生明确中华民族精神的内涵,了解民族精神对于我们民族生存和发展的重大作用。明确每一个中华儿女都有责任、有义务弘扬和培育民族精神。

能力目标:能够从古典史籍、历史史实和现实生活中,体会中华民族精神的深刻内涵及其伟大作用。体会中国共产党对民族精神的弘扬和培育;在新的时代条件下,我们用自己的实际行动弘扬和培育民族精神的能力。

情感、态度、价值观目标:体验中华民族精神对中华民族生存与发展所具有的重大作用,以实际行动弘扬和培育民族精神。

【教学重点、难点】

重点:中华民族精神的重大作用是本节课的教学重点,这是由它在本节课的地位决定的。只有深刻理解民族精神在我们民族生存和发展的过程中所起的支撑性作用,才能体会到中华民族精神对现代化建设中的国家的重大现实意义,才能激励青年一代肩负使命,传承民族精神,其历史和现实意义决定其成为本节课的重点内容。

难点:同时,由于"民族精神的作用"这一问题的理论性强,距离学生现有的知识水平与现实生活水平较远,使其又成为本节课的难点内容。

为了突出重点、突破难点,将在指导学生收集资料基础上采用研究式学习方法。

【教学媒体的选择和使用】

为了体现教学内容与呈现方式的多样化,采用现代教学媒体辅助教学。利用多媒体为学生提供丰富的教学资源,创设教学情境,促进现代信息技术与学科知识的整合。

【教学过程】

导课材料：

2010 年 10 月 1 日 18 时 59 分 57 秒 345 毫秒,嫦娥 2 号点火,19 时整成功发射。在飞行后的 29 分 53 秒时,星箭分离,卫星进入轨道。19 时 56 分太阳能帆板成功展开。目前已飞入指定轨道。新一代航天人在攀登科技高峰的伟大征程中,以特有的崇高境界、顽强意志和杰出智慧,不仅创造了载人航天精神,又一次铸就了探月精神……

1. 接棒"精神"火炬

活动 1——忆古思今:新时代的航天人铸就"探月精神",你有何感想?

(提示:这是个开放性命题,不管学生生成如何,都要就"探月精神"进行交流,充分探讨。)

预设(学生甲):古代名言:"富贵不能淫,贫贱不能移,威武不能屈"(孟子),"三军可夺帅也,匹夫不可夺志也"(孔子),修身、齐家、治国、平天下(《大学》),"先天下之忧而忧"(范仲淹),"天下兴亡,匹夫有责"(顾炎武)。早在春秋战国时期中华民族精神的价值取向就已基本形成。在以后的各个历史时期,不断地充实和发展。

预设(学生乙):近百年来,中国共产党在奋斗过程中,不断丰富和发展中华民族精神,主要体现在两个时期:新民主主义革命时期、社会主义革命和建设时期,体现为:井冈山精神、长征精神、延安精神、红岩精神等。

预设(学生丙):新中国成立后,在社会主义革命和建设中,特别是在改革开放新时期,中国共产党继续弘扬中华民族精神,不断为中华民族精神增添新的时代内容。这一时期形成了两弹一星精神、大庆精神、抗洪精神和载人航天精神等。

(设计意图:就新时代的航天人铸就"探月精神"使学生知道,民族精神作为民族文化的结晶,其形成和发展是长期历史积淀的过程,也是随着时代变化而不断丰富的过程。从而得出:薪火相传,越燃越旺。)

2. 牢铸"精神"支柱

活动 2——辩论会:探月就是为追求经济利益

预设(学生甲):"探月"所带动的航天经济有着普遍的现实意义。据了解,此次"探月"成本大概 15 亿元左右,应该说,这样的成本中国还是可以承受的。探月的经济效用——以航天技术开发带动民用高科技产业的振兴,为国家产业调整和升级开路。在国际上,据估算,航天产业的直接投入产出比约为1∶2,而相关产业的辐射则可达到 1∶8 至 1∶14。也就是说,投入 15 亿元,就可以直接获得30亿元的收益。

预设(学生乙):开发和利用空间的能力与成果,成为衡量一个国家综合国力和文明程度的重要指标。嫦娥二号卫星即将发射的消息传出后,引起全社会的高度关注,而随着工程的进展,必将进一步增强民族的凝聚力和自豪感。

预设(学生丙):嫦娥二号的成功发射对于坚定人们的社会主义信念有重要作用,可以抵制外来腐朽思想文化的影响,防止西方敌对势力以各种手段和方式对我国实施的西化、分化的政治战略。

(设计意图:关于探月工程的重要意义,青少年学生不能透彻理解,尤其是她所带来的精神力量、科技力量和国防安全力量不容忽视。在辩论中真正懂得民族精神"火炬"不容动摇,真正理解弘扬和培育中华民族精神的3个意义。)

3.书写"精神"篇章

活动3——国旗下讲话:发扬探月精神　做时代人才

请同学写一份国旗下讲话稿,谈一谈如何在当代发扬航天人的探月精神,书写中华民族精神的新篇章,并在班级里进行展示。

(设计意图:撰写讲话稿主要是让学生明确,对于弘扬和培育民族精神应该做什么,怎样去做,在撰写中加以体会和升华情感。)

[课堂小结]

弘扬中华民族精神
- 1.接棒"精神"火炬:活动1——忆古思今:新时代的航天人铸就"探月精神",你有何感想?
- 2.牢铸"精神"支柱:活动2——辩论会:探月就是为追求经济利益
- 3.书写"精神"篇章:活动3——国旗下讲话:发扬探月精神做时代人才

五、研制意图

1.教学指导思想与整体设计思路

指导思想:"弘扬中华民族精神"属于知识课型,又能渗透责任感和国情教育。据此,本课教学设计遵循新课程中"坚持以学生发展为本,转变教师的教学方式和学生的学习方式"的教学理念。

整体思路:根据"以学生发展为本"的指导思想和本课的特点,本课采用"自主学习"的教学模式。因为教学要以社会现实和学生的生活为认识基础,所以本课就以"嫦娥二号"的发射,新时期的航天人铸就"探月精神"为导课材料,通过接棒"精神"火炬、牢铸"精神"支柱、书写"精神"篇章这一线索,贯穿三个探究活动,通过感性材料的体验和历史典故、名言警句的收集归纳,体验中华民族精神的内涵及其伟大作用,使学生认识到当今时代弘扬和培养民族精神的重要意义,从而以实际行动传承民族精神。

2. 教学内容与学情分析

教学内容:"弘扬和培养民族精神"选自人民教育出版社高中思想政治必修模块《文化生活》第三单元第七课。本节课通过学习了解中华民族精神的内涵及其重大作用,感悟中国共产党在不同历史时期领导全国各族人民对民族精神的丰富和发展,从而自觉成为民族精神的传播者、弘扬者和建设者。由于民族精神是民族文化的精髓,本框成为第七课的重点内容。

教学对象:从知识基础来讲,学生通过其他学科的学习已经掌握了一些历史典故、历史事件和名言警句,有利于本框的教学。从思想方面来说,学生面对的文化,有历史的和现实的、外来的和本土的,各种文化相激荡,一些中学生对中国文化、传统美德、中华民族精神的认同感有所减弱,而对西方的生活方式、价值观念盲目认同。如果不能有意识地引导学生了解民族精神的伟大作用,就会导致一些学生盲目迷信外国文化,弘扬和培育民族精神也就成了一句空话,因此,本课例的编制在导课材料的选择上就注意关注学生的实际,从其视觉上、听觉上给予冲击,"嫦娥二号"的鼓舞作用可以让学生真正体会民族精神的"火炬"作用,从而真正促使其成为民族精神的推动者、实践者。

奉化中学　俞　侃

第九课第一框:坚持先进文化的前进方向

一、课例选取依据

一是内容本身的重要性。文化的前进方向对文化建设有重大的影响,这是文化发展的方向问题,对中国特色的文化建设起着重要的引领作用。二是基于现状的必要性。在改革开放和发展社会主义市场经济的过程中,存在着多元价值观,在指导思想上要不要统一,如何理解社会上的各种现象,已成为非常必要的内容。三是先进文化建设内容的特殊性。既有理论上的难度,更有思想认识上的困惑,给教学带来很大的挑战。四是学生对马克思主义在实际上存在情感上的不太认同,教学会有一定难度。

二、基本内容和要求

1. 基本内容。教材分三目:第一目"肩负发展先进文化的使命",从探究"全盘西化"论与"文化复古主义"两种观点开始,引出两者都不能产生先进文化。再引出先进文化的求索,讲述马克思主义的传入,以及中共在马克思主义指导之下的先进文化。在当代发展先进文化的含义、要求及重要性。第二目"建设社会主义核心价值体系",强调了其基本内容,建设社会主义核心价值体系的重要性和基本要求,并讲述了推动社会主义文化大发展大繁荣的措施。第三目"高举旗帜,科学发展",阐明了方向就是旗帜,中共的方向是中国特色社会主义,最根本的就是中国特色社会主义理论体系,并通过小字部分介绍了中国特色社会主义力量强大的原因,最后讲明了在新世纪新阶段我们要怎么做。

2. 基本要求。(1)课程标准:列举当前我国社会主义精神文明建设的事例,说明必须坚持马克思主义的指导地位,用"三个代表"重要思想统领社会主义文化建设;理解发展先进文化,就是发展"面向现代化、面向世界、面向未来"的、民族的、科学的、大众的社会主义文化。(2)学科指导意见:①理解当代中国发展先进文化的基本内涵;②把握社会主义核心价值体系;③明确我国文化建设必须高举旗帜、科学发展;④(发展要求)从理论和实践两个方面理解建设社会主义核心价值体系的重大意义。

三、常规课例解读

常规教学中基本上是这样来展开的:

导入:基本上采用的是直导法或者是通过复习旧知识引出新知识两种。

讲授新课:1.从两种观点开始展开,让学生讨论怎样看待这两种观点,即"全盘西化"和"文化复古主义"。得出两种观点都有偏颇,然后得出中华文化的发展既要"取其精华,去其糟粕,又要洋为中用,古为今用,推陈出新,革故鼎新",得出我们也要学习西方文化。

2.对西方文化的学习过程。也即对先进文化的求索过程。从林则徐、魏源开始,到太平天国、洋务运动、维新变法、辛亥革命到十月革命。最早在中国宣传马克思主义的是李大钊、陈独秀、毛泽东等,最后找到了马克思主义。

3.学习和理解先进文化的含义。主要是通过学生看书本得来,然后老师对其内容作一定解释。同时对于先进文化的重要性也作了说明。

4.学习和理解社会主义核心价值体系时,主要从是什么、为什么、怎么办三角度来分析。主要是学生从书中找出来,再由老师来分析。

5.对中国特色社会主义理论知识的学习,主要也是以老师自己讲为主。

最后由老师进行归纳小结。

四、创新课例研制

【教学目标】

1.知识目标

(1)明确在近代中国,奉行"全盘西化"论或"文化复古主义"都不能产生中国先进文化;马克思主义传入中国,是中华文化由衰微走向重振的重要转折点。(2)知道中国共产党自成立以来,就以马克思主义为指导思想,始终代表中国先进文化的前进方向。(3)明确当代中国先进文化的前进方向以及引领我国文化前进方向的旗帜。(4)了解社会主义核心价值体系。

2.能力目标

(1)自觉坚持当代中国先进文化的前进方向。(2)能够正确辨别科学与非科学现象,自觉树立科学精神,努力学科学、讲科学、用科学。

3.情感、态度、价值观目标

增强对中国共产党的热爱之情,坚定对马克思主义的信仰,增强民族振兴的使命感,树立民族自信心和自豪感。

【教学重点、难点】

重点:当代中国先进文化的基本内涵,社会主义核心价值体系的基本内涵。

难点:学生对马克思主义是先进文化的认同感。

【教学方式和手段】

教学方式:以小组讨论为主。提出问题,引导、启发学生思考、讨论,在此基础上教师进行总结归纳,使讨论与讲授相结合,主体与主导相结合。

手段:运用多媒体课件。

【教学过程】

1. 导入:

我们学校是一个崭新的学校,现在我有一个想法,想在我们学校设一个文化长廊,假设由我们来设置,你又会怎样布置?(让学生略作思考,然后请两位同学来谈谈他们的设想。)学生一般都会答出要放一些健康有益的先进的文化。并进而追问为什么。学生会答出不同的文化会有不同的反作用等知识来,健康有益的文化有利于社会的发展,引到今天的课题:坚持先进文化的前进方向。从哲学的角度来看是不同的意识会产生不同的作用,我们要树立正确的意识,正确的社会意识有利于人们更好地开展实践活动,促进客观事物的发展。也可以从社会存在与社会意识、价值观的相关知识来说。

2. 讲授新课:

师:那何谓先进文化?(这是本框的主要症结所在,只要解决了这个问题,其他的问题就会迎刃而解。)

小组合作讨论。(学生可能会想到的有:①先进的文化必然是服务人民的,因为我国是社会主义国家,文化也要体现人民的要求。②先进文化必然有一种向上的引导作用。是能起到促进作用的,而不是起阻碍作用的。③是中国共产党的指导思想,因为中国共产党代表着先进文化的前进方向。④是不是先进文化要与本国的国情、民族特点相结合,必须是适合国情的,等等。)

师归纳:所谓先进文化,就是符合人类社会发展方向,体现社会生产力发展要求,代表社会成员最根本利益,反映时代发展潮流的文化。既然是先进文化,我们也可以从哲学上的新事物的概念来理解之,新事物是符合客观规律,有强大生命力和远大前途的事物。先进文化也具有此共性,这是对先进文化的一般理解,体现了矛盾的普遍性。那么在当今世界上什么文化是先进文化呢?中国的先进文化又是什么呢?

学生思考,并回答:(学生一般会答出马克思主义,中国的则可能会答出中国特色社会主义理论、"三个代表"重要思想、科学发展观等。)

师:先进文化在不同时期是不同的,在不同国家也会有所不同,请大家结合中国的实际,想一想中国的先进文化又是什么? 这说明矛盾又具有特殊性。中华文化曾有过辉煌的历史,但近代当西方国家取得日新月异的进步的时候,中国却走向衰落,为了再创中华文化的辉煌,几代中国人不断求索。这说明了一切事物都是变化发展的,中华文化也会有一个变化发展的过程。

为了再创中华文化的辉煌,我们的历史告诉了我们什么? 我们选择了什么文化? 是全盘西化,还是文化复古主义?

学生思考,并回答。

师:这两种观点都犯了形而上学的错误,都是片面的。为此我们要辩证地看待传统文化与外来文化,发展先进文化必须批判地吸收和继承一切有益的外来文化和传统文化。

中华文化在求索的过程中,吸收的外来文化主要是什么? 是马克思主义。马克思主义主要由三大部分所构成,即马克思主义政治经济学、马克思主义哲学和科学社会主义三大部分。而这些内容也正是我们正在学习的或将要学习的,政治生活有一部分知识就来自于这里,经济生活中市场经济的知识也是来自于这里,此外我们刚学的哲学也主要来自于这里,作为未来社会主义事业的接班人在学的知识当然是先进的。马克思主义传入中国,是中华文化由衰微走向重振的重要转折点。马克思主义也要与中国的实际相结合,为此在不同时期也有不同的内涵,在新民主主义革命过程中的新民主主义文化与当代中国的先进文化是不同的,体现了矛盾的普遍性与特殊性的具体的历史的统一。

之前大家所讨论的先进文化主要是指当代中国的先进文化,我们来参照一下课本:以马克思主义为指导,以培育有理想、有道德、有文化、有纪律的公民为目标,发展面向现代化、面向世界、面向未来的,民族的,科学的,大众的社会主义文化。在讨论中我们基本上都有涉及,与国情和民族特点相结合的,是服务人民的,是科学的,以培育"四有"公民为目标。在这里老师要提一下的是,对先进文化即中国特色社会主义文化我们可以从四个基本方面去理解:一是坚持以马克思主义为指导确立了先进文化建设的指导思想;二是培育"四有"新人,明确了先进文化建设的根本方向;三是坚持"三个面向",提供了文化建设的时代要求;四是强调科学的、民族的、大众的社会主义文化,揭示了中国先进文化建设的本质属性和核心内容。

现在我们可能有疑惑的就是为什么要以马克思主义为指导呢? 也即是说

为什么马克思主义是先进的文化? 在讨论这个问题之前,我们先要说明一下的是,中国这个有五千年历史的国家,在古代我们一直处在世界的前列,所以代表世界的各种先进文化也主要在我们中国。比如我们非常骄傲的唐朝,长安城就成了各种文明交汇的地方,我们的四大发明等。但近两三百年来中国却衰退了,所以文化也在世界上落后了,这就要求我们的有识之士开始思考,开始求索。我请历史课代表来讲一讲这一段历史。在文化的求索过程中,中国人是如何找到了马克思主义的?

学生发言,教师引导。讲述近代相关历史(也可播放《历史选择》的片段)。

师问:为什么马克思主义是先进文化? 也即我们为什么要坚持马克思主义? 请小组内进行探讨,并写下来,到时发言。①学生可能会从历史角度来分析,中国文化曾一度走在世界的前列,但封建专制制度的日趋没落和西方工业文明的冲击,导致中国文化在近代出现了衰微。中国就开始了文化的求索,这个过程也是不断学习西方的过程,最后找到了马克思主义。中共也正是在马克思主义的指导之下取得革命事业的胜利。因为先进的文化能够使人们的实践取得成功,对社会实践起着积极的指导作用。②学生可能会举例,中共的指导思想,如"三个代表",代表先进生产力的发展要求,代表先进文化的前进方向,代表最广大人民的根本利益。由此也可以看出马克思主义的先进性。③学生也可能会从当前我们国家的发展状况来说明,中国的建设取得的成功也正体现了这个指导思想的先进性等。

教师在学生回答的基础上,进行归纳提升。从以下三方面作进一步说明:

(1)回忆中国的近现代史。从历史事实上可以看出只有马克思主义才能解放中国,才能救中国。就文化而言,中国的文化一度走在世界的前列,但是明清以后开始衰落,文化的落后在经济政治上也表现为落后,落后就要挨打。所以西方列强很轻易地就打开了我们的国门。面对这个现状,中国人不甘落后,于是志士仁人们开始了对中国文化的探索,从睁眼看世界的第一人林则徐、魏源等人,到太平天国,再到洋务运动、维新运动,到辛亥革命,最后在中共的领导下取得了革命的胜利。马克思主义的传入是中华文化由衰微走向重振的重要转折点,于是自然而然中国共产党的指导思想也成了我国的指导思想。

(2)新中国成立以来,特别是改革开放以来,在中国共产党的领导下中国取得了辉煌成绩,说明我们要坚持党的领导,也要坚持党的思想领导。中共代表先进文化的前进方向。学生可能会提出新的问题,中共的领导并不全都是好的,如现在出现的黄、赌、毒等泛滥的现象,又如何解释?(这也是学生的一个很难理解的地方所在,学生现在一般只会形成简单的肯定和否定,不会从辩证的角度和发展的观点来看问题。)改革开放三十多年来,我们要看到在中国共产党的领导下中国取得的巨大成绩,这是主要方面,当然也存在着一些问题,但问题是次要方面。我们国家也在努力解决这些问题,为此我们要辩证地看问题。而且这也正说明了马克思主义是要不断发展和完善的,我们要不断发展理论以适应变化发展的实际。当代中国的马克思主义是什么?马克思主义在中国发展有着不同的阶段,也体现了马克思主义是必须与中国国情相结合的,在此基础上产生的文化能够更好地指导我们中国的实践。

(3)当前社会中也存在着各种丑恶现象,如个人主义、拜金主义等观念的存在,这也说明我国的文化有问题,那是不是可以用另外的文化?是不是可以用我们传统的儒学?现在西方也在学习我们的文化,如孔子学院如雨后春笋般成立,不正说明我们的儒学很好吗?那是不是可以用资本主义文化如美国的文化?(学生探讨)

儒学对中国文化的影响很深,但我们也要看到儒家思想的消极方面。文化按性质来分主要有两大性质的文化,一个是社会主义性质的文化,一个是资本主义性质的文化。西方文化是资本主义性质的文化。我们以美国为例来看看。美国是当今世界上的唯一超级大国,这个国家一定有好的东西,我们是不是可以全部拿来?看看美国的发家史,这是我们所可以学的吗?再看看现在强大的美国,它又在做些什么?难道也让我们走这样的路吗?你们还有什么其他文化?(学生一般答不上来了,这也恰恰说明了没有更先进的文化了。)为今之计,我们要不断把马克思主义与中国的文化相结合,包括吸收儒学上的精华,同时又不断地学习西方的先进文化,做到批判吸收,"取其精华,去其糟粕"。

从以上三方面,我们基本能接受马克思主义的先进性,在懂得马克思主义的先进性之后,下面的知识对我们来说就不是问题了。

在知道当代中国发展的先进文化是什么之后,我们要区别两个概念,即"先进文化"与"先进文化的前进方向"。我们这一框的标题是"坚持先进文化的前进方向",而刚才我们所说的是先进文化,两者有着一定的区别。假如我们把"先进文化"比喻成"船"的话,那么"先进文化的前进方向"则是"舵",发展"先进文化"必须牢牢把握"先进文化的前进方向"。坚持"先进文化的前进方向",关键在于坚持马克思主义在思想领域的指导地位。接下来我们再来学习的是"为什么要坚持先进文化的前进方向"与"如何坚持先进文化的前进方向"。请大家试着来说一说。

师:坚持先进文化的前进方向,是推动社会主义文化大发展、大繁荣的根本要求和根本保证。这是原因,也是其意义所在。

师：对于怎么办，涉及"建设社会主义核心价值体系"和"高举旗帜，科学发展"两个方面。价值观念是文化的核心，主导价值观构成一个国家或社会文化发展的精神实质和显著标志。（播放视频：社会主义核心价值体系建设意义深刻。）

社会主义核心价值体系建设有着重要的意义，那社会主义核心价值体系的基本内容是什么，又该如何来建设呢？请大家看书思考，然后我请学生来回答。

学生回答：核心价值体系的基本内容包括四方面即马克思主义指导思想，坚定中国特色社会主义共同理想，以爱国主义为核心的民族精神和以改革创新为核心的时代精神，社会主义荣辱观。中国共产党引领先进文化前进方向的旗帜就是中国特色社会主义，最根本的是坚持中国特色社会主义理论体系。

师：从这里我们也可以进一步看出中国的核心价值体系既有国外的先进文化，也有中国文化，是吸收、借鉴、继承与发展的结果。对于怎样建设，主要用到了几个动词"巩固地位、武装教育；凝聚力量；鼓舞斗志；引领风尚"。

师：在当前多元价值观并存的条件下，在指导思想上坚持一元化是不是矛盾的？

学生回答：不矛盾。如果在指导思想上也搞多元化的话，会给我们整个国家带来灾难，不利于我国的发展。即使是西方，在指导思想上也是抓得很紧的，它们从来就不允许马克思主义在指导思想中居于指导地位。作为社会主义国家必须在指导思想上坚持马克思主义。

师：对，当前人民精神文化需求日趋旺盛，人们思想活动的独立性、选择性、多变性、差异性增强。一方面，我们尊重差异、包容多样，但是，对于其发展方向我们不能放任，必须坚持马克思主义的指导地位，用社会主义核心价值体系引领社会思潮，抵制各种错误和腐朽思想的影响，不断增强社会主义意识形态的吸引力和凝聚力。指导思想一元化与文化发展多样化辩证统一，社会存在决定社会意识，随着我国市场经济的发展，经济形式、分配方式等的多样性，在意识形态上也表现为多样化。一个社会的意识形态分为主流意识形态和支流意识形态。任何国家、任何社会，其主流意识形态都是一元的。我国也不例外。

师：要坚持先进文化的前进方向，必须建设社会主义核心价值体系，同时必须高举旗帜，确保社会主义方向。这个旗帜就是中国特色社会主义旗帜，因为我国正在建设中国特色社会主义国家，它包括中国特色社会主义政治建设、中国特色社会主义经济建设、中国特色社会主义文化建设和中国特色社会主义社会建设。在文化建设中则必须坚持中国特色社会主义理论体系，实际上是马克思主义与中国实际相结合的产物,为此要坚持马克思主义,也必须坚持中国特色社会主义理论体系,两者在本质上是一致的。中国特色社会主义理论体系包括哪些思想?有没有毛泽东思想?为什么?

生:中国特色社会主义理论体系是包括邓小平理论、"三个代表"重要思想以及科学发展观等重大战略思想在内的科学理论体系。不包括毛泽东思想,因为毛泽东思想主要是有关中国革命问题的,所以不包括。

师:对。马克思主义不是一成不变的,它也是与时俱进的,中国的马克思主义是与中国的实际相结合,并且是在不断地发展和完善的。中国特色社会主义也是不断发展的,这进一步说明了一切事物都是变化发展的。下面我请同学们思考我们今天学了什么?让你觉得最大的收获是什么?

生:使我们懂得马克思主义是先进的文化,我们要把它作为指导思想并不断地发展和丰富它。

师:很好,最后让我们高举中国特色社会主义伟大旗帜,建设社会主义核心价值体系,共同推动社会主义文化建设的大发展、大繁荣,共创中华民族的新辉煌。

3. 布置作业:

请大家根据自己的设想,设计一份主题为"坚持先进文化的前进方向"的手抄报,到时我们把一些好的想法与大家共享。

4. 板书设计:

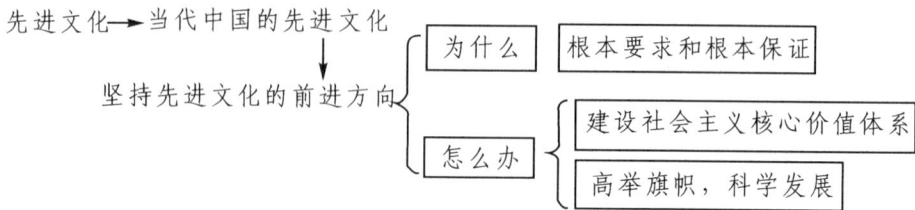

五、研制意图

本框主要解决的是学生的困惑问题,学生在这一框的学习中最大的问题是在对马克思主义的理解上,学生如果能够认同马克思主义是先进文化的话,那也就顺理成章地接受了马克思主义在意识形态领域的指导地位。所以本框笔者以为最主要要解决的是学生在这个方面上的认同,对于知识点的理解倒不是很难,而在于态度上。否则我们一堂课上下来的效果也是不理想的,学生还是不会真正认同这一观点。

1. 对于学生思想上不认同的知识的教学,可采取了如下三个步骤进行。

(1)要让历史事实来说话。教师不可从理论到理论。本框内容就是用事实来说话的,先用历史事实来说明,从明清以来中国文化出现了衰弱,中华文化要振兴,从林则徐等人开始,到洋务运动,再到辛亥革命,再到中国共产党领导中国人民取得革命的胜利的事实说明,是马克思主义取得了胜利。

(2)要让现实来说话。从中国共产党领导中国人民在新中国的建设中取得的成绩来看。特别是改革开放三十多年来,每年的平均 GDP 涨幅达到了10％左右,这是中共领导下取得的成绩之一,人民生活水平有了长足的提高,这也说明了在当代仍要坚持中共的领导,包括在意识形态方面的领导。当代社会中也出现了一些不尽如人意的地方,那又如何解释? 任何事物的发展都有一个不断发展和完善的过程,马克思主义也一样,它是一个发展的理论。

(3)通过反证法来说明。如果马克思主义不是先进的文化,那么用什么文化来指导呢? 用西方文化? 学生一般也答不出什么文化来,如果有,可以让学生思考,用这种文化来指导又会产生什么样的后果? 比如西方文化是建立在生产资料私有制基础之上的,会产生财富的不断集中,导致利己主义的盛行。这可能会带来更糟糕的后果。

2. 在教学过程中试着从哲学维度来理解文化生活的内容,本人以为知识之间本就是相互融通的,如果能够用其他的知识来帮助理解新的知识同时又起到复习的效果又何乐而不为呢! 为此我也希望我们学生学的知识能够融会贯通,真正理解。

对于课本其他知识的讲解有点淡化,想摆脱过分说教的形式,给学生以自己的思考,教师也主要是从学生的困惑处着手来解决问题,而不是面面俱到。同时对教学内容作了一定的调整和取舍,尽量做到从学生的实际出发。

六、教后反思

本课教学过程中,总存在事实依据选择的困难,上课时学生对中国的历史如果不是很懂,理解起来会有一定难度,哲学学得较好的同学如果结合哲学来理解可以起到知识的相互贯通的作用,否则也有可能更不好理解,为此这样来上课得有一定的学生基础,但对老师来说至少也起到了拓宽思路的作用,望能有抛砖引玉之效。

宁海县正学中学　　陈文燕

第十课第一框：加强思想道德建设

一、课例选取依据

一是内容本身的重要性，思想道德建设规定着文化建设的性质和方向，是文化建设的灵魂和中心环节。二是基于现状的必要性，在改革开放和发展社会主义市场经济的过程中，人们思想活动的独立性、选择性、多变性、差异性明显增加，道德现状和道德建设已成为一个突显的问题。三是思想道德建设内容的特殊性，既有理论上的难度，又有思想认识上的困惑；既有基本道德要求，又有体系的构建，给教学带来很大的挑战。

二、基本内容和要求

1. 基本内容。教材分三目：第一目"我心中的道德典范"，从探究方志敏、雷锋、牛玉儒三个不同时期的道德典范的共同点和中华传统格言中，引出中华传统美德和党的优良传统是我们加强思想道德建设的宝贵资源，同时说明需要不断丰富和发展。第二目"紧紧抓住中心环节"，主要强调思想道德建设的地位、重要性和主要内容。第三目"树立社会主义荣辱观"在说明树立社会主义荣辱观必要性、重要性和介绍"八荣八耻"基本内容后，进一步阐述了社会主义荣辱观和社会主义思想道德体系、公民基本道德规范之间的关系。

2. 基本要求。(1)课程标准：引述爱国守法、明礼诚信、团结友善、勤俭自强、敬业奉献的公民道德规范，说明加强社会主义思想道德建设是发展先进文化的重要内容。(2)学科教学指导意见：①了解道德典范与时代发展的关系；②知道思想道德建设的地位、作用和主要内容；③以"八荣八耻"为主线，理解社会主义思想道德建设的目标；④(发展要求)能对中华民族的道德传统进行分析，学习、继承和发扬传统美德，加深理解思想道德建设的重要性。

三、常规课例解读

1. 教学课例(选自教学参考资料,有删节)

【教学目标】(略)

【教学重点、难点】

重点:思想道德建设是社会主义文化建设的中心环节;社会主义思想道德建设的基本要求。

难点:如何树立社会主义荣辱观。

【教学方式和手段】

教学方式:主要采用学生自主学习、师生对话、分组讨论、合作探究等方式进行教学。

教学手段:运用多媒体课件。

【教学过程】

1. 我心目中的道德典范

(投影展示:文字、图片及相关视频。)

材料一:方志敏生平事迹(略)

材料二:雷锋的生平事迹(略)

材料三:牛玉儒的生平事迹(略)

让学生阅读教材提供的三位英雄模范人物的资料,并回答:

作为不同时期的道德典范,他们有什么共同特点?

(学生回答后,教师可归纳)这些英雄模范和道德典范的共同特点就是,反映了时代精神和民族精神,继承和弘扬了中华民族传统美德。

(提问)社会主义精神文明建设的中心环节是什么呢?

2. 紧紧抓住中心环节

(先阅读教材,按座位就近分成 3～4 人的小组,开展讨论。)

通过师生对话,解决"是什么"、"为什么"。

师:那么,社会主义思想道德建设有哪些基本要求呢?

(让学生回到教材,并说出具体内容。)

3. 树立社会主义荣辱观

通过回顾"知荣明耻"的格言以及它的深远影响,来说明优秀传统文化是一种永恒的精神力量。

列举学校和社会生活中一些"以荣为耻、以耻为荣"的现象,探讨其危害性。

通过师生共同探讨,引导学生明确:在我们社会主义社会,是非、善恶、美丑的界限绝对不能混淆,坚持什么、反对什么,倡导什么、抵制什么,都必须旗帜鲜明;社会主义荣辱观是社会主义思想道德的集中体现,是社会主义核心价值体系的基础。

组织学生探究第107页的探究活动,说明市场经济对于人们思想道德观念的影响既有积极的一面,也有消极的一面。这就要求社会主义思想道德体系建设既要吸取市场经济条件下有利的思想道德因素,又要克服其消极因素。

引导学生看教材相关链接,探讨建设社会主义思想道德体系的基本要求和社会主义荣辱观的主要内容。

教师小结:《公民道德建设实施纲要》提出的二十字基本道德规范,贯穿了爱祖国、爱人民、爱劳动、爱科学、爱社会主义的基本要求,涵盖了社会公德、家庭美德、职业道德和个人品德等各个方面,体现了我国传统美德、优良革命传统与时代精神的有机统一。以"八荣八耻"为主要内容的社会主义荣辱观,充分体现了公民基本道德规范,既有先进性的导向,也有广泛性的要求。以"八荣八耻"为主要内容的社会主义荣辱观全面、通俗地表达了社会主义思想道德体系的要求和特征,为在社会主义市场经济条件下,全体社会成员作出道德选择、判断行为得失,提供了最基本的价值取向和行为准则。

【课堂小结】

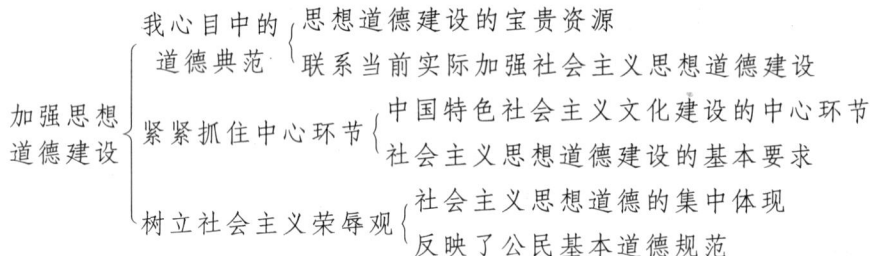

2. 课例点评

(1)教学目标上,重视了知识目标的落实,并通过传统格言解读、现实中的荣耻事例等培养学生辨别是非荣耻的能力,但由于侧重正面教育,缺乏必要的矛盾冲突,难以激发学生的道德体验和对当前道德建设的深层次思考,情感目标的达成不够理想。

(2)教学内容上,既依据教材又对教材作了一定的处理,重点定位比较准确,难点突破上作了很大的努力。但由于对学情关注不够,对思想道德教育的特殊性未能很好认识,没有真正切入学生所关注的问题,影响了教学的实效性。

（3）教学方式上,运用了多种方式和手段,比较好地解决了想要解决的问题,达到了方式和内容的统一。但由于涉及的知识较多,留给学生的思考不够,有些方式只具有象征意义。

（4）教学过程中,语言简洁,条理清晰,转换自然。但问题的设计都是为内容服务,预设明显,生成不足,未能真正发挥学生的主体作用。

总之,只是一堂比较典型的常规课例,依然以教材为教学依据,以知识的落实为主要任务,以教师的预设来推进教学,未能充分考虑内容的独特性,未能很好体现新课程从学生的生活经验出发,根据学生思想实际来进行教学,也就难以真正触及学生的心灵。

四、创新课例研制

【教学目标】

认知目标:了解中华传统美德及其意义,了解当前道德现状及其影响,对思想道德建设的重要性、必要性和迫切性有充分的认知;结合思想道德建设的基本要求和社会主义荣辱观,认识当前思想道德建设的关键和目标。

能力目标:能辨是非、知荣辱。

情感、态度与价值观目标:对当前的道德现状有思考和体验,对当前的思想道德建设有正确的态度,自觉坚守道德底线。

【教学重点、难点】

重点:思想道德建设的重要性和必要性;如何加强思想道德建设。

难点:思想道德建设的基本要求,社会主义荣辱观,社会主义道德体系构建的关系。

【教学方式和手段】

教学方式:通过事例引发学生思考,通过话题探讨相关问题。

教学手段:运用多媒体课件。

【教学过程】

1. 导入:投影展示长江大学学生救人事件(过程、相关报道、图片等)。

话题一:对长江大学学生的舍己救人行为,你是怎么看的?

(提示:话题应该是开放的,学生的观点不管是意料之中还是意料之外的,都要就这个观点进行交流,充分探讨,追寻根本。这个过程是思维火花的点燃,也是师生价值观的碰撞,某种角度讲,比结论更重要。话题的开放还包括交流时师生地位是平等的,尊重学生的看法,允许他们保留观点。)

　　如:(1)正面观点:舍己救人是中华民族的传统美德,尊重生命是时代的精神,任何时候都应该弘扬和肯定,是值得我们学习和敬仰的。这是意料之中的看法,教师可进一步与学生探讨为什么是美德,意义在哪里,从而深入到人与社会、与他人的关系,以及人的价值层面。

　　(2)反面观点:这是他们一时冲动,没想到会付出生命代价,这样做不值得。这样的观点可能是意料之外的,教师不能压制也不必回避,可以就这个观点,进行以下交流:第一,他们为什么会一时冲动? 在来不及思考的瞬间,为什么会有这样的举动? (一种道德选择的自然反应,说明他们身上仍流淌着舍己救人的传统美德。)第二,如果大家都认为不值得,都不去做,这个社会会怎样?如果落水的是你,你又如何想? (能引发人与社会、与他人关系的本质思考。)

　　设计话题一的意图,在于表明思想道德建设的重要性。思想道德是一个人的灵魂,是一个民族的精神内核,思想道德建设是文化建设的中心环节。

　　2. 投影展示"挟尸要价"图片及相关报道。

　　话题二:看了这样的图片和报道,你有何感想? 现今社会上这样的现象多吗?

　　学生看了图片和报道之后,会有震惊、寒心、愤怒、见怪不怪等各种反应。让学生谈感想后,会认同这种行为是丑陋的,是道德沦丧的表现。然后从个别到一般,与学生探讨这类现象在当今社会的表现,如有毒食品、假药、救人反遭诬陷等与生存、生命有关的道德沦丧行为,让学生感受到生存在这样的社会环境里是多么可怕,引起怎么办的思考。

　　讨论这个话题的意图,在于让学生明确思想道德建设的必要性和迫切性。

　　3. 投影展示近年来我国加强思想道德建设方面出台的措施、文件。如《公民道德建设纲要》、《中共中央、国务院关于进一步加强青少年思想道德建设的决定》等。

　　话题三:近年来,我国在思想道德建设上作了很多努力,你觉得成效如何?原因何在?

　　该话题分三个层面:一是由教师结合教材简要介绍我国在加强思想道德建设上所作的努力,包括理论上的探索、实践上的措施。二是由学生来谈成效,辩证认识我国思想道德建设的现状,要看到成效和变化,也不回避存在的问题,以及总体上的不理想。三是重点探讨不理想的原因,让学生充分发表看法,从传统文化的传承,外来思潮的影响,市场经济负面影响对价值观的冲击,道德建设的长期性、复杂性等方面有比较深入的思考。在此基础上,认识到道德建设需要个体重建和社会重建两个层面,因此,确立道德建设基本要求、规范和构建新的道德体系是社会主义思想道德建设最关键的方面。

讨论这个话题,主要在于让学生认识到思想道德建设的长期性和复杂性,努力寻求思想道德建设的有效途径。

4. 投影展示思想道德建设的基本要求、道德体系构建的三个方面、"八荣八耻"等内容。

话题四:请大家就道德建设的基本要求和道德体系构建的方面谈谈感想,以及落实思想道德建设基本要求和构建新的道德体系为什么要突出强调树立社会主义荣辱观?

关于基本要求:一是明确这是最基本的,作为公民应该做到的,属于道德底线的坚守,一个社会的群体生活不能没有底线。二是让学生对照自身实际,有"我做得怎么样"的认识,提高遵守基本要求的自觉性。

关于道德体系:一是让学生对传统道德的传承、市场经济下的道德建设以及道德与法律的关系有一个基本的认识。二是对学生普遍认为我国当前的思想道德现状主要是市场经济造成的这一观点进行澄清,能正确认识市场经济与道德建设的关系。

关于"八荣八耻":一是通过解读"八荣八耻",让学生明确它既包括了道德建设基本要求和社会基本道德规范,为全体社会成员作出道德选择、判断行为得失,提供了最基本的价值取向和行为准则,也全面表达了社会主义道德体系构建的要求和特征,是当前思想道德建设要求的集中体现。二是"八荣八耻"界限明确,旗帜鲜明,简洁易记,符合思想道德建设的特征,能更好地扶正祛邪、扬善惩恶,引领良好社会风尚的形成和发展。三是引用古代有关格言,说明树立荣辱观的必要性。

讨论这个话题,主要是让学生明确应该做什么,怎样去做,以及依据什么去做,对当前思想道德建设的主要内容和目标有比较清晰的认识。

【课堂小结】

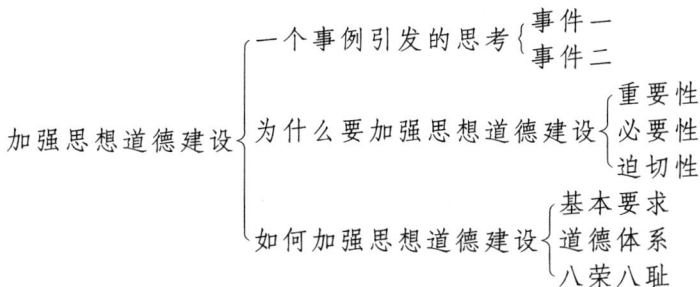

```
                              ┌ 一个事例引发的思考 ┬ 事件一
                              │                    └ 事件二
                              │                              ┌ 重要性
  加强思想道德建设 ┤          ├ 为什么要加强思想道德建设 ┤ 必要性
                              │                              └ 迫切性
                              │                              ┌ 基本要求
                              └ 如何加强思想道德建设 ┤ 道德体系
                                                             └ 八荣八耻
```

五、研制意图

1. 为何教？首先我们要思考为什么设置这框内容,编写的意图是什么。一是因为社会主义思想道德建设是先进文化建设的中心环节,是必须要讲的内容,并且是很现实、需要探讨的内容;二是从编写意图来看,政治性体现得很明显,《公民道德建设纲要》、"八荣八耻"等是作为重点来学的,体现统治阶级意志是政治课的本质要求。其次我们要思考为何而教。除了体现统治阶级意志,还要体现教书育人的统一,并且要重在育人。从这个角度讲,知识和内容的落实只是基础,问题也不是都能解决的。我们之所以教,是要让学生学会正视现实,对存在的问题有所思考,对今后怎么办有所认识,从而对自身的道德要求有所自觉。只有这样,我们的教学才有意义。

2. 教什么？教学的目的是什么,学生关注的是什么,始终是课堂教学的出发点。这堂课就教学目标来说,一是要提高对思想道德建设重要性、必要性的认识;二是要解决为什么要加强思想道德建设;三是要明确如何来加强思想道德建设,以及对学生自身的要求。而从学生关注的角度讲,对思想道德建设的重要性、必要性他们是有所认识的,对当前的现状也是有所了解的,他们的困惑主要在于:第一,为什么会这样？原因在哪里？第二,有解决的途径吗？如何才能比较好地解决这个问题？因此,教学中我们要依据教学目标,把重点放在学生关注的问题上,在分析当前思想道德建设现状及原因的基础上,重在讨论如何进行和加强思想道德建设,以及作为学生自身能够做什么,应该怎么做。

3. 如何教？首先,采用话题的方式来教学,是考虑教学的目的不是要解决多少问题,而是在于能引起学生关注,对相关的问题有所思考,利用话题的开放性能更好地体现这个意图。其次,设置这样四方面的话题,一是考虑到对三方面的教学目标都有所涉及;二是突出了为什么、怎么办两个角度,如话题一、二重在探讨为什么要加强思想道德建设,话题三、四都是围绕怎么办来展开的。既落实了教材的相关知识,又能通过原因的探讨更好地理解为什么要这样做。再次,选用这么触目惊心并且有争议的事例,一是认为思想道德建设主要是一个情感、态度、价值观的问题,只有触目惊心,才能震撼心灵、引发关注,从而进入深层次的思考。二是正因为有争议,才有利于话题的开放,才能充分表达学生的观点,通过矛盾的冲突,达成基本的认识。教材以不同时期的道德典范为例,虽能体现"榜样的力量是无穷的",但存在一个学生是否熟悉和能否认同的问题,否则就没有感染力,达不到举例的目的。

宁海中学　陈方梁

必修４：生活与哲学

第六课第二框：在实践中追求和发展真理

一、课例选取依据

1. 内容本身具有承接性。本框是"实践是认识的基础"内容的继续，是站在认识或真理的角度阐述人类追求真理的困难和艰辛，关键在探究"真理的属性和追求真理是一个什么样的过程"，在举例中都离不开实践活动，但绝不能把它变成"实践是认识的作用"。

2. 本身教学的困难。很多教师都感觉这框内容知识点虽然简单，但举例比较困难，举得不慎反而会陷入谬论，如果依据课本事例，可以基本解释知识点，但内容太多太杂，整个课堂显得枯燥乏味。

3. 常规教学中，个人认为最大的缺陷在于缺少情感、态度、价值观的提升，其实本框课程标准中有一个提示和建议，就是要求学生在学好这些知识后，要树立追求真理的信念与坚持实践标准相统一，要体现时代性，富于创造性和保持与时俱进的精神状态，这正是学生自身在学习过程中所不能达到的。

二、基本内容和要求

1. 基本内容。本框设计了三目：第一目，真理是客观的。这一目主要阐述真理的定义和真理的基本属性是客观性，重点是让学生知道真理只有一个，真理面前人人平等。第二目，真理是具体的、有条件的。这一目是本框的难点，从真理是有条件的，到真理是具体的，再到真理和谬误相比较而存在，相斗争而发展，重点是让学生懂得，真理和谬误相伴而行，人不怕犯错误，怕的是不能正确对待错误。第三目，追求真理是一个过程。从认识具有反复性到认识具有无限性，再到在实践中认识和发现真理，在实践中检验和发展真理，让学生知道实践在不断向前推进，人的认识也在不断向前发展，人对事物的真理性认识也是不断发展和完善的。

2. 基本要求。学科指导意见要求:(1)了解真理的含义和客观性;(2)懂得真理是具体的、有条件的;(3)理解认识的反复性、无限性和上升性;(4)(发展要求)揭示实践在发现真理、检验真理、发展真理过程中的重要作用,确信追求真理要与时俱进。

三、常见课例解读

1. 教学课例(摘自常绪春的新浪博客——http://blog.sina.com.cn/changxuchun,有删节)

【教学目标】(略)

【教学重点、难点】

1. 重点:真理是客观的、有条件的、具体的,认识具有反复性、无限性。

2. 难点:有用的不一定是真理,真理的条件性、具体性。

【教学过程】

导入:上节课我们学习了实践是检验认识真理性的唯一标准,经过实践检验的正确的认识就是真理。这节课我们学习——

第二框:在实践中追求和发展真理

(一)真理是客观的

通过"万有引力规律"、"星座决定命运"等是不是真理的判断,来感受真理。

师:什么是真理?

展示:真理的含义。

师:返回上一页,为什么说万有引力规律是真理?

生:万有引力规律是人们对客观事物及其规律的正确反映。星座决定命运是人们对客观事物及其规律的错误反映。

师:万有引力规律能不能被改变和消灭?

生:不能。

师:这就说明真理是客观的,不以人的意志为转移。

师:我们思考一个问题:真理为什么是客观的?

展示:(1)真理为什么是客观的? 第一,真理反映的内容不依赖于人的意识。第二,检验真理的唯一标准即实践本身也是客观的活动。

展示:观点一:地球是宇宙的中心。观点二:太阳是宇宙的中心。观点三:宇宙无限,没有中心。

问题:哪一个是真理?

学生回答后教师说明。

师:我们知道了什么是真理,下面讨论一个问题。

展示:观点大碰撞:1. 有用的就是真理。

生:解释,举例。

师:分析:真理是有用的,真理作为正确认识,对人们的实践有积极的促进作用。

"有用的"不一定是真理。(1)"有用的就是真理"以主观需要作为衡量真理的标准,否认了真理的客观性,是错误的。(2)"有用即真理"是一种实用主义真理观,无论在理论上还是实践中都是非常有害的。

展示:观点大碰撞:2. 圣人之言、领袖之话就是真理。3. 被多数人承认的就是真理。

展示:坚持真理的黄万里(材料介绍略)。

(1)材料对你有何启示?

(2)多数人的意见是不是真理?

(3)在同一时间、地点、条件下,对同一个事物的真理有几个?

师:真理只有一个。真理的客观性决定了在同一时间、地点、条件下,对同一事物的真理性认识只有一个。

展示:真理面前人人平等。承认真理是客观的。任何人,不论他的出身、社会地位、职业状况等如何,只要他的认识和客观对象相符合,他就有真理。

(二)真理是具体的、有条件的

阅读:课本第 47 页材料。

师:在平面上,三角形内角之和等于 180 度。但是在凹曲面上和球面上,三角形内角之和不等于 180 度。欧几里德定理还是不是真理?

生:是。

师:这说明了什么?

生:真理是有条件的。

展示:1. 真理是有条件的。任何真理都有自己适用的条件和范围,超出这个条件和范围,真理就会变成谬误。

展示:勾股定理。

展示:【提示】这里的条件和范围从空间上讲,即任何真理都只是对物质世界的某一领域、某一层面的正确认识。

展示:2. 真理是具体的。任何真理都是相对于特定过程来说的,都是主观与客观、理论与实践的具体的历史的统一。离开这一特定过程,真理就会变成谬误。

展示:真理与谬误。

(1)相互区别:真理是对客观事物的正确反映;谬误是对客观事物的歪曲反映。

(2)真理和谬误同属认识范畴,两者又是统一的。一方面,真理和谬误是相比较而存在、相斗争而发展的,这是真理发展的一个规律。另一方面,真理和谬误在一定条件下相互转化。

结论:

真理的条件性和具体性表明,真理和谬误往往是相伴而行的。在人们探索真理的过程中,犯错是难免的。犯错误并不可怕,可怕的是不能正确对待错误。真理是具体的、有条件的,要坚持一切以时间、地点和条件为转移。

(三)追求真理是一个过程

过渡:展示图片"2003 年哥伦比亚号航天飞机失事"。

问题:1. 这一事件有没有影响其他国家的航天飞行计划? 2. 其他国家从这一事件中吸取了什么教训? 这说明认识是一个什么样的过程?

生:实践—认识—再实践—再认识。

展示:1. 认识具有反复性。

含义:略。

原因:人的认识在主体和客体上都要受到各种条件的限制。

阅读:第48—49页材料。

问题:人类对火星的认识还会发展吗? 为什么?

展示:2. 认识具有无限性。

含义:人类的认识是无限的,追求真理是一个永无止境的过程。

原因:(1)认识的对象是无限的变化着的物质世界;(2)作为认识主体的人类是世代延续的;(3)作为认识基础的社会实践是不断发展的。

过渡:三国时期我国古人用肉眼观察火星;现在人类用宇宙探测器近距离拍摄火星地表图片。人类对火星的认识活动是重复的还是上升的?

生:上升的。

3. 认识具有上升性(真理是不断向前发展的)。

(1)认识运动不是圆圈式的循环运动,是一种波浪式的前进或螺旋式的上升。

(2)真理总是在实践中不断前进,在实践中不断超越自身。

展示:图片。

(3)我们要在实践中认识和发现真理,在实践中检验和发展真理。

2.课例点评

(1)在教学目标上,非常重视知识目标的落实,通过知识填空等形式,详细地解读了教材涉及的概念、性质等基本知识点;能力目标基本实现,学生会结合相应的例子,说明真理的条件性和具体性,认识的反复性和无限性,但在情感、态度、价值观方面,学生缺少追求真理失败的体验,因而无法感知追求真理不是一帆风顺的,更无法认识到在自己求知过程中遭遇挫折时应有的信心。

(2)在教学内容上,并未对教材作处理,按部就班地依据教材事例层层分析,虽然难点剖析得仔细到位,但缺少新意,学生会淡化上课的积极性或局限在课本教材中的例子上。特别是举到黄万里的例子,学生显得陌生,几乎只有教师一人讲解,学生的主体性发挥不出来,唯一引起学生共鸣的地方,只有书本上的知识填空,枯燥乏味。

(3)在教学方式上,运用了多种方式和手段,有图片、有观点的大碰撞,但基本上属于一问一答,例子多而繁杂,学生缺少足够的思考时间,或有些问题不值得讨论,只是起到装饰作用。

(4)在教学过程中,问题设计明确,语言简练,整堂课符合“新的知识应建立在学生已有知识、经验的基础之上”的认知规律,符合新课标的“学科知识和生活实践”相结合的理念。但学生基本处在被动状态,课堂设置的问题答案明确,缺少生成性的东西。

四、创新课例研制

【教学目标】

知识目标:了解真理的含义和真理的基本属性,理解真理的具体性,分析说明追求真理要与时俱进。

能力目标:通过学习真理论的内容,形成正确区分和判断真理与谬误的能力,正确地对待真理和谬误,坚持真理反对谬误。

情感、态度和价值观目标:树立学习真理论的内容,确信追求真理要与时俱进,把在实践中认识和发现真理,在实践中检验和发展真理作为我们不懈的追求和永恒的使命。

【教学重点、难点】

难点:真理的具体性、条件性。

【教学方式和手段】

教学方式：通过一个事例探讨相关的书本知识点，引发情感的升华。

教学手段：运用多媒体课件。

【教学过程】

导入：最新资料显示——

资料一：近期，中国大量从国外进口粮食，已引起社会各界的广泛关注。比如：8月12日，《广州日报》报道"中国从越南进口60万吨大米以弥补国内不足，这一进口量相当于我国上半年大米进口量的3倍"；7月21日，中粮集团进口的6.1万吨美国玉米到达深圳蛇口，这是中粮集团14年来首次大规模进口转基因玉米；中国海外租地种粮210万公顷折合粮食（即进口）3150万吨；每年有60％的大豆靠进口。国务院发展研究中心最新预测，中国粮食净进口量将由1997年的416万吨增加到2010年的976万吨和2020年的2224万吨，中国将成为世界上最大的粮食进口国。

资料二：大量的粮食进口折射出我国粮食安全供应出现的问题，这就让我们反思：为什么进口那么多的粮食？中国的农业怎么啦？

【问】要解决中国的粮食问题，你想到了哪个人？——袁隆平。

介绍杂交水稻之父——袁隆平。

【思考】(1)在漫长的科学实验过程中，袁隆平提出了"远缘的野生稻与栽培稻杂交"的理论，开创了我国籼型杂交稻的研究，这一理论运用到实践中，为我国粮食增产实现了丰收。这体现了哪些认识论的道理？

(2)袁隆平的"远缘的野生稻与栽培稻杂交"理论是不是一种真理，为什么？

设计这两个思考的意图：一是作为一个知识的承上启下，实践是认识的基础，认识对实践具有反作用；二是为了过渡到这框中的一个核心概念——真理，引起学生对于真理的思考。

1. 真理的含义：人们对客观事物及其规律的正确反映

2. 真理最基本的属性——客观性

理解：为什么真理最基本的属性是客观性？

真理的客观性有两层含义：一是指真理内容的客观性。真理作为对客观事物其规律的正确反映，本身包含着不以人的意志为转移的客观内容。二是指检验真理的标准是客观的社会实践。真理是实践检验的结果，而实践本身是一种客观的物质性活动。

知识补充的意图：加深学生对原有知识的理解。

【思考】俗话说"仁者见仁,智者见智",有人说这是对真理客观性的否定,你赞同否,为什么?

解析:之所以会出现"仁者见仁,智者见智"现象,是由于人们的立场、观点和思维方法不同,每个人的知识构成、认识能力和认知水平不同,对同一个确定的对象会产生不同的认识,但真理只有一个。因此,人的正确认识不仅具有客观性,而且具有主观性和差别性,"仁者见仁,智者见智"只表明差异,而这些具有差别的认识是否是真理,应由实践来检验,两者之间并不矛盾。

材料一:

袁隆平的籼型杂交稻研究成功之后,水稻的亩产量急剧递增,特别是超级杂交稻计划启动后,2000 年和 2004 年实现了超级杂交稻亩产 700 公斤的第一期育种目标和亩产 800 公斤的第二期育种目标。截至目前杂交水稻在我国累计推广 60 多亿亩,增产稻谷 6000 多亿公斤,每年增产的粮食可多养活 7000 多万人口。这对当今世界水稻平均亩产量 193 公斤来说,无疑是个奇迹。

材料二:

袁隆平开发研制的超级水稻虽然在亩产量上增加很多,但通常我们说的超级稻是指南方的超级杂交稻。南方的超级杂交稻为籼稻,生产出的稻米为长粒型的籼米,原因应该是他研究的主要是适合南方生长的籼稻,北方主要种粳稻。

【问】由此,可以看出真理的什么特点?

一种真理并不是适用于任何条件,真理是具体的、有条件的。

3. 真理都是有条件的。任何真理都有自己适用的条件和范围。

4. 真理都是具体的。任何真理都是相对于特定的过程来说的,都是主观与客观、理论与实践的具体的历史的统一。即主观认识符合当地实际,符合当时实际。

学生再举例:我国的中特理论、GDP 的认识、自身学习的认识(初中与高中、高一与高二)等。

设计这个例子的意图:尽管例子存在一定的说法,但至少能够说明真理的使用应该是具体的、有条件的,在后面又结合学生的实例,让学生感受真理的这两个特点。

【思考】我们认识到了真理需要在实践中去获得、去完善、去发展。那么,真理的获得和完善是不是轻而易举的呢? 追求真理是一个什么样的过程? 当我们在实践中遭遇失败时,应该怎样看待已经获得的认识?

5. 追求真理是一个过程

资料一:追根溯源,栽培稻的祖先是大自然中自生自灭的野生种,即野生稻。它们能够多年生长,生存能力强,外形"面目可憎",成熟时每穗只结几颗谷粒,谷粒细小,芒长,壳硬,脱壳困难,成熟度参差不齐,产量很低,做成米饭很难下咽。

资料二:野生稻的驯化过程,主要是我们的祖先在采食野生稻的同时,对它进行有目的的选择和有意识的种植,年复一年的"优中选优",使野生稻的种性逐渐向人类需要的方向发展,最终成为栽培型品种。

资料三:到了七八千年前的新石器时代早期,河姆渡原始居民就已经种植水稻,而且有了籼(xiān)稻和粳(jīng)稻之分,这是我们的祖先很早就成功进行了稻种驯化和选育的有力证据。

资料四:由于育种技术的不发达,在过去的几千年里,我们的祖先和育种家们对水稻选育和改良的主要方式是对自然突变产生的优良基因和重组体的选择和利用,通过随机和自然的方式来积累优良基因。

资料五:遗传学创立后的百多年来,随着人们对动植物遗传机理了解的深入,水稻育种则是采用了人工杂交的方法,进行优良基因的重组和外源基因的导入而实现遗传改良。其中最杰出的代表就是我国的杂交水稻之父——袁隆平。

【问】从远古时代开始,人类就对水稻进行了长期的驯化和改良,一直都在完善,这说明了什么?

认识对象水稻种植技术是无限发展的,作为认识主体的人类是世代延续的,作为认识基础的社会实践是不断发展的。因此,人们对水稻种植技术改良的认识也是无限发展的。得出结论:

(1)认识具有无限性,追求真理是一个永无止境的过程。

设计意图:这么多的材料能让学生感受到我们对水稻种植的认识是永无止境的,也对后面材料中出现的袁隆平研究中的艰辛有了足够的认识,提升学生追求真理的信心和勇气。

资料一:20世纪60年代,湖南省安江农校早稻品种试验田,青年教师袁隆平被一株"鹤立鸡群"的水稻吸引了:株型优异,穗大粒多。他蹲下身子仔细地数了数稻粒数,竟然有160多粒,远远超过普通稻穗。兴奋的袁隆平给这株水稻作了记号,将其所有谷粒留做试验的种子。第二年的结果却让人很失望,这些种子生长的禾苗,长得高矮不一,抽穗的时间也有的早,有的迟,没有一株超过它们的前代。

资料二:袁隆平百思不得其解,根据遗传学理论,纯种水稻品种的第二代应该不会分离,只有杂种第二代才会出现分离现象。灵感的火花来了:难道这是一株天然杂交稻? 而当时权威看法是,水稻是自花授粉植物,不具有杂交优势。

资料三:从这时开始,袁隆平下定决心不为权威所限,通过科学的研究揭示出水稻杂交的奥秘和规律。袁隆平为了找到雄性不育的水稻植株,费劲了千辛万苦找了 6 年之久,跑遍了大半个中国。最后,他带着科研小组来到了海南岛的南红广场,终于找到了一株花粉败育的野生稻。袁隆平和助手跳进了水沟,小心翼翼地把稻株连根带泥挖了出来。一个阴沉沉的黄昏,所有搞实验的坛子都被砸烂,袁隆平心想着完了,可是他的助手还保留了几株稻苗。经过种种实验,在 1975 年杂交水稻终于破土而出。在 13 年间,增产稻谷 2 亿吨。

【问】袁隆平探索杂交水稻的真理的这个过程说明了什么?

(2)认识具有反复性。

【问】挫折和失败并没有使人类停止探索和追求发展真理的实践。认识为什么具有反复性?

原因一:认识的主体受客观条件的限制;原因二:认识的客体是复杂变化的。

结论:人们对一个事物的正确认识往往要经过实践—认识—再实践—再认识多次反复才能完成。

(3)认识运动的反复性和无限性,并不表明它是一个圆圈式的循环运动,相反,从实践到认识,从认识到实践的循环是一种波浪式的前进或螺旋式的上升。真理是永远不会停止的,已经确定的真理并没有被推翻,而是不断地向前发展。

资料:我们来看袁隆平的近期目标:2010 年 9 月 7 日,袁隆平度过了自己 80 岁生日。他表示到 90 岁,要实现亩产一千公斤。他透露,原计划 2015 年实现的亩产 900 公斤的第三期目标很可能提前实现。下一步,袁隆平希望通过将超级杂交稻生产技术和有机生产技术结合,提高有机水稻的单产和效益,推动食品安全和农民增收。

设计意图:这是一个年近花甲老人的愿望,也表现出人类追求真理是永无止境的,我们的青年学生更应该效仿,树立追求真理的决心和使命感,落实了本框的情感、态度、价值观的目标。

活动:无限接近真相(操作:教师事先描写好一个事物或事件,层层告知相关的迹象,让学生去寻找最后的答案)。

小结:略。

五、教后反思

1. 就材料选取方面,学生的兴趣明显比常规课例提升。高二学生本身在学习生物学,对于杂交、遗传有一定的知识基础,所以对材料中出现的一些专业术语能很好地理解。很多学生课后反映,这节课让他们收获不少,除了最基本的书本知识以外,对中国水稻种植技术也了解不少,最难能可贵的是,有学生感叹寻求真理的艰辛和困难,激发他们今后对真理的追求。

2. 本课例设置了若干问题与思考,能有效针对材料展开设问,注重对知识点的归纳。问题与问题之间逻辑性强,层层深入,让学生感受到政治课的魅力!几个讨论和活动,很好地激发了学生的课堂参与,学生在自己的体验中加深对知识点的理解,充分落实情感、态度和价值观目标。

3. 课后的习题反映出学生对真理的具体性和条件性的区分比上常规课例的班级明显好,这是因为在课堂上,学生体验过自己身边的事例,印象深刻,而且能与前面唯物论知识相联系!

六、研制创新点说明

1. 把情感、态度、价值观的体验作为创新点之一:根据学生目前的认知,会过多地服从于现有真理的束缚,思维当中形成定势,认为已经有人为之在探寻真理,缺少一种自己应该主动探究真理的意识。如果像上常规课例的话,学生收获最大的是一些浅显的知识,而这些知识原本学生自习即可以理解。个人认为本框应着重提升情感、态度、价值观的体验,所以举了大量的实例,而之所以选择杂交水稻之父——袁隆平有现实意义,更有民族情感因素。最后的小小活动,更是一种寻找真理的体验。

2. 运用的事例采用一例到底,把内容翔实作为创新点之二:材料的阅读量比较大,有些带专业的术语,但比起常规课例当中举到的例子繁杂多变,让人摸不着头脑,就显得轻松多了。其实这框内容在设计例子的时候,用一例到底难度是很大的,本课例采用杂交水稻之父——袁隆平的研究事迹,基本上能扣住书本上的知识要求,也能达到情感、态度、价值观的要求。

慈溪观城中学　　施亦平

第九课第一框：矛盾是事物发展的源泉和动力

第一课时：矛盾的同一性和斗争性

一、课例选取依据

本框是第三单元"思想方法与创新意识"中第九课"唯物辩证法的实质与核心"的第一框。第九课共由两框组成，其中第一框"矛盾是事物发展的源泉和动力"重点介绍了矛盾的含义和普遍性与特殊性，第二框"用对立统一的观点看问题"重点介绍了方法论意义，因此，这是运用对立统一规律的起点。而对立统一规律是马克思的辩证唯物主义中辩证法的实质与核心，它是在承认世界是物质的，物质是不断运动、变化、发展的，事物之间的联系构成了物质的运动、变化和发展，而联系的根本内容就是矛盾，发展的根本动力也是矛盾，没有矛盾就没有世界，矛盾分析法是我们认识世界和改造世界的根本方法。

然而"矛盾"一词对高二学生来说既熟悉又陌生，熟悉的是学生在日常生活中常常遇到"矛盾"，并且时常要解决一些"矛盾"；陌生的是哲学上的矛盾是对日常生活中的矛盾的抽象、概括、总结，学生不容易理解、掌握。

二、基本内容和要求

1. 基本内容。教材第九课第一框"矛盾是事物发展的源泉和动力"包括两目，其逻辑顺序是：世界上的一切事物都包含着既相互对立，又相互统一的两个方面——矛盾的定义——矛盾的两个基本属性——矛盾的同一性——矛盾的斗争性——同一性和斗争性的辩证关系——事事有矛盾，时时有矛盾——承认矛盾的普遍性是坚持唯物主义的前提——矛盾的特殊性及其三层含义——矛盾普遍性和特殊性的辩证关系——矛盾普遍性和特殊性关系的原理是矛盾问题的精髓。最后得出结论：马克思主义普遍原理与中国具体实际结合体现了矛盾普遍性和特殊性的具体的历史的统一。"矛盾的同一性和斗争性"是其中一目。这一目的重点是让学生理解世界上的一切事物都包含着矛盾,没有矛盾就没有世界。

2. 基本要求。(1)课程标准:运用生活中的事例,说明事物自身"对立统一"的辩证关系。(2)学科指导意见:①基本要求:了解矛盾的含义和基本属性;②发展要求:举例说明矛盾是事物发展的源泉和动力。

三、常规课例解读

1. 教学课例

【教学目标】(略)

【教学重点、难点】

矛盾的概念;矛盾的同一性和斗争性的关系。

【教学过程】

多媒体播放 Flash 动画"自相矛盾"成语故事。导入新课,引出课题,解释矛盾概念。

一、矛盾是事物发展的源泉和动力

(一)矛盾的同一性和斗争性

哲学上所讲的矛盾是什么呢? 按下列线索讲授。

兵器　矛——进攻型武器——枪炮等火药武器——导弹
　　　　盾——防守型武器——坦克、装甲、工事——导弹防御体系

1. 矛盾的定义:略。

2. 矛盾同一性的含义:是矛盾双方相互吸引、相互联结的属性和趋势。

[情境]多媒体播放:漫画《敢剪吗?》。

请问:(1)他为什么不敢剪?

(2)通过这个事例我们可以得出什么结论呢?

学生回答:略。

老师总结:在图中,甲、乙二人的上与下是互相对立的,双方在一定条件下处于平衡状态,构成矛盾的统一体。双方相互依存,不可分割地联系在一起,互为存在的前提。因此,结论是"不敢剪"。剪断绳子的后果会是什么呢? ——失去矛盾的一方(乙),另一方(甲)也就不存在了。任何矛盾的双方都存在着这种相互依存的关系。

通过这个事例我们可以得出:矛盾的双方相互依赖,一方的存在以另一方的存在为前提,双方共处于一个统一体中。

［情境］多媒体展示:

A. 乐极生悲、否极泰来

B. 福兮祸之所倚,祸兮福之所伏

C. 失败乃成功之母

D. 满招损,谦受益(虚心使人进步,骄傲使人落后)

E.“天下事有难易乎? 为之,则难者亦易矣;不为,则易者亦难矣。人之为学有难易乎? 学之,则难者亦易矣;不学,则易者亦难矣。”

请用矛盾的观点来分析上面的话。

老师提示:矛盾双方是相互贯通的,即相互渗透、相互包含,在一定的条件下可以相互转化。

在理解矛盾的同一性时,要注意:

第一,矛盾双方的相互依存是“一定条件”下的相互依存。

第二,矛盾双方的相互转化,也需要一定的条件。

矛盾双方的转化是现实的、具体的,不是抽象的、虚幻的,因而需要一定的条件,没有一定的条件,就不能实现转化。

［情境］多媒体展示:

猫和老鼠是一对“老冤家”,它们能在竞争中共同生存下来,是因为在同对方的斗争中不断完善自己;老鼠会“装死”,猫会“假眠”,老鼠昼伏夜出,猫的眼可以随光线的阴暗而改变瞳孔的大小,夜间仍可看见东西;老鼠的听觉极为灵敏,稍有动静就藏得无影无踪,猫则在脚下生成了肉垫,走起路来无声无息。

请问:(1)猫和老鼠是怎样在竞争中共同生存下来的?

(2)你还能举出生物界的其他事例吗?

提示:猫和老鼠能在竞争中共同生存下来,是因为矛盾的同一性,矛盾的双方在相互斗争中共同发展,猫和老鼠在同对方的斗争中不断完善自己。

3. 矛盾斗争性的含义:矛盾双方相互排斥、相互分离的属性,它体现着对立双方相互分离的倾向和趋势。

设问:日常生活中的“斗争”是否等同于哲学上所讲的“斗争”? 如果不能,那么这两者是什么关系? 请同学们再举一些例子。

提示:二者既有联系又有区别。日常生活中所说的“斗争”,仅仅是矛盾斗争性的一种具体形式,哲学上所说的“斗争性”,包括一切差异和对立。

分析学生所举的事例,引导学生总结出矛盾的同一性和斗争性之间是什么关系。

4. 矛盾同一性和斗争性的关系。

（1）区别：同一性是相对的，斗争性是绝对的。

同一性是相对的，是指它是有条件的。

斗争性是绝对的，是指它是无条件的。

（2）联系：

A. 同一以差别和对立为前提，没有斗争性就没有矛盾的相互依存和相互贯通，事物就不能存在和发展。

B. 斗争性寓于同一性之中，并为同一性制约。

C. 矛盾双方的对立统一，由此推动事物的运动、变化和发展。

活动设计：以"安静"为题，画一幅画，说说你的构想。

甲画家：画了一个湖，湖面平静，远山和湖边的花草形成倒影，好像一面镜子。

乙：画了一个飞流直下的瀑布，旁边一棵树，树上一个鸟巢，巢里一只鸟，它在睡觉。

提问：哪一种设计更能体现"安静"，请进行说明。

【课堂小结】（略）

2. 课例点评

（1）教学目标上，通过具体的事例，设计贴近学生实际生活的问题，将复杂问题细化，落实三维目标，但由于教学内容的限制，更侧重知识目标的落实，情感、态度、价值观目标落实相对欠缺。

（2）教学方式上，运用多种方式和手段，比较好地解决了想要解决的问题，但不能将生活与哲学元素有机融合在一起，将学科逻辑与生活逻辑有机统一起来。

（3）教学过程中，语言简洁，条理清晰，转换自然。但问题的设计是为内容服务的，预设明显，生成不足，未能真正发挥学生的主体作用。

（4）教学内容上，由于选取的事例较多，使得教学过程的紧凑度不够，思维的连贯性被过多的事例所阻隔。

四、创新课例研制

【教学目标】

知识目标：识记矛盾的含义，矛盾的同一性和斗争性。理解矛盾的同一性和斗争性的辩证关系及其重要意义。运用矛盾的同一性和斗争性的辩证关系原理分析社会生活中的重大问题。

能力目标:使学生初步形成用矛盾的统一性和斗争性相统一的观点认识和把握事物的能力,理解矛盾是一切现存事物自己运动的原因,矛盾双方的既对立又统一,推动着事物不断运动、变化和发展。

情感、态度和价值观目标:不回避矛盾,敢于直面矛盾的存在,勇于承认和揭露矛盾。通过分析矛盾双方既对立又统一的关系,让学生理解矛盾的同一性是以差别和对立为前提的,没有斗争性就没有同一性,就不会有事物的存在和发展。

【教学重点、难点】

重点:对矛盾同一性和斗争性含义的理解。

难点:矛盾同一性和斗争性的辩证关系,矛盾双方既对立又统一推动着事物的运动、变化和发展。

【教学方法和手段】

教学方法:讲授与合作探究相结合。

教学手段:多媒体辅助教学。

【教学过程】

复习导入新课:

通过上几堂课的学习,我们已经明白了世界是普遍联系和永恒发展的,联系的根本内容是矛盾,发展的根本动力也是矛盾,没有矛盾就没有世界。矛盾的观点是唯物辩证法的根本观点,也是唯物辩证法的实质与核心,同时,矛盾分析法是我们认识世界和改造世界的根本方法。那么到底什么是矛盾? 为什么会产生矛盾? 如何对待和解决矛盾呢? 就让我们走进高中生小杨的生活。

1. 矛盾的含义和基本属性

材料一:小杨的生活

有一个男生名叫小杨,经过初三的勤奋刻苦学习,他以优异的成绩考上一所重点高中。满心想着上了高中,可以放松一下,因而对自己要求放松。考试是一次比一次退步,老师的怀疑、家长的叹息,弄得他对自己也很失望,想努力,岂料周围同学都比他要更用功,渐渐地他又沉迷于网络游戏之中而不能自拔……

(1)请你分析在生活中小杨碰到了哪些矛盾?

(2)既然矛盾是指事物的不同之处,那么为什么还包含着同一?

学生:理想与现实、表面与内心、进步与退步、希望与失望,等等。(教师板书)

教师:通过刚才这一个同学的回答,大家知道了小杨的生活中存在着很多矛盾。那么请问为什么你把这些事物当做是矛盾呢?

学生：因为这些事情都是对立的、排斥的、不同的，所以就构成了矛盾。

教师：（板书：矛盾首先具有对立的属性，也就是斗争性。所谓斗争性就是矛盾双方相互排斥、相互对立的属性。它体现着对立双方相互分离的倾向和趋势。）在我们同学的眼里，生活当中的矛盾就是指事物之间的不同、冲突、摩擦和纠纷，我觉得这位同学说得很好，讲出了自己对矛盾的真实的理解。那么我再请问一下现在的我和你之间有没有矛盾？

学生：没有矛盾！（有矛盾！）

教师：真的没有矛盾吗？（什么矛盾？为什么？）现在我们在同一课堂里面，我是老师在上课，而你是学生在听课，所以我让你回答问题的时候，你不得不站起来啊！难道没有矛盾吗？

学生：（恍然大悟）哦！我们之间存在着矛盾，是师生之间教与学之间的矛盾。

教师：很好！现在你已经明白了现在我们之间存在着矛盾，但是如果现在的我在上海旅游，而你仍旧在教室里上课，我们之间还有没有矛盾呢？

学生：没有矛盾了！

教师：为什么？

学生：因为我们之间没有联系了！不构成一个统一体，所以就不存在着矛盾。

教师：不错，这就充分说明矛盾的存在是有条件的，它需要有一个统一体，那么什么是矛盾存在的统一体呢？你是如何理解这一个统一体的呢？请你举例说明。

学生：矛盾双方不仅仅是对立的、排斥的、斗争的，而且矛盾双方还是相互依存的，一方存在以另一方存在为条件，离开了一方就不可能有另一方的存在，双方共同存在于一个统一体当中才能构成矛盾，否则就不可能产生矛盾。比如：没有希望就没有现实，没有表面就没有内在，没有进步就没有退步，没有开朗就没有孤独，没有贫困就没有富裕，没有作用力就无所谓反作用力，没有化合就无所谓分解，没有遗传就无所谓变异，没有胖就无所谓瘦，没有战争就无所谓和平，没有苦就无所谓乐……

教师：这是因为对立离不开统一。什么样的东西才相互排斥、相互对立呢？必须是具有某种共同的基础、相互依存的东西，才同时呈现出排斥的倾向。如果不是相互依存的东西，那就意味着"彻底分离"、"毫不相干"，还谈什么排斥呢？就如没有男性就没有女性，没有教就无所谓学，所以首先请同学们一定要注意矛盾不仅仅是指事物内部双方的对立性，而且还包括事物内部双方的同一性,它们是矛盾所固有的相反相成的两种基本属性,这说明矛盾着的事物的两个方面是对立的又是统一的。其次,不能把对立当做一个方面,而把统一又当做另一个方面,上面这一个同学的观点就是把矛盾只当做了不同之处、事物的对立面,而没有看到矛盾是事物内部双方既对立又统一的关系。

在我们走进了小杨的生活之后,再让我们来了解一下小杨的困惑。

材料二:小杨的困惑

面对小杨的这种情况,班主任老师很是着急,多次找小杨谈话,并一次次把小杨从游戏机房找出来,苦口婆心地跟他讲道理。这让小杨满怀感激,但更感到压力,觉得学不好就对不起班主任;另外同学们感受到班主任对他特别好,所以就更加疏远了他,让他心里倍感困惑。

请问班主任对小杨的关爱反而变成了小杨的压力,这给我们什么哲学启示呢?

学生:说明矛盾双方是相互贯通的,即相互渗透、相互包含,在一定条件下是可以相互转化的。爱如果过分了就会变成伤害。

教师:爱会在一定条件下变成伤害,那么伤害是否会变成爱呢? 请你举例验证。

学生:不会(会的)。(比如说我对自己的朋友提意见可能会伤害到朋友的自尊心,却会促进这朋友的发展,这就在一定程度说明了我对朋友的关爱,这也说明转化是需要一定条件的。)

教师:通过上面的分析,我们知道矛盾的同一性不仅仅指的是矛盾双方的相互依存、相互联结,而且还包括矛盾双方是相互贯通的,即相互渗透、相互包含,在一定条件下是可以相互转化的。但这种转化是现实的、具体的,不是抽象的、虚幻的,因而需要一定的条件,没有一定的条件,就不能实现转化。如果没有过分,爱就不会变成伤害,而伤害如果是适度的话则会促进一个人的发展,反而会变成一种爱,就像有一次我骂一个同学是自私的,反而让他变得清醒,改正了自己的缺点,这就是责之越切,爱之越深。

我们一起来看看矛盾同一性和斗争性的关系。

2. 矛盾的同一性和斗争性的关系

班主任和小杨如果没有困惑这种差别和对立,那么就不可能有他们之间调整的同一,而正因为有两个人之间的调整,所以解决了小杨的困惑,因此同一以差别和对立为前提,没有斗争性,就没有矛盾双方的相互依存和相互贯通,事物就不能存在和发展;另外小杨的困惑也就是他和班主任之间的对立存在于他们师生之间相互调整的这种统一体当中,并受这种统一体的制约,因此斗争性寓于同一性之中,并为同一性所制约,没有同一性,就没有矛盾统一体的存在,事物同样不能存在和发展。

当小杨解决了心里的困惑之后,能够快乐地学习和生活,而学习成绩也得到了不断的提高,可是在一次考试中他碰到了这样的事情……

材料三:小杨的矛盾

考场里考试正在进行,小杨的好朋友小励碰到一道题,怎么也想不起该如何描述,他就悄悄地将问题抄在小纸条上传给坐在前面的小杨。小杨匆匆写好纸条,正想准备传给小励时,他突然想到:考试时传送纸条给他人是作弊行为,违反校纪校规是要受处分的,不能这么做!他心里又着急又矛盾,那张纸条在他的手里捏来捏去……

(1)请问同学们,你觉得小杨该怎么办呢?

(2)我们应该如何对待自己人生路上的矛盾呢?

学生:既然知道那是作弊,违反校规,那就不应该去做。

学生:我认为小杨该把小纸条扔掉,正所谓"给他就是害他",既然是好朋友,就该帮他,而不是害他。

学生:小励想要成绩是可以理解的,可成绩的取得是要靠自己平时的努力,而不是靠考场上的某些举动。小杨想帮忙是对的,可不能用这种方式,既然小杨知道作弊是违反校规的,那就更不应该明知故犯。其实不需要矛盾的,不把纸条给小励,不管小励当时是什么态度,考试结束后对他说清楚,并向他说明作弊的不道德性,并在平时的学习中力所能及地帮助他。

教师:面对矛盾,怎么办?我们应尽可能地去解决矛盾。生活中我们也会碰到各种矛盾,我们又应该怎么办?

学生:在人生当中总是会面临很多的矛盾,而且矛盾是客观存在的,我们一定要解决矛盾,只有在解决矛盾的过程中人生才能有发展。

教师:只有在解决矛盾过程中人生才能有发展给我们什么哲学启示呢?

学生:矛盾是客观存在的,是不以人的意志为转移的,而且矛盾是事物发展的源泉和动力!

教师:既然矛盾是客观存在的,我们应该如何去对待人生路上的矛盾呢?

学生:我们应该要正确对待矛盾,不要回避矛盾,要承认矛盾,分析和揭露矛盾,找到解决矛盾的方法,因为只有解决矛盾我们的人生才有发展,才有意义。

教师:既然矛盾是人生发展的源泉和动力,那么在我们的人生当中是不是矛盾越多越好?为什么?

学生:矛盾不是越多越好! 因为矛盾会带给我们太多的麻烦和痛苦,会阻碍我们的成长和发展,所以矛盾不是越多越好。

教师:很好,既然矛盾不是越多越好,那么在我们的人生当中是不是矛盾越少越好,甚至是没有矛盾呢?

学生:不是,如果人生当中没有矛盾,那么人生就没有发展了。

教师:矛盾既不是越多越好,也不是越少越好,这就充分说明了矛盾的存在对于人生的发展有不利的一方面,可能会给你的人生带来很多的困难和挫折,甚至是痛苦,但是也正因为矛盾的存在,通过你想方设法不断解决矛盾从而推动了你人生的发展,因而矛盾对于你人生的发展也存在有利的一方面,所以矛盾就是指事物内部对立和统一的关系,那么我们就应该要学会辩证地看问题,对于任何矛盾都要一分为二地去看待,既要看到好的一面,也要看到不好的一面,这样才能树立全面地看问题的观点。

五、研制意图

1. 教育理念:重视高中学生在心理、智力等方面的发展潜力,针对其思想活动的多变性、可塑性等特点,在尊重学生个性差异和各种生活关切的同时,恰当地采取释疑解惑、循循善诱的方式,帮助他们真正理解哲学的矛盾观点。

2. 教学原则:遵循高中学生的认知规律和思维特点,借助学生的生活经验和学科知识的积累,将对矛盾的理解从生活常识的层次提高到哲学的层面,实现生活逻辑与理论逻辑的有机统一。

3. 寓教于乐,通过设置情境,引导学生小组合作和讨论,强化对本课哲理的理解。

4. 发动学生收集相关材料,通过对生活、对社会的观察与思考,帮助学生学会用矛盾的观点分析和解决问题,实现理论和实践的统一。

5. 抓住了学生的思想。用一个例子贯穿全课,有了统一性。这个例子来自实际生活,比较贴近学生实际,课堂上来分析讨论,而且用上了所学的哲学知识,学生很感兴趣。

姜山中学　　陈丽敏

第十课第一框:树立创新意识
是唯物辩证法的要求

一、课例选取依据

一是本框内容的重要性。从知识本身来说,创新是唯物辩证法的根本要求,这是由辩证法的本质决定的;同时创新也是改变世界的关键。从学生的发展来说,学生树立创新意识有利于其终生发展。二是内容本身的难度。本框知识内容抽象,一些基本理论比较难理解,有些正文还是经典著作的原话。三是辩证否定观和辩证法的革命批判精神这两个知识点之间的关系。从教材内容看两者都是创新的哲学基础,从一定程度上来说两者是并列的关系,如何处理两者间关系是本框教学设计的难点。四是基于现状的必要性。我国的创新能力在全球范围内是偏弱的,这影响了我国的进一步发展。

二、基本内容和要求

1. 基本内容。教材分两目:第一目,辩证否定观与创新意识。这一目的逻辑顺序是:辩证否定观的基本含义——辩证否定是发展的环节——辩证否定是联系的环节——辩证否定的实质是扬弃——树立创新意识,不唯上,不唯书,只唯实——尊重书本知识、尊重权威——立足实践、解放思想。第二目,辩证法的革命批判精神与创新意识。这一目的逻辑顺序是:辩证法在对现存事物肯定的理解中同时包含对其否定的理解——辩证法是对现存事物必然灭亡的理解——辩证法是对现存事物的暂时性方面的理解——创新是对既有理论和实践的突破——要创新就要有批判和发展——培养批判性思维——关注变化的实际——突破成规陈说——破除落后观念——注重研究新情况。

2. 基本要求。(1)课程标准。列举多方面的创新表现和成果,辩证地说明批判性思维在创新过程中的作用,阐释解放思想的重要意义。(2)学科教学指导意见。基本要求:①理解辩证否定观及其要求;②了解辩证的革命批判精神及其要求;③把握辩证法的革命批判精神与创新意识的关系。发展要求:明确创新意识的哲学基础和依据。

三、常规课例解读

1. 教学课例(该课例选自延边教育出版社 2010 年 10 月第 3 版的《鼎尖教案》思想政治必修 4,有删节)

【导入】展示图片"司马光砸缸"。

学生总结"司马光砸缸"这一故事所体现的逆向思维(按常规是人脱离水,而司马光则是打破了常规,让水脱离人),也就是创新思维。

【板书】一、辩证否定观与创新意识

【板书】1. 辩证否定观的内涵

【课件】麦粒—麦株—麦粒;原始公有制—私有制—公有制;实践—认识—实践。

【小结】辩证否定的含义:辩证的否定是事物自身的否定,即自己否定自己,自己发展自己。

【课件】展示图片:岳飞、邓世昌、九八抗洪、"嫦娥一号"、黄道婆、现代纺织业。

【提示】引导学生正确看待爱国主义。爱国主义精神是我们中华民族精神的核心,自古至今没有变,但我们否定了它的"形式"和部分内容。

【小结】辩证否定的特点:(1)辩证的否定是事物联系的环节;(2)辩证的否定是事物发展的环节。

【举例】高一物理教材爱因斯坦相对论对牛顿力学的否定,既有克服又有保留。

【小结】辩证的否定的实质是"扬弃"。

【引导】学生对待中国的历史文化遗产应坚持辩证的否定观,反对形而上学的简单思维方法。

【板书】2. 辩证否定观的要求

【课件】材料一:张瑞敏"砸冰箱"事件。

材料二:20 世纪 90 年代海尔公司提出"卖信誉,不卖产品"的口号,实现了营销客体从"有形的具体产品"向"无形的企业整体形象"的根本转变。

材料三:海尔从"名牌产品战略"向"名牌企业战略"的过渡。

(1)结合材料一、二,说明海尔公司的"一砸一转"体现了什么样的否定观,为什么?

(2)结合材料三,说说海尔从"名牌产品战略"向"名牌企业战略"的演变给我们的启示。

学生回答略。

【小结】(1)树立创新意识,不唯上,不唯书,只唯实;(2)正确对待书本知识和权威,尊重书本、尊重权威;(3)对既有理论、实践的突破;(4)解放思想,实事求是,与时俱进。

【板书】二、辩证法的革命批判精神与创新意识

【课件】我国地质学家李四光说:"不怀疑不能见真理,所以我很希望大家持有怀疑的态度,不要为已成的学术压倒。"俄国科学家巴甫洛夫说过:"怀疑,是发现的设想,是探索的动力,是创新的前提。"南宋朱熹说:"读书无疑者须教有疑,有疑者却要无疑,到这里方是长进。"明代陈献章说:"前辈谓学贵知疑,小疑则小进,大疑则大进。疑者,觉悟之机也。一番觉悟,一番长进。"

【问题】(1)举例说明,怀疑和批判精神在人们的认识和创新中具有什么作用。

(2)我们常说:"不破不立。"请简要说明"破"和"立"是一种什么关系。

学生回答略。

【小结】"破"和"立"是对立统一的关系。

(1)不破不立,"破"就是批判,就是革命。破是手段、途径,没有破就没有质变,就没有旧事物的灭亡和新事物的产生。"破"字当头,立在其中。

(2)立是目的,立是在破的基础上的立,是不能离开破的立,它是对"破"的否定。

(3)要坚持辩证的否定观,对旧事物既要克服,又要保留。

【课件】漫画赏析:种瓜得瓜,种豆得豆,种蛋得蛋。

【问题】打破常规就是创新吗?

【提示】引出辩证法的革命批判精神的要求——创新意识。

【问题】作为青年学生,我们应该怎样培养怀疑和批判精神?

【学生回答】(1)关注变化的实际;(2)善于发现新问题;(3)敢于突破、超越;(4)积累知识、经验;(5)要有灵感、顿悟;(6)经得起实践检验。

【小结】要创新就要有批判和发展,培养批判性思维,关注变化的实际,突破成规陈说,破除落后观念,注重研究新情况。

2. 课例点评

教学目标上比较注重三维目标的全面落实。通过对一些事例的分析,让学生更好地理解知识点,落实了知识目标;引导学生对事例进行思考,落实了能力目标;在这一系列的教学过程中让学生明白了创新的重要性,落实了情

感、态度与价值观目标。

教学案例总体上切合学生实际,尤其是爱因斯坦的相对论和牛顿力学的事例、鲁迅的"拿来主义"的事例可以有效激发学生的兴趣,在一定程度上也打破了学科间的界限,可以培养学生综合的思维能力。

教材处理方面总的来说比较常规。按照教材的框架结构先阐述辩证的否定观的世界观和方法论,再阐述辩证法的革命批判精神的世界观和方法论,这样的教材处理是比较传统的,其实我们可以根据教学要求和学生的思维水平对教材进行适当的取舍、重组。

教学手段的运用做到了传统与现代的结合。"一支粉笔"所起的作用往往是现代化教学手段无法替代的,该课例通过板书的书写帮助学生从整体上把握了本框知识,同时适时、适当地运用了现代化教学手段,运用多媒体创设情境,激发学生的兴趣,引导学生积极思考。

教学过程中的问题设计为内容服务,这有利于教学任务的完成,但这些问题的设计开放性不足,学生可生成的东西不多,不利于激活学生思维,所以该课例可以从预设与生成方面再作一些改进。

四、创新课例研制

【教学目标】

知识目标:识记、深刻理解辩证否定观的内涵和实质,理解辩证法的革命批判精神,运用辩证否定观分析现实问题。

能力目标:初步形成用辩证否定观分析和认识事物的能力,初步形成批判性思维,积极参加创新实践。

情感、态度与价值观目标:使学生牢固树立创新意识,树立辩证的思维观念,用创新精神看待我国社会的发展,树立拥护改革、参与改革、支持改革的思想。

【教学重点、难点】

重点:辩证否定观的实质和要求;辩证法的革命批判精神的要求。

难点:辩证否定和发展、联系的关系;辩证法的革命批判精神的理论依据。

【教学方式和手段】

教学方式:创设情境引发学生思考,探讨相关问题完成教学。

教学手段:运用多媒体课件。

【教学过程】

导入语:商朝开国君主商汤在自己的洗澡盆上刻上了这样的箴言:苟日

新,日日新,又日新。这是古人的智慧! 为什么要这样做,大家肯定有一定的疑虑,今天我们就从唯物辩证法角度来重新审视这一智慧。

教学环节一:

分享经验:今天,你网购了吗? 请谈谈你选择网购的理由。

在"经验分享"活动结束后,用投影展示网购的相关资料:2003 年以前网购(传统网购)就已经在中国出现,由于多种原因当时的网购基本采用"款到发货"的付款方式,这让消费者觉得很不安全,所以当时的网购基本无人问津。2003 年后,由于采用了担保交易、货到付款等付款方式,消费者对网购(新型网购)的认可程度不断提高,淘宝网、当当网、卓越网、京东商城等网站横空出世,网购呈现出"井喷"现象。

设计意图:辩证的否定观在哲学中是个比较难理解的概念,因此先从学生熟悉的网购现象入手,结合网购现象来理解辩证的否定观。

探究活动一:

学生分组讨论回答以下问题:

传统网购和新型网购的区别与联系是什么? 新型网购与传统网购相比是不是一种否定,其动力是什么?

设计意图:从传统网购和新型网购的比较中,让学生明白新型网购是在对传统网购批判继承的基础上产生的,从而更好地理解辩证否定观的实质。

学生回答,教师点拨总结。

传统网购这一事物的内部存在着肯定方面(商品价格低,购物成本低;购物不受时间和地点的限制;可以获得较大量的商品信息,可以买到当地没有的商品;购物无需亲临现场,既省时又省力等)和否定方面(经营者的失信行为、消费者的资金安全等),最初肯定方面处于支配地位,否定方面处于被支配地位。但随着经济的发展,网购的诚信问题越来越突出,也就是传统网购的否定方面由弱变强,最终处于支配地位,实现了对事物的否定。所以事物最终之所以被否定,根源在于事物的内部,是事物内部的否定因素战胜了肯定因素。因此,事物的否定是自我否定,这就是辩证否定观的内涵。

当传统网购的否定力量逐渐发展和壮大起来时,传统网购就成为阻碍发展的事物,这时经过辩证否定,传统网购灭亡了,新型网购产生了,所以我们说"辩证的否定是发展的环节"。

从传统网购和新型网购的区别、联系中我们可以看出,新型网购保留了传统网购中购物成本低、购物不受时间和地点的限制等积极合理的因素,所以新型网购是吸取、保留和改造传统网购中积极的因素作为自己存在和发展的基础,正因为如此,我们说"辩证的否定是联系的环节"。

从传统网购和新型网购的比较中我们也可以看出,新型网购不仅保留了传统网购的积极合理的因素,而且通过采用担保交易、货到付款等付款方式克服了经营者的失信行为、消费者的资金安全等消极的内容,而这就是辩证否定观的实质,既肯定又否定,既保留又克服,即"扬弃"。

教学环节二:

吸取教训:你曾有过"失败"或"不顺心"的网购吗? 请说一说你的"失败"或"不顺心"的网购过程。

设计意图:"失败"的网购可以让学生感受到现在的新型网购还有很多不足之处,还有待于进一步的发展,同时也过渡到对"辩证法的革命批判精神"相关知识的学习。

探究活动二:

学生分组讨论回答以下问题:

分析现在的新型网购存在的理由有哪些? 分析"失败"、"不顺心"网购的原因。

设计意图:学生可以结合新型网购来理解"任何事物对它发生的那个时代和那些条件来说,都有存在的理由",学生也可以从新型网购的不足之处来理解现在的网购必将让位于未来更加成熟完善的网购。

结合学生的回答,教师可以从以下方面补充新型网购存在的理由:

第一,根据 2010 年 7 月底中国互联网络信息中心发布的统计数据,截至 2010 年 6 月,中国网民人数已超过 4.2 亿。人数众多的网民为新型网购的存在提供前提。

第二,这几年我国的物流业由珠三角、长三角地区迅速向环渤海和中西部地区延伸,农村物流服务体系也正在逐步形成。我国的物流业迅速发展也为新型网购的存在提供了条件。

第三,随着经济的发展和文化发展水平的提高,人们逐渐养成了刷卡消费的习惯,人们也习惯在网络上输入银行资料,通过网络实现银行转账,解决了网上交易的支付问题,这也为新型网购的存在提供了条件。

结合学生对"失败"、"不顺心"网购原因的回答,教师可以从宏观层面来补充当前的网购存在的不足之处:

第一,网上商品真假难辨。网上许多商家都声称自己的商品质量上乘、绝对正版,但消费者购买之后往往发现实物明显有质量问题,有的甚至还是假货。

第二，网上商品价格混乱。同样的商品网上价格有高有低，有的甚至相差相当大，价高者说价低者是假货，价低者说自己是薄利多销，让消费者无从选择。

第三，网上商品信息描述不清。由于购买者对网络上的商品的了解只能通过图片和文字描述来完成，而有些商品的描述语言模棱两可，容易使人对商品的认识产生歧义，往往造成消费者拿到实物之后发现货不对版等问题，这在服装类商品中表现尤其明显。

第四，网络购物者缺少直接购物体验。在传统的购物方式中，人们能立刻体验到交易完成后获得商品后的满足感。但是在网络购物中，购买者却不能体验到在网络交易完成后，立刻拿到商品的满足感，这种满足感的到来往往要滞后 1～2 天，这在某种程度上减少了购物带来的快乐。

第五，配送问题。由于目前的快递公司良莠不齐，很多商品在快递的过程中被损坏，这给消费者维权带来了很大的困难。在当前的商品配送上，最快的一般需要 1～2 天，长的可能要 5～6 天，所以如果购买者需要的东西很急，网络购物一般就不适合。

教师总结：辩证法在肯定现存事物的同时，还包含对否定的理解、必然灭亡的理解和暂时性理解。但是形而上学的思想就不同，在形而上学中，肯定就是肯定，否定就是否定，错就是错，对就是对，而且对就永远对，这样很容易走极端，也会导致盲目崇拜，而辩证法则不崇拜任何东西，因而本质上是批判的、革命的、创新的。

教学环节三：

创意未来：请就当前网购中存在的某个问题或弊端，提出你的解决措施。

设计意图：从解决网购存在的问题中，让学生体会到创新需要立足实践，密切关注变化发展的实际，敢于突破成规旧说，敢于寻找新思路。

这个问题的解决有很强的生成性，可以组织学生进行小组合作探究，在充分讨论的基础上提出一些解决措施。这个问题也有很强的现实性，难度也相当大，如果仅靠学生小组合作不能很好地完成这个教学任务，教师可以就网购中存在的某一个问题，采用师生合作的方式共同提出一些措施，完成教学任务。

探究活动三：在寻找解决网购存在的问题的措施过程中，你觉得要创新，我们应该怎么做？

设计意图：这个问题有很强的开放性，没有标准的答案，但可以通过这个问题来强调教材中关于辩证否定观和辩证法的革命批判精神的方法论这两个知识点。

结合学生的回答,教师强调总结教材中的知识点:

我们要创新,就应该:

第一,不唯书,不唯上,只唯实。尊重书本,尊重权威;立足实践,解放思想,实事求是,与时俱进。

第二,关注变化的实际,突破成规陈说;研究新情况,寻找新思路。

课堂小结:

树立创新意识是唯物辩证法的要求
- 创新的哲学基础
  - 辩证否定观
  - 辩证法的革命批判精神
- 如何树立创新意识
  - 不唯书,不唯上,只唯实
  - 关注变化的实际,突破成规陈说
  - 研究新情况,寻找新思路

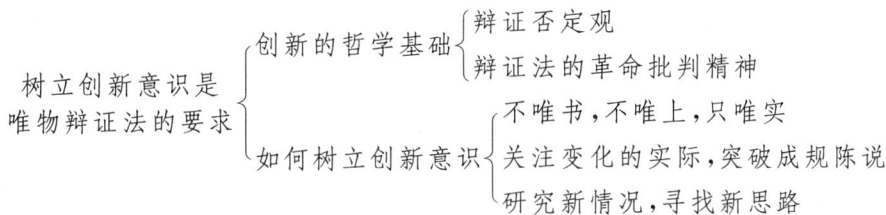

结束语:创新其实就在我们身边,当创新成为一种习惯,它必将深刻影响我们的生活,希望同学们在今后的学习和工作中将自己打造成创新型人才。最后,让我们用歌德的名言结束本节课:"我们必须不断变革创新,充满青春活力;否则,就会变得僵化。"

五、研制意图

如何深入浅出地讲理、明理? 如何让学生能比较直观地感受理论,接受理论? 这是备课过程中需要重点考虑的一个问题,此外本节课的知识点艰深晦涩,这就更需要我们采用多种方法深入浅出地讲明道理。对于此问题,选好案例是一个有效的突破口。在案例的选取上经过思考,最终选用了网购的案例。网购是学生熟悉、感兴趣的购物方式,大部分高中生都曾有过网购的实践,所以选用该案例一方面可以激发学生兴趣,另一方面可以结合学生的亲身体验来体味"辩证否定观"和"辩证法的革命批判精神",从而直观地感受理论,接受理论。

本框有两个目,分别阐述了辩证否定观和辩证法的革命批判精神这两个理论,从教材的知识论证角度看,教材先阐述"辩证法在对现存事物的肯定的理解中同时包含着对现存事物的否定的理解",这其实就是辩证的否定观,之后教材得出辩证法的本质,这样就阐明了"辩证法的革命批判精神"。所以从本质上看,"辩证否定观"是"辩证法的革命批判精神"的知识支撑,但两者之间的这种关系对学生来说太难了,所以我们一般只是从实际运用层面来让学生掌握这两个知识点之间的关系。从实际运用层面来说,两者是并列的关系,两者都是创新的哲学基础,也都有相应的世界观和方法论。由于这种并列关系,在教学过程中阐述这两个知识点时就难免有种重复的感觉,所以该课例的设计把这两个知识点的理解放在网购的过去、现在和未来的分析过程中,同时把两者的方法论放在"如何创新"这一教学环节中一起分析,尽量避免重复的感觉。

哲学教学的任务不仅仅是讲理,而更在于让受教育者明理见性,实现理论与实践的结合、知与行的统一。本框的教学,起于理论的深度剖析,讲清事理,启发和引导学生思维,进而从理论向方法论演进,明确理论的实践指导意义,付之于行。所以在教学中设计了"解决当前网购中存在的问题、弊端"这样的问题,这就是要引导学生立足实践,根据现实的需要,寻找新思路,积极创新。这样的教学设计可以使学生树立创新意识,用创新精神看待我国社会的发展,从而有效地落实情感、态度与价值观目标。

六、教后反思

在实际教学中"网购"这一话题可以较好地调动学生的积极性,在一些问题的回答中学生也说出了一些有新意的想法和有建设性的措施,总的来说实际教学基本达成预先设计的教学意图。

当然在实际教学过程中也暴露出了一些问题:

"网购"这一事例可以让学生比较好地理解辩证否定观和辩证法的革命批判精神,但由于这两个知识点比较抽象,在实际教学中我们可以再举一些通俗易懂的事例,让学生更充分地理解。

对于教学设计中的合作探究问题,在实际教学中采用课前临时分组,再进行小组合作的方式完成,这样的教学方式基本可以达到了预期的效果,但我们也可以对教学方式进行改进、优化。这个教学设计注重合作探究,注重生成,注重学生主体性,所以我们可以在一定程度上借鉴杜郎口中学的教学方式:强化学生的自主学习,具体来说就是让学生课前充分预习,课堂上进行的仅仅是探究成果的展示以及反馈,这样可以更好地发挥学生的主体性、主动性,也可以更好地达成教学目标。

镇海中学　丁向华

第十二课第二框：价值判断与价值选择

一、课例选取依据

一是内容本身的重要性。价值观教育是思想政治课教学的重要内容,而价值判断与价值选择则是衡量一个人价值观正确与否的重要标志。二是基于现状的必要性。在改革开放和发展社会主义市场经济的过程中,社会呈现出价值判断与价值选择多元化的倾向,如何引导学生作出正确的价值判断与价值选择就成为我们思想政治课教学义不容辞的责任。三是基于价值观教育的特殊性。价值观教育内容极其重要,而现实又存在很多困惑;价值观教育的要求非常明确,而理论上又存在着一些难度,这些都给本框教学带来很大挑战。

二、基本内容和要求

1. 基本内容。本课题包括两目:第一目,自觉遵循社会发展的客观规律;第二目,自觉站在最广大人民的立场上。第一目的逻辑结构是:价值判断的基本含义——价值判断和价值选择的社会实践基础——价值判断和价值选择的社会历史性特征。第二目的逻辑结构是:价值判断和价值选择具有阶级性——价值判断和价值选择因人而异——把人民群众的利益作为最高价值标准——自觉站在人民群众的立场上进行选择。

2. 基本要求。本课题教学内容是依据课程标准4.12规定的"剖析生活实例,说明人们的社会地位不同,认识事物的角度不同,时间、地点、条件不同,会形成不同的价值判断;领悟社会存在决定社会意识"和4.13规定的"剖析价值冲突的实例;体验价值比较、鉴别、选择的过程;认同人民的利益为最高价值标准,树立为人民服务的思想"。重点是让学生懂得要自觉站在人民的立场上,把人民群众的利益作为最高的价值标准。

三、常规课例解读

1. 教学课例

【教学目标】(略)

【教学重点】

人民利益是最高价值标准。

【教学方法】

教师启发、引导,学生收集、整理有关资料,并组织学生探究、讨论哲学对生活的影响。

【教学过程】

导入新课:

价值观是人们对事物有无价值、价值大小的总的看法和根本观点,价值观对人们认识世界和改造世界的活动以及对人生道路的选择具有重要的导向作用。如何进行价值判断与价值选择,才是正确的价值观? 这就是本节课要学习的内容。

讲授新课:

1. 自觉遵循社会发展的客观规律

教师活动:引导学生阅读教材第99页探究框题内容,并思考所提问题。

学生活动:自主阅读,积极思考讨论。

教师点评:在同一件事情上,不同人的价值判断与价值选择是不同的。

(1)什么是价值判断

对事物能否满足主体的需要以及满足的程度作出判断,就是价值判断。人们的价值选择是在价值判断的基础上作出的。

(2)正确的价值判断和价值选择必须遵循社会发展的客观规律

教师活动:引导学生阅读教材第99页内容,并思考如何作出正确的价值判断?

学生活动:自主阅读,积极思考讨论。

教师点评:各种价值判断和价值选择都不是凭空产生的,而是社会存在在不同人的头脑中反映的产物,是在社会实践的基础上形成的。

人们选择的目标能否实现,实现的程度如何,取决于人们的认识是否符合社会发展的客观规律。因此,要树立正确的价值观,作出正确的价值判断和价值选择,就必须坚持真理,遵循社会发展的客观规律,走历史的必由之路。

(3)价值判断和价值选择的社会历史性特征

教师活动:引导学生阅读教材第99页探究框题内容,并思考所提问题。

学生活动:自主阅读,积极思考讨论。

教师点评:随着时空的推移和条件的改变,一定事物的价值以及人们关于它的价值观念也会发生变化。因此,价值判断和价值选择会因时间、地点和条件的变化而不同。

这就是价值判断和价值选择的社会历史性特征。

2. 自觉站在最广大人民的立场上

教师活动:引导学生阅读教材第100页探究框题以及"名言"内容,并思考所提问题。

学生活动:自主阅读,积极思考讨论。

教师点评:人们的阶级立场不同,价值选择也不同。

在阶级社会中,价值判断和价值选择具有阶级性。面对同一事物或行为,不同阶级和阶层的人会作出不同的甚至截然相反的价值判断和价值选择。

3. 把人民群众的利益作为最高的价值标准

教师活动:引导学生阅读教材第101页探究框题内容,并思考所提问题。

学生活动:自主阅读,积极思考讨论。

教师点评:人们站在不同的立场上,就会有不同的价值观,就会作出不同的价值判断和价值选择。我们想事情、做工作,想得对不对,做得好不好,要有一个根本的衡量尺度,这就是人民拥护不拥护,人民赞成不赞成,人民高兴不高兴,人民答应不答应。

我们要自觉站在最广大人民的立场上,把人民群众的利益作为最高的价值标准,牢固树立为人民服务的思想,把献身人民的事业、维护人民的利益作为自己最高的价值追求。只有这样,才能保证我们价值判断和价值选择的正确性。

4. 正确处理各种利益关系

教师活动:引导学生阅读教材第100页探究框题内容,并思考所提问题。

学生活动:自主阅读,积极思考讨论。

教师点评:正确认识和处理个人利益与社会、集体利益的关系。

A. 人民群众的整体利益总是由各方面的具体利益构成的。

我们的各项工作应当正确反映并妥善处理各种利益关系,认真考虑和兼顾不同阶层、不同方面群众的利益。但是,最重要的是必须首先考虑并满足最大多数人的利益要求。

B. 最大多数人的利益是最紧要和最具有决定性的因素。

当个人的利益同人民群众的利益发生冲突时,要自觉站在人民群众的立场上进行选择;当个人的利益与他人利益发生冲突时,要善于从不同角度思考利益,理解和尊重他人的正当选择;当个人的利益与社会、集体和他人没有冲突时,要把个人、集体、社会三者的统一作为自己选择的标准,两利相权取其重,两弊相衡取其轻。

课堂总结、点评:

这节课我们重点学习了如何正确进行价值判断和价值选择,知道了价值判断和价值选择具有社会历史性特征,正确的价值判断和价值选择必须遵循社会发展的客观规律,自觉站在最广大人民的立场上,把人民群众的利益作为最高的价值标准,正确认识和处理个人利益与社会、集体利益的关系。

课后作业:

收集材料,思考、讨论如何进行正确的价值判断和价值选择。

2. 课例点评

(1)教学目标上,重视知识目标的落实,通过充分挖掘书本已有的材料,引导学生进行自主学习,落实书本知识。但由于其过分依赖书本材料,严重受制于书本框架,缺乏自主创新的设计,难以激发学生的价值体验和价值冲突,缺乏对社会的深层次认识,情感目标达成不够理想。

(2)教学内容上,对本框的重难点把握较为准确,这一点是值得肯定的,但没有认识到本框的特殊性,其作为价值观培养的重要框节,应把更多精力放在如何培养学生作出正确的价值判断和价值选择上,这一点是有欠缺的。

(3)教学方式上,从始至终都重视学生的自主学习能力的培养,这是好的,但形式过于单一,不可能激发学生学习的兴趣,并且由于涉及的内容都较为宽泛,学生不可能有充分的思考,作出正确的判断。

(4)教学过程中,语言简洁,逻辑清晰,但由于过于局限于书本体系和知识,使得整个过程缺乏很好的承接,也未能真正培养起学生的能力。

总之,这是一个较典型的体现一定新课程理念的教学设计,通过设问,通过学生自主学习,达到预设的教学效果,但由于没有充分认识本框内容本身的特殊性,所以也不可能真正实现教学的情感、态度、价值观目标,不可能真正触及学生的心灵。

四、创新课例研制

【教学目标】

认知目标:识记价值判断与价值选择的基本含义,如何正确地进行价值判断和价值选择;理解价值判断与价值选择的社会历史性,自觉站在最广大人民的立场上进行选择;运用所学知识及相关原理,剖析生活实例,说明人的社会地位不同,认识事物的角度不同,时间、地点和条件不同,就会形成不同的价值判断。剖析生活中价值冲突的实际事例,如竞争与友情、关爱与惩罚、传统与时尚等,运用相关原理,分析说明为什么把人民群众的利益当做是最高的价值标准,从而牢固树立为人民服务的思想。

能力目标:通过学习价值判断和价值选择的原理,要求学生深刻领会价值判断和价值选择的社会历史性和主体性特征,做到自觉遵循社会发展的客观规律,自觉站在广大人民的立场上,走历史发展的必由之路,初步具有进行正确的价值判断和价值选择的能力。

情感、态度、价值观目标:通过学习,确立正确的价值判断与价值选择标准,自觉站在最广大人民的立场上,把人民群众的利益作为最高的价值标准,牢固树立为人民服务的思想,把献身人民的事业、维护人民的利益作为自己最高的价值追求。

【教学重点、难点】

作出正确的价值判断和价值选择,必须遵循社会发展规律,站在最广大人民的立场上。

【教学方式和手段】

教学方式:采用启发式教学,通过社会热点引发学生思考,通过精心设计的设问探讨相关问题。

教学手段:运用多媒体教学。

【教学过程】

1. 导入

活动设计:假如给你一盏阿拉丁神灯,帮助你实现两个愿望,你希望是什么呢?

这是一个开放性的提问,学生可能会从信任、财富、事业、爱情、快乐、善良、学业、健康、美貌、自由等方面回答,不管学生的答案如何,我们都应给予尊重。

教师点拨:人们对事物能否满足主体需要以及满足的程度作出判断,称之为价值判断。在此基础上作出的选择称之为价值选择。价值判断是价值选择的前提,价值选择是价值判断的体现。

设计意图:通过不同学生的不同价值选择让学生明了价值判断与价值选择的内容和关系。

2. 讲授新课

设问一:为什么同样的愿望,不同的人会有不同的选择呢?

教师点拨:社会需求不同、思考角度不同、所处立场不同、社会地位不同,价值观不同。这说明价值判断与价值选择具有主体性。在阶级社会中,价值判断和价值选择具有阶级性。

拓展:各种价值判断和价值选择都是社会存在在人脑中的反映,是在社会实践基础上形成的。

知识迁移:社会存在决定社会意识。

设置意图:引导学生从社会需求不同、思考角度不同、所处立场不同、社会地位不同因而价值观不同等方面进行探究。

图片展示:从伐木英雄到植树劳模的马永顺。

伐木英雄:马永顺　　　　　　　　植树劳模:马永顺

设问二:人们对同一个问题的价值判断和价值选择为什么也会具有差异性,这对我们正确认识事物有何启发?

教师点拨:价值判断和价值选择会因时间、地点和条件的变化而不同。这说明价值判断和价值选择具有社会历史性特征。这一方面有助于我们正确评价历史和现实中的各种价值观念,防止简单化和片面化倾向;另一方面也有助于我们的价值观念与时俱进,从而作出正确的价值判断,进行正确的价值选择。

设计意图:政治教学要求在价值冲突中识别观点,本设问通过同一人物在不同时代所做相反的事情，却都得到社会的肯定，从而让学生明确作出正确的价值判断与价值选择必须坚持主观与客观具体的历史的统一。

展示老子的一段话：

圣贤之人，常善救人。绝圣弃智，民利百倍。是以圣人，处上而民不重，处前而民不害。圣人无常心，以百姓之心为心。

善人和好人，不争而善胜。是以欲上民，必以言下之。欲先民，必以身后之。故善人，不善人之师。善者果而已，不以强取。

坏人和恶人，无处不害人。若使民常畏死，而为奇者。祸莫大于不知足，咎莫大于欲得。常有司杀者，杀。夫代司杀者，杀。

设问三：人们在作价值判断与价值选择时是否有一个可以衡量的标准？

视频：2011 年 9 月郭明义获第三届全国道德模范。

教师点拨：有衡量的标准，如人的层次：（图片展示）

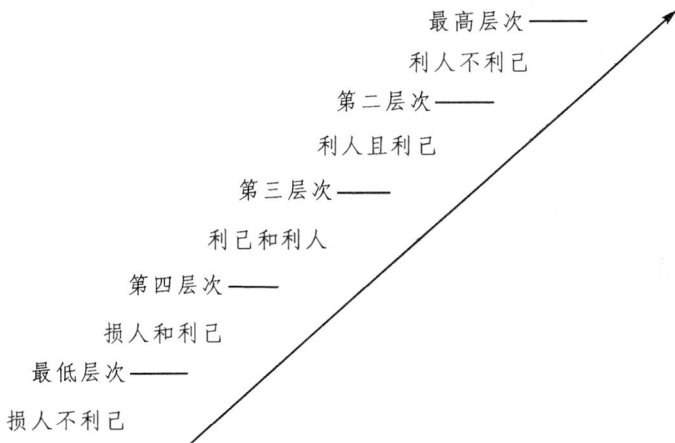

　　最高层次———
　　利人不利己
　第二层次———
　　利人且利己
第三层次———
　利己和利人
第四层次———
　损人和利己
最低层次———
损人不利己

人的层次示意图

如雷锋先进事迹:(图片展示)

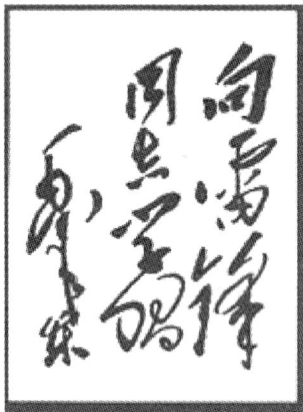

毛泽东题词

雷锋

设问四:我们应该作出怎样的价值判断与选择?

教师点拨:把献身人民的事业,维护人民的利益作为自己最高的价值追求,才能保证共产党人的先进性;自觉站在最广大人民的立场上,把人民群众的根本利益作为最高价值标准,才能保证我们的价值判断和价值选择的正确性。

设计意图:复杂的社会,充满着抉择。多元的生活,充满着冲突。"生,亦我所欲也,义,亦我所欲也,二者不可兼得。"生活中的两难选择往往让我们手足无措。此情此景,我们应该以什么标准进行价值的比较、鉴别和选择?选择的标准又是什么?通过分析材料让学生学会在比较鉴别中确立正确的价值标准。

3. 作业设置

人生畅想:有人说,有价值的人生才是幸福的人生。那么我们应该追求怎样的幸福人生?

五、课后反思

设计本框教学,应力争反映新课程理念,立足生活主题,符合由具体到抽象再到具体的认知规律,引导学生乐于学习、勤于思考、善于运用。

教学内容中的一些基本理论问题,如价值判断的含义、价值判断和价值选择的社会历史性、价值判断和价值选择的阶级性、人民群众的利益是最高价值标准等,应该充分发挥教师的主导作用,注意及时点拨、讲授,适当安排学生阅读教材和进行课堂探究讨论活动。

　　组织本框教学,应鼓励学生通过事例分析,结合自身感受会说、敢说、能说;应引导学生对现实生活中存在的问题作出理性的认识和科学的判断;应指导学生把握价值判断与价值选择的特征,坚持把人民群众的利益作为最高价值标准,自觉站在人民的立场上进行选择,牢固树立为人民服务的思想。解释理论问题,可借助图片、图表、图画、多媒体等手段,尽量让学生产生直观、具体的感受。

慈溪中学　高海军

选修 3：国家和国际组织

专题一第二框:现代国家的管理形式

一、课例选取依据

一是内容重要。本专题的理论知识是全书的理论基础,后几个专题的知识都是建立在此基础之上的。二是知识繁杂。本框内容根据不同标准,涉及多种政体,既有横向的比较(资本主义国家间的比较,资本主义与社会主义国家间的比较),又有纵向的比较(民主与专制的比较)。三是意义重大。这块知识学生虽比较陌生,但如果处理好了,有助于其了解世界各国政体并客观看待,有益于培养世界眼光、国际视野。

二、基本内容和要求

1. 基本内容。教材分三目:第一目"同为代议制,各有特色",从探究八国集团首脑领导人的称呼与国体的关系引出目题,概要介绍了国家权力的实现、国家职能的履行,需要国家机构按照一定的方式组织和运行,而这种组织和运行方式的形成受多种因素的影响。第二目"民主共和制和君主立宪制",根据国家权力机关和国家元首的产生方式及职权范围的不同,分为民主共和制和君主立宪制,教材在重点介绍资本主义国家民主共和制时,同时指明我国的政体也是民主共和制的一种形式,然后又介绍了君主立宪制的相关内容。第三目"议会制和总统制",根据立法机关与行政机关的关系,教材介绍了现代资本主义国家的政体——议会制、总统制、半总统制、委员会制的相关内容,最后在与资本主义国家的比较中,点明社会主义国家的管理形式与资本主义国家管理形式的共性和特点。

2. 基本要求。(1)课程标准:理解国家管理形式的多样性。(2)学科教学指导意见:明确代议制的共同特征;知道影响国家管理形式的因素;比较民主共和制和君主立宪制、议会制和总统制;了解社会主义国家的管理形式和当代一些主要国家的管理形式;(发展要求)理解国家管理形式的多样性。

三、常规课例解读

1. 教学课例

【教学目标】(略)

【教学重点、难点】

重点:国家管理形式的多样性。

难点:民主与专制的关系。

【教学方式和手段】

教学方式:小组合作探究、比较分析法等。

教学手段:多媒体及计算机网络。

【教学过程】

导入新课:

视频:八国集团首脑会议

问:与会的各国领导人为什么会有称呼上的差别? 各国领导人的称呼与该国的政体有什么关系?

一、同为代议制,各具特色

1. 国家权力的主要方面

立法、行政和司法,是国家权力的主要方面。

2. 国家机构设置的必要性

国家权力的实现、职能的履行,离不开相应的机构。

3. 代议制

(1)什么是代议制?

由选举产生的、代表民意的机关来行使国家权力的方式。

(2)代议制在现代民主政体中的形成原因及其重要性

一方面,只有公民广泛参与,才是现代意义上的民主政体;另一方面,不可能全体公民都经常性地直接管理所有国家事务。

代议制充当公民与国家之间的政治纽带,成为现代民主政体的共同特征。

4. 影响国家管理形式的因素是什么

地理环境、历史渊源、文化传统、人口素质、发展程度。

二、民主共和制和君主立宪制

1. 民主共和制和君主立宪制的划分标准

从国家权力机关和国家元首的产生方式及其职权范围看,现代国家大致有两种基本形式,即民主共和制和君主立宪制。

2. 民主共和制

(1)民主共和制的含义及表现

民主共和制是同君主专制相对立的政体,是遵循民主的基本原则建立起来的民主政体。其主要表现是,在民主共和制国家中,国家权力机关和国家元首都是经过选举产生的。

(2)同为民主共和制,形式不尽相同

①主要差异有哪些? 原因是什么?

决定因素:国家性质。

复习:国体决定政体。

影响因素:具体国情。

由于各国的国家性质和具体国情不同,不仅其具体形式和运行方式不尽相同,而且实际作用也存在重大差异。

②怎样看待资本主义民主共和制? (有效性;虚伪性或阶级局限性;不适应性)。

民主共和制成为他们有效地管理国家的形式和维护资产阶级统治的最好的政治外壳。一些发展中国家照搬发达资本主义国家民主共和制的模式,但由于不符合本国的国情,既不能保障本国人民的经济权利和政治权利,也难以有效行使国家职能,政权更迭频繁,社会动荡不已。

3.君主立宪制

(1)什么是君主立宪制

在君主立宪制国家中,国家元首由世袭的君主担任,但在宪法框架内,君主的权力受到不同程度限制的一种国家管理形式。

(2)君主立宪制产生的原因

一般来说,君主立宪制是资产阶级革命不彻底或对君主制进行改良的产物。

(3)具体说明君主立宪制和民主共和制的关系

在英国、西班牙、日本等实行议会制君主立宪制的资本主义国家,国家政权的实际运行与民主共和制国家大体相同。

三、议会制和总统制

(一)资本主义国家的管理形式

1. 议会制、总统制、半总统制、委员会制的划分标准

从立法机关与行政机关的关系看,现代资本主义国家可以分为四种形式,

即议会制国家、总统制国家、半总统制国家、委员会制国家。

2. 议会制的特点(略)

3. 总统制的特点(略)

4. 半总统制的特点(略)

5. 委员会制的特点(略)

(二)社会主义国家的管理形式

1. 社会主义国家管理形式的共性与特点

(1)同属于代议制：社会主义国家的管理形式，也具有上述国家管理形式的某些特点，同属于代议制。

(2)最重要的特点：社会主义国家管理形式不同于资本主义国家的最显著、最重要的特点，在于国家机构的组织和活动实行民主集中制。

2. 我国的人民代表大会制实行民主集中制的根本原因

我国的人民代表大会制度实行民主集中制，从根本上讲，是由生产资料公有制为主体的经济基础和人民民主专政的国家性质决定的。

课堂小结：

四种主要的国家管理形式：民主共和制、君主立宪制、议会制和总统制

三个主要概念：代议制、民主共和制和君主立宪制

两条划分标准：民主共和制与君主立宪制的划分标准

　　　　　　　议会制和总统制的划分标准

一个重要特点：我国国家管理形式不同于资本主义国家管理形式的最重要特点

[学习效果评价建议]

通过网络收集资料，结合课本知识具体感受各国不同的政体。

2. 课例点评

(1)教学目标上，通过对不同政体的讲解，知识点得到落实，学生比较能力有所提高，但都流于表面，对知识理解不深，情感目标达成不够理想。

(2)教学内容上，内容处理顺序井然，但对学情分析欠缺，没有真正从学生实际出发，致使学生对一些问题的认识仍比较模糊。

(3) 教学方式上，体现了新课程理念，但由于知识量较大，老师讲解较多，留白不够，有些方式只是形式上的。

(4)教学过程中，言简意赅，条理清晰，逻辑性强，但整个过程中老师主导作用明显，学生主体作用发挥不够。

从总体上说,这是一堂常规课例,以教材为教学依据,注重知识的落实,未能真正从学生的实际出发,无论是学生的兴趣还是知识的落实都有提高的空间。

四、创新课例研制

【教学目标】

1. 知识目标:了解各国不同政体,理解政体多样性的原因。

2. 能力目标:比较分析的能力。

3. 情感、态度、价值观目标:能对各国政体客观评价看待,能认同我国的政体。

【教学重点、难点】

1. 重点:国家管理形式的多样性。

2. 难点:民主与专制的关系。

【教学方式和手段】

教学方式:调查法、比较法、合作探究法。

教学手段:多媒体课件。

【教学过程】

(一)课前准备

透过大选透视政体。

学生准备:全班分成四个小组,每一小组负责英、美、法、瑞其中一国最近一次大选的情况调查,收集资料,同时试着概括该国政体的基本特点。每个小组应有3～4个负责人。

教师准备:选举完整过程,大选新特点,选举后组阁过程。

(二)课堂展示

学生:展示小组调查成果。(在规定的时间内把最典型的材料进行课堂展示。)

老师:根据学生讲解情况作适当补充,并归纳引出学生调查的国家其实就代表四种不同政体。

议会制、总统制、半总统制、委员会制的比较

	议会制	总统制	半总统制	委员会制
政治活动中心	议会	总统	总统	联邦委员会集体
政府产生的方式、组成、责任	由议会产生,对议会负责,受议会监督	由当选的总统组织,对总统负责,受立法机关制约	政府由总统任命,政府对总统和议会负责	联邦委员会是最高行政机构,由选举产生
国家元首的产生、权限、任期	议会制君主立宪制国家元首由世袭君主担任,权力按宪法规定受一定限制,拥有虚位,任期无限;议会制共和制国家元首由选举产生,拥有虚位,没有实权,有任期期限	选举产生,既是国家元首又是政府首脑,有一定任期	由选举产生,有一定的任期,掌握一定的行政权;但政府中的内阁总理不向总统负责	由选举产生的委员会主席对外行使国家元首的礼仪性职责,任期一年,不能连任
典型国家	英国、日本、西班牙、瑞典、挪威、意大利、德国、芬兰、印度、新加坡、加拿大	美国、墨西哥、巴西、阿根廷、埃及、印尼	法国	瑞士

(三)课堂讨论

材料一:保守党在 2010 年国会大选中共获得 306 个席次,自民党则有 57 席,二党合作共 363 个席次,取得国会 650 个席次过半数。这是英国 70 年来第 1 个联合政府,能否打破前例长久合作,受到高度瞩目。在国会大选中获得最多席次与选票的保守党,党魁卡梅伦由怀孕 5 个月的妻子莎曼珊陪同,随后前往白金汉宫,接任女王任命,出任英国新首相。

材料二:美国民主党总统候选人贝拉克·奥巴马在 4 日举行的总统选举中击败共和党对手约翰·麦凯恩,当选第 56 届美国总统。他将成为美国历史上首位非洲裔总统。

当天,美国选民在选举新一届总统的同时,还要投票选出新一届国会。众议院 435 个席位将全部改选,参议院 100 个席位将改选 35 席。选民还要选举出 11 个州的州长。

1. 根据国家权力机关和国家元首的产生方式及职权范围,试着比较这些国家政体的异同及原因。(特别注意的是美国与英国之间政体的对比。)

教师总结:

	分类	民主共和制	君主立宪制
区别	产生办法	经过选举产生	由世袭的君主担任
	国家元首在国家政治生活中的地位	在议会制共和制国家中,国家元首没有实权;在总统制共和制国家中,国家元首同时又是政府首脑,有实权	在宪法框架内,君主的权力受到不同程度的限制,其职责多是礼仪性的
	形成的原因	遵循民主的基本原则建立起来,是资产阶级革命比较彻底的产物	资产阶级革命不彻底或对君主制进行改良的产物
	采用的国家	现代大多数国家都采用,如美国、法国、德国等	少数国家所采用,如英国、西班牙、日本等
联系		(1)都是现代国家所采用的基本管理方式 (2)相对于君主专制,是国家管理形式上的巨大进步	

2. 结合材料一、二以及根据所学历史知识试比较民主政体与封建专制政体的区别。

教师总结:

	政府组成的依据	国家元首产生方式	国家元首任期	地方政府官员的产生方式	地方政府官员任期	转移统治权的方式	民众的自由与权利
民主政体	依据宪法组成	由公民选举产生	有一定的法定任期	由公民投票选出	有一定的法定任期	选举	公民的自由与权利受宪法保障
专制政体	君主的意志	君主世袭	没有任期的限制	由君主任命	由君主决定	革命	民众几乎没有自由和权利

材料三:美国当选总统奥巴马和现任总统布什的幕僚们正忙于草拟措施,以提振金融市场,避免白宫易主造成的政策真空进一步损害美国经济。

国会主要参议员与白宫已就总统奥巴马的经济刺激计划核心内容达成临时性协议。根据协议,计划总额为7800亿美元。

美国总统奥巴马当地时间周五表示,自经济衰退开始以来,预计约有360万美国人失业,并公开谴责国会延迟通过经济刺激方案是"不可原谅和不负责任的"。

3. 结合材料一、二、三以及美国不懈支持的伊拉克阿富汗民主政体的现状试概括民主共和制政体的进步性和局限性。

民主共和制成为他们有效地管理国家的形式和维护资产阶级统治的最好的政治外壳。一些发展中国家照搬发达资本主义国家民主共和制的模式,但由于不符合本国的国情,既不能保障本国人民的经济权利和政治权利,也难以有效行使国家职能,政权更迭频繁,社会动荡不已。

材料四：不同于美国 7000 亿救市计划迟迟未能出炉，中国政府在 2008 年 11 月 9 日召开的国务院常务会议上宣布了包括扩大内需、促进经济增长的 10 项措施的财政刺激方案。

春草新绿，万象更新，全国两会召开在即。亿万民众关注两会热议话题，企盼关系国计民生的诸多大事，能够在会上得到充分的讨论和正确的决策，其中就包括"4 万亿怎么花"的问题。

4. 通过对资本主义国家政体的概括，结合材料三、四把我国政体与其比较有何异同点，原因在何处，优越性又在哪里？

社会主义国家的管理形式，也具有上述国家管理形式的某些特点，同属于代议制。

社会主义国家管理形式不同于资本主义国家的最显著、最重要的特点，在于国家机构的组织和活动实行民主集中制。

我国的人民代表大会制度实行民主集中制，从根本上讲，是由生产资料公有制为主体的经济基础和人民民主专政的国家性质决定的。优越性：体现了我国的国体，符合国情，保障人民当家作主，具有强大生命力。

（四）课堂总结

以上我们学习的这些国家的政体由于复杂的原因都不一样，但都属于现代民主政体，代议制是它们的共同特征，充当了公民与国家之间的政治纽带，以此来实现国家权力，履行国家职能。

（五）课堂板书

现代国家管理形式
- 议会制
- 总统制
- 半总统制
- 委员会制
- 君主立宪制
- 民主共和制

立法与行政机关的关系不同

元首与权力机关产生方式不同

代议制

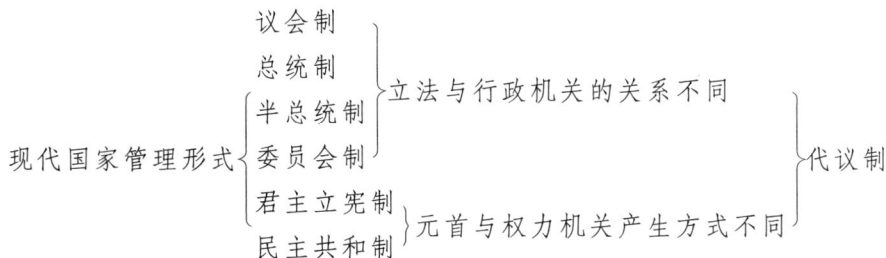

五、教学比较与反思

1. 为何教？教材设置这框内容的意图：让学生了解西方国家管理形式的特点，在马克思主义基本观点的指导下，观察国际现象，了解真实的国际社会，拓展国际视野，提高政治鉴别能力；让学生以敏锐的眼光、开放的心态，去鉴赏人类文明的有益成果，着眼于三个面向，培养世界眼光、国家观念；让学生明确我国人民代表大会制度的特点和优势。

2. 教什么？这堂课就教学目标来说，一是要了解世界各国不同的国家管理形式；二是要解决世界各国政体多样性的原因；三是我们应认识到人民代表大会制度的优越性，让我们坚持人大制度，坚持民主集中制。从学生的关注点看，他们对人大制度、民主集中制有所认识，但并不认同，认为我们的制度形同虚设，而西方讲民主，但对西方的民主制度又不甚了解，所以教学的重点放在让学生去了解西方政体的形成及原因，还有它的局限性，从而让学生认识到我们为何不照搬西方，而实行人大制度。

3. 如何教？首先采用课前学生准备资料在课堂展示，一是基于学生对这些问题既有兴趣但又陌生的特点，让学生客观地去看待国际社会现象。二是因为课本知识繁杂，如果都放在课堂上解决，效果也流于表层，通过学生课前调查，既发挥他们的主体性，又减少了课堂容量，学生对这块知识相对深入了解。其次，采用讨论的方式比较不同政体的特点及其原因，让学生客观辩证看待西方政体，采用比较方式，让学生明确我国的人大制、民主集中制也是一种民主政体，采取这样的政体，也有其客观原因，我们应认同并坚持人大制、民主集中制。采用传统方式，虽能落实知识点，但对学生思维中存在的问题仍无法解决。

余姚七中　宋健儿

专题二第四框:英法两国政体的异同

一、课例选取依据

一是内容本身的重要性。这门课程的性质本身就是以英国、法国和美国为例,具体地介绍当今世界的几个主要国家的政体的特点,理解把握资本主义国家的实质以及理解国体和政体的关系。在此基础上,帮助学生了解真实的国际社会,拓展国际视野,提高政治鉴别能力,并进一步明确我国人民代表大会制度这一社会主义国家的政体是适合我国国情的政权组织形式。而本框就是比较英法政体的异同点,并揭示出它们共同的阶级实质,从而有助于学生进一步理解国体和政体的关系。

二是基于教学实践中学生的学习困惑。虽然通过必修2《政治生活》的学习,学生已初步树立了马克思主义的基本观点,但是由于缺乏切身的实际体验和相应的感性材料,导致学生不能真正理解英法两国政体的差异及造成差异的原因,尤其是不能真正理解英法两国的阶级实质,这必然会影响学生对国体和政体的关系的理解。

二、基本内容和要求

1. 基本内容。本框内容通过对英国君主立宪制和法国民主共和制不同点和相同点的分析比较,说明两国政体具体的差异以及造成这些差异的原因,并进一步指出不能因为这些差异而否定两国政体本质上的相同及阶级局限性,认识两者都是资本主义国家的统治形式,维护的都是资产阶级利益,从而进一步理解我国人民代表大会制度的优越性。

2. 基本要求。(1)课程标准:比较法国民主共和制与英国君主立宪制的异同。(2)学科指导意见:①明确英法两国政体的差异;②理解英法两国政体的共同实质、作用和局限性;③(发展要求)以英法两国为例,评析资本主义国家的政体。

三、常规课例解读

1. 教学课例（选自中学学科网）

【教学目标】（略）

【教学重点、难点】

英法两国政治体制的异同。

【教学方法】

情景导析、合作探究。

［教学过程］

直接导入话题：

一、两国政体的差异

学生自主学习并完成表格。表格中的比较项目有：

政体类型	议　会	国家元首	政府的产生	政府首脑	国家权力重心

在此基础上以选择题形式当堂检测。

教师出示相关链接。

相关链接：

英国议会对政府的监督权要强于法国。法国议会虽然有对政府的弹劾和倒阁权，但受到种种限制，实行起来非常困难。1959—1979 年二十年间，法国国民议会先后提出 38 次对政府的不信任案，只有一次获得通过。

相关链接：

一谈到两党制，许多人就想到了美国的共和党和民主党。实际上，两党制的发源地是英国。英国最早出现的两大党是托利党和辉格党，其来源可以追溯到 17 世纪 70 年代。经过三百多年的演变，保守党和工党已成为英国两党制的主角。所以英国既是现代西方议会制度的发源地，也是政党和政党制度的发源地；既是"议会之母"，也是"政党之母"。

相关链接：

英法国家权力重心不同。英国的权力重心在首相，法国的权力重心在总统。从内阁稳定的角度看，英国首相可以以党的领袖名义要求全体阁员服从自己的领导，以维护执政党地位，因而政府比较稳定。在法国，当政府内部发生意见分歧时，总理有时无法掌控局面，导致政府危机。总理受到议会和总统权力的种种制约，地位显然不能与英国首相相比。

二、政体相异的原因

在学生掌握了两国政体的区别之后教师进一步启发学生思考:英法两国同是资产阶级国家,为什么政体会出现不同?

学生:小组合作探究并展示探究成果:

政体相异的缘由——资产阶级革命不同的阶级力量对比、历史背景和政治传统。

教师出示相关链接:

法国大革命前,资产阶级思想家已经掀起了一场启蒙运动。他们的主要思想是:主张民主,反对封建的君主专制;呼唤自由,反对封建的人身依附;要求平等,反对封建的等级制度;崇尚科学,反对封建的蒙昧主义。这些思想深入人心,极大地鼓舞了当时深受压迫的人们反抗封建专制政权的斗志。

在此基础上当堂检测相应知识点。

三、异中有同　殊途同归

教师通过启示学生回忆国体与政体的关系,启发学生找出两国政体的相同点。

探究总结:

1. 从政体与国体的关系看——国体决定政体。

2. 从执政党的性质和作用看——统治阶级的阶级性质决定国家的性质。

3. 从国家权力的运行方式看——议会权力萎缩、行政权力加强。

4. 英法政体的弊端及其根本原因。

师生共同小结本课学习的主要内容。

作业安排:比较英法两国政体的异同。

2. 课例点评

(1)从教学目标上,主要侧重于知识目标的落实,通过列表的形式对英法两国政体的不同点和相同点进行比较,知识脉络清晰,理论性、系统性较强。从能力目标上说,通过比较英法两国政治体制的异同,能培养学生一定的比较、鉴别能力。但是结论基本上都是学生直接从书本上可以找得到的,所以辩证思维的能力,收集、整理信息和分析问题的能力,提高概括能力及透过现象看本质的能力目标没有很好地落实。基于能力目标没有实现,情感、态度、价值观目标也没有达成。

(2)教学内容的处理上,没有很好地突破难点。由于没有相应的感性材料,学生对书本上的结论只知道是什么,但是没有真正理解为什么,因此无法真正揭示英法两国的阶级实质,也就无法理解社会主义制度的优越性,从而坚定社会主义信念。

(3)在教学过程中,语言简洁,过渡自然,但是所提问题范围太大,难度太大,没有从学生的生活经验出发,而且预设明显,因此无法真正发挥学生的主体作用。

四、创新课例研制

【教学目标】

通过对时事政治的关注来剖析英法政治体制的异同,加深对知识本身理解的同时,促进对时事政治自觉、主动地关注,让政治课更加贴近社会和生活;同时通过剖析英法政体的阶级实质,让学生进一步坚定社会主义信念。

【教学重点、难点】

教学重点:英法政体的异同及原因。

教学难点:英法政体相异的原因及理解其阶级实质。

【教学方式和手段】

教学方式:情境导析、合作探究。

教学手段:运用多媒体课件。

【教学准备】要求学生收集卡梅伦、萨科齐当选历程及实行的相关政策;剪辑相关视频。

【教学过程】

导入:

师:(出示卡梅伦和萨科齐的图片)大家认识这两个人吗? 他们分别来自哪个国家? 他们的称呼分别是什么? 你能说出他们为什么称呼不同吗?

生:略。

师:造成英法两国领导人的称呼不同主要是由于两国的政体不同。

英国的政体是君主立宪制,而法国的政体是半总统制半议会制。那么英法两国政体有什么区别呢? 为什么它们会采取这两种不同的政体呢? 它们有没有相同点呢? 这就是我们今天这节课要探讨的问题。

授新:

(1)师:哪位同学能向我们介绍卡梅伦和萨科齐分别是怎样当选为英国首相和法国总统的?

生:展示课前调查资料。

师:(显示卡梅伦和萨科齐当选相关材料。)请同学们根据前面所学知识结合材料归纳出英国内阁的产生过程以及法国总统和政府的产生过程。

生:略。

师:你认为卡梅伦当选为英国首相的关键是什么?

生:讨论得出:卡梅伦当选为首相的关键是保守党取得议会选举的胜利,当保守党获胜时,作为保守党领袖的卡梅伦就成为了英国首相。

师:所以对卡梅伦来说有两个关键步骤:一是成为保守党的领袖,二是保守党成为议会的多数党。那么你能根据卡梅伦的当选和前面所学知识归纳出英国内阁政府与议会的关系吗?

生:讨论得出:英国的内阁政府由议会产生,并受议会监督,对议会负责,议会是行政权力的最高来源。但是20世纪以来,英国议会的实际权力不断萎缩,而首相的权力越来越大。

师:大家对前面的知识掌握得不错。所以英国的议会不仅是最高立法机关,也是最高权力机关。

(2)那么你知道在英国历史上除了保守党外,还有哪些政党曾上台执政即英国历史上的首相曾来自哪些政党?

生:列举所知道的首相并查找他们所在的政党。

师:从中你有什么发现吗?

生:思考讨论并得出:在英国主要就是保守党和工党两个政党轮流上台执政。

师:这就是说英国的政党制度是两党制。在英国一个政党能否上台执政的关键就是能否取得议会选举的胜利。当保守党取得议会选举的胜利后卡梅伦就成为首相了吗?

生:思考得出:必须经过女王的任命和授权。

师:对。卡梅伦要正式掌权必须要走一个法定程序:受英国女王召见,"受邀"组建新政府。看起来英国女王权力还挺大的,是否真是如此呢? 我们来看一段视频。(播放经过剪辑的《女王》片段。)

生:观看视频。

师:在《女王》这部影片里,通过黛安娜王妃葬礼的安排,你如何体会女王在英国的地位?

生:小组合作讨论。在葬礼安排上,女王不愿意出面,最后在首相和各方压力下改变了主意。说明英国女王没有实权,不能按自己的想法安排。

师:很好。那么,布莱尔为什么一定要女王出面表示"和人民一起悲伤"?

生:因为女王毕竟是国家元首,还是一种精神象征,礼仪性的。

师:这位同学已经从两方面概括了女王的地位和作用。那么同样是作为国家元首的萨科齐在法国的地位和英国女王一样吗？对萨科齐大家了解多少？

生：（简单介绍一下他所了解的。）

师：刚才我们知道了萨科齐是在 2007 年 5 月 16 日上任的。他是选民直接选举产生的，所以从中可知法国的议会不像英国的议会有那么大的权力。萨科齐上任后就任命菲永为法国新一任总理，在 2010 年 11 月对内阁进行重组。为什么萨科齐可以任命菲永为总理？为什么要改组内阁但是总理又不换呢？

生：根据课前调查资料讨论分析得出：前一个问题是因为法国是半总统制，总统有权任命总理；后一个问题是因为法国是半议会制，因此法国的总理必须是控制议会多数席位的政党组织内阁。

师：（补充）很好，萨科齐改组内阁，起用右翼精英，抛弃左翼人士，力求让执政党人民运动联盟内部更团结。从中我们可以知道法国其实不是一个政党在执政，而是政党联盟，我们把这样的政党制度叫做多党制。

师：看起来菲永深得萨科齐的信任，那么菲永的日子应该很好过了。但是事实并非如此。请看《菲永的一天》。从中你知道了为什么很多法国总理都曾向媒体大倒苦水，说在法国当总理如同生活在地狱里的原因吗？

生：讨论分析得出：法国总理既要受总统制约又要受议会制约。

师：因此，英国女王和法国总统、英国首相和法国总理、英国议会和法国议会权力的比较如何？

生：小于、大于、大于。

师：根据以上分析，我们来共同完成下列表格。

表格一：英法两国政体的不同点

比较项目 英法政体			英国议会制君主立宪制	法国民主共和制中的半总统半议会制
不同点	政体的结构	从议会看	英国议会是最高立法机关、最高权力机关	法国议会只是立法机关，其地位和作用不能与英国相提并论
		从国家元首看	英国国王是"虚位君王"，世袭继承，没有任期限制，是终身制	法国总统是国家行政权力的中心，由选民直接选举产生，任期 5 年
		从政党制度看	英国是两党制，由议会多数党组阁	法国是多党制，形成多党联合执政
		从政府首脑看	英国首相由议会多数党领袖担任，权力很大，其领导的内阁比较稳定	法国总理由总统任命，但总理要对议会负责，其领导的政府容易导致危机

师:同样都是欧洲的资本主义国家,为什么政体上有明显差别呢?

请大家结合所学历史知识、书本和视频内容分析。(播放剪辑过的《大国崛起》英法部分,要求记住关键词。)

生:观看、记录、复述。

师:根据学生复述板书:

阶级力量对比:

英国:①革命方式——革命加改良

　　②原因——资产阶级力量没有占绝对优势

法国:①革命方式——彻底的资产阶级革命

　　②原因——资产阶级力量占绝对优势

历史背景与政治传统:

英国——保守、妥协

法国——激进、不妥协

师:(总结)英法资产阶级革命不同的阶级力量对比、历史背景和政治传统是造成两国政体相异的缘由。一句话,是由它们的国情决定的。我国的政体是人民代表大会制度,这是适合我国的国情的一种制度。这反映出政体具有什么特点?

生:政体的相对独立性。一个国家采取何种政体,必须要与其国情相符合,既要考虑国家性质,还要考虑历史传统、历史背景,等等。

师:萨科齐在总统竞选成功后表示要做法国人民的总统;而卡梅伦则表示希望带来一个人民能够信任并且再次令人民尊敬的政治体系。他们为什么都关注"人民"? 他们真的关注人民吗?

关于英法政体,有人认为还是法国的政体更能适应它的国体,而英国政体还保留着英王这个封建社会的尾巴,是落后的政体。还有人认为,法国多党制更能反映出全国大多数民众的意见,法国的多党制比英国的两党制好得多。

那么你是怎样看待这些问题的? 同学们按小组一起探究,然后派代表上来发表你们小组的看法。

生:分组讨论探究几分钟。

师:大家讨论探究得很热烈,下面有请各小组代表上讲台来发表你们的看法。大家各抒己见,不同见解可以争论。

生:上台谈见解。

师:(在此过程中,学生可能有各种看法,对此要适度引导。主要是引导学生理解两国政体并没有优劣之分,从政体性质、执政党性质上看本质上是一样的,是殊途同归。)

师:通过讨论,我们取得了一致的看法。下面让我们一起来归纳一下,把两者的相同点填一下。

表格二:英法两国政体的相同点

相同点	政体的实质和作用	从政体和国体的关系看	国体决定政体,英法两国都属于资本主义国家的统治形式(即都是当代资本主义国家的政权组织形式)。两国的政权都是资产阶级政权,执政的根本目标是维护资本主义制度,为资产阶级利益服务
		从执政党的性质和作用看	两国执政党的阶级性质相同,都体现了资产阶级专政的国家性质,都代表资产阶级的利益。两国的右翼政党代表资产阶级利益,号称代表中下层人民利益的左翼政党已经公开充当资本主义制度的捍卫者
		从国家权力的运行方式看	两国权力机关的变化趋势相近,都出现了议会权力萎缩的情况。这些共同趋势,反映了代议民主制正在走向行政集权的民主制
	从英法政体现存各种弊端的根本原因和解决效果看		英法政体都渐趋成熟,但它们都同样面临着困扰,暴露出诸多问题

师:那么造成英法两国上述弊端的根本原因是什么呢?

生:资本主义基本矛盾。

师:资本主义基本矛盾是什么?

生:生产的社会化和生产资料的私人占有之间的矛盾。

师:也就是说,只要资本主义性质不变,再怎么变革政体都无法从根本上解决问题。

而我国就不一样了,我国是建立在生产资料公有制为主体的经济基础之上的社会主义国家,国家和人民之间的根本利益是一致的。建立在这一经济基础之上的人大制度不仅符合我国的国情,而且保障了人民当家作主的利益,具有强大的生命力和巨大的优越性。因此我们没必要照搬照抄别国的政体。当然我们也不能强迫别国实行跟我们一样的制度。我们要做到求同存异、和睦共处,尊重别国人民的选择。

[课堂小结]本课学习的主要内容有:4、3、2、1

4个不同:即英法政体的不同点。

4个相同:即

(1)从政体与国体的关系看——国体决定政体。

(2)从执政党的性质和作用看——统治阶级的阶级性质决定国家的性质。

(3)从国家权力的运行方式看——议会权力萎缩、行政权力加强。

(4)英法政体的弊端及其根本原因。

3个缘由:即政体相异的缘由——资产阶级革命不同的阶级力量对比、历史背景和政治传统。

2个不同的权力中心：英国的权力重心在首相，法国的权力重心在总统。

1种国体：虽然英法的政体不同，但是他们的国体相同，都是资本主义国家。

[课后探究题]请将我国的国体和政体与英、法两国情况再做比较，并思考"为什么'三权分立'制度不适合我国国情"。

五、研制意图

1. 目标与学情。本框的主要教学目标是指导学生理解和把握英法两国政体的不同和相同之处，其目的在于通过理解两国政体的异同，认识到两国虽然政体各异，但其实质和作用是异中有同、殊途同归，从而达到深刻理解我国坚持人民代表大会制度而不能照搬西方政体的思想目标。但由于学生缺乏相应的生活经验，课本内容离学生的实际生活比较远，学生没有相应的感性知识，对知识不易理解，也不利于达成教学目标。

2. 教什么？新课改的理念是"回归生活，感知生活，享用生活，发展生活"，要让学生在生活体验中提高能力，提升思维。就这一框来说，就是让学生深刻理解两国政体的实质。这就要求我们教师在政治课堂上将抽象的内容具体化，将枯燥的知识生动化，来激发学生的兴趣，获得真切的情感体验。在教学设计中指导学生从生动的生活事例中、从直观的影像感受中得到启示，理解两国政体有别的表现及原因，理解两国政体相同的实质。从中提高学生分析问题和辨别是非的能力，提升透过现象认识事物本质的能力，提升对我国政体的认识和认同感。

3. 如何教？课堂教学中紧紧抓住"生活"这一主题，让生活走进政治课堂，将政治课堂引向生活。这应从两个方面把握：一是课堂教学内容要力求体现学生生活，并能有效指导他们的生活。二是课堂教学方式必须是学生喜闻乐见的，是学生凭借自己的生活经验能感知和理解的。在设计这一框时，通过学生熟知的两国领导人的称呼的不同导入到英法两国的政体不同。借助多媒体和课件以及利用剪辑过的纪录片《大国崛起》将英法两国现代政体确立的历史片段呈现出来。通过多种途径让学生尽可能多地掌握相关信息，增加他们的实际体验。在本节课快要结束时，布置一份课后探究题，要求学生将我国的国体与政体和英法两国情况再作比较，并思考"为什么'三权分立'制度不适合我国"，这样一方面训练了学生的发散思维和创新品质，另一方面也使本课内容有了延伸，为理解后面专题四关于我国政体作了积极铺垫。

象山二中　　周春娣

专题三第三框:美国的三权分立制

一、课例选取依据

一是内容本身的重要性。美国是资本主义民主制度发展比较完备的国家,研究和学习美国的政治体制是重中之重。这个专题中美国的三权分立制又是四框之中的重中之重。因为资本主义政治体制和社会主义政治体制最显著的区别在于资本主义实行三权分立制,社会主义实行民主集中制。美国又是最典型的资本主义国家。因此,这个内容是本书的重点,又是美国专题的重点。二是基于现状的必要性。信息时代,学生获得世界各国的信息量大,人们思想活动的独立性和选择性很大,价值观的多元化前提下,学习本框内容有助于学生从不同的视角了解美国社会的民主现状,对资本主义民主从现象到本质有更加深刻的认识。

二、基本内容和要求

1. 基本内容。本框共三目。首先本框介绍了美国三权分立制度建立的历史原因和阶级原因,并介绍了三权分立的内容与核心。在此基础上,本课考察了美国三大权力机关之间相互分立、相互制衡的特点。最后,本课从积极、消极两方面指出了三权分立制的政治作用:(1)第一目"三权分立:权力运行的规则"。美国选择三权分立的政体是由其历史、国情和其阶级实质所决定的。三权分立的核心是权力的分立、制约和平衡。中央政府机构由彼此平等而又独立的立法、行政和司法三个部门组成,立法权属于国会,行政权属于总统,司法权属于法院。(2)第二目"三种权力的相互制约"。立法权属于国会,又受到总统和法院的制约;行政权属于总统,又受到国会和法院的制约;司法权属于法院,又受到国会和总统的制约。三种权力相互制约,保持权力平衡。(3)第三目"三权分立的利弊"。三权分立有它的积极作用,即反对封建专制,维护民主制并调节资产阶级内部利益。三权分立的弊端体现在三权的分立和制衡是在资产阶级内部的权力分配,三大国家权力机关相互扯皮,三权分立在实践中难以真正贯彻。三权分立的本质是资产阶级民主制度。

2. 基本要求。(1)课程标准:简述美国是实行三权分立的典型国家,分析三权分立制的实质。(2)学科教学指导意见:①了解美国选择三权分立制的原因。②把握三权分立的核心内容。③理解三权分立制的历史进步性、弊端和本质。

三、常规课例解读

1. 教学课例

【教学目标】(略)

【教学重点、难点】

重点:美国三权分立制的核心内容和弊端。

难点:美国三大机关的相互制衡及其重要意义。

【教学方法】

图表归纳法、问题探究法、情境分析法。

【教学过程】

(一)三权分立:权力运行的规则

课堂探究:

在现代资本主义国家,无论采用君主立宪制还是民主共和制,如英国或法国,国家立法机关、行政机关和司法机关之间,都存在分权和制衡。美国是近代欧洲移民创建的国家,较少受到封建传统的影响。源于欧洲资产阶级启蒙思想家的“三权分立”原则,在今日美国政体中表现得最为典型。

在美国政治制度中,总统、国会和最高法院的各自职权是什么?

美国三大国家机关之间的分权界线是否明确?

1. 确立三权分立原则的原因

(1)影响因素:历史条件和具体国情;

(2)决定因素:国家的阶级本质。

美国选择三权分立的政体,是其历史条件和具体国情的产物,也是由其国家的阶级本质决定的。制宪会议特意在宪法中加强行政机关和司法机关的独立地位及权力,以限制普通民众对国家政治的直接参与,为有产者的私有财产和自由提供双重保险,有效地保障资产阶级国家机器的运转。

2. 三权分立原则的地位及其核心内容

(1)地位——是美国联邦政府组建和运行的基本原则;

(2)核心内容——权力分立、制约和平衡。

3."三权"所属机关及其运作

(1)中央政权机构及彼此关系

①中央政权机构——立法机关、行政机关、司法机关;②彼此关系——平等而又独立。

(2)立法权——属于国会

①立法权属于国会,国会负责制定法律;②国会、行政机关和法院都要依据法律行事;③国会议员由选举产生,有一定任期,总统无权解散国会,也不能决定议员的工资待遇。

(3)行政权——属于总统

①行政权属于总统;②总统由选民间接选举产生,直接对选民负责,不对国会负责,国会不得增减总统任职期间的报酬,更不能罢免总统(除非定罪);③政府的重要行政官员由总统任命,对总统负责。

(4)司法权——属于美国联邦法院系统

①司法权属于美国联邦法院系统;②联邦最高法院是美国最高审判机关。最高法院受理的案件,不论初审案件或复审案件,都是终审判决,最高法院还拥有司法审查权,审查联邦或州的立法或行政行为是否违宪;③法官均由总统征得参议院同意后任命,只要忠于职守,可终身任职,非经国会弹劾不得免职。

课堂探究:

镜头一:美国国会有弹劾总统的权力。1998 年,参议院对克林顿弹劾案进行最终表决,克林顿被认定无罪。

镜头二:2000 年 12 月 1 日,由于在总统大选中出现纷争,美国最高法院九位大法官听取布什与戈尔两大竞选阵营的辩论。布什最终凭借法院的裁决入主。

国会有权弹劾总统,法院的判决影响总统大选结果。这是三权分立的特征吗?

有人说"美国的政治制度错综复杂,说不清到底谁管谁",你认为这种说法有道理吗?

(二)三种权力的相互制衡

1.三权分立的表现

(1)总统、法院在国会立法权方面相互制衡的表现

美国立法权属于国会。但是总统有权否决国会立法;可以发布拥有法律效力的行政命令;还有立法倡议权,即建议国会立什么样的法。法院有权宣布国会制定的法律违反联邦宪法。

(2)国会、法院在总统行政权方面相互制衡的表现

行政权属于总统。但是行政机构的设置和所需经费须由国会批准,国会还有权监督行政执行情况、经费开支和官员行为。美国最高法院可以宣布总统发布的行政命令、行政机关颁布的规章条例违宪;还能通过案件的判决对宪法作出新解释,扩大或限制总统的权力。

(3)总统、国会在法院司法权方面相互制衡的表现

司法权属于法院。但是法官由总统提名经参议院同意后任命;最高法院法官人数和联邦其他法院的设立,均由国会决定,总统亦可施加影响。国会可以通过批准对法官的任命或弹劾法官的办法,来改变法院的组成。国会和各州一起,可以用宪法修正案推翻最高法院的裁决。

图表表示如下:略。

课堂探究:

1984 年,一名叫约翰逊的示威者焚烧了一面国旗,还围着火堆唱:"美国,红白蓝的旗帜,我们唾弃你。"该案发生时,已有联邦国会 1968 年通过的《反亵渎国旗法》,50 个州中 48 个州有类似法律。1989 年 6 月 21 日,最高法院以五比四判定约翰逊的行为为"象征性言论",是受宪法保护的言论自由。这个判决裁定《反亵渎国旗法》违宪。这个结果一宣布,乔治·布什总统立即针锋相对地表态:"烧国旗是错的,大错特错。"美国国会也立即通过了 1989 年《国旗保护法》,经乔治·布什总统签署后成为法律。随即,有人在国会大厦前烧毁国旗,以示挑战。最高法院再次以五比四判定,1989 年《国旗保护法》也违宪。国会希望通过修宪来改变最高法院的判决,但至今仍未成功。

2. 三权分立制的含义及其影响

(1)含义:略。

(2)影响:

国家的立法权、行政权和司法权分别由议会、政府、法院独立行使,同时又相互制约,保持权力均衡,按照这种权力分立和权力制衡的原则来组织国家机关、行使国家权力的制度,被称为"三权分立制"。三权分立与权力制衡,作为资本主义民主制度的一项原则,为现代资本主义国家所广泛采用,其中美国最为典型。

(三)三权分立的弊端

1. 人民无权参与,事实上成为协调资产阶级内部权力分配的一种机制——协调范围的局限性。

2. 三权分立、权力制衡导致三大权力机关的工作效率低下——效率低下。

课堂探究:

美国国会掌握着"钱袋子",政府支出的每一分钱,都要由国会拨款。近 20

年来,由于国会与行政机关之间相互扯皮,美国政府曾6次面临关门的尴尬境地。1995年年底,当时的总统克林顿是民主党人,而国会参众两院都掌握在共和党手中,国会与总统之间的矛盾激化。美国部分政府部门关门,有近30万人没有上班。这期间,海关停办手续,许多外国人滞留机场。美国一些驻外机构也关了门,等待签证赴美的人只能更改机票或取消访美。

有人说"政府关门事件是三权分立制度造成的",你怎么看二者之间的联系?

3. 三权分立原则难以真正贯彻——贯彻难

(四)三权分立制的本质——是一种资产阶级民主制度

美国的三权分立制本质上是一种资产阶级民主制度。两百多年的历史经验表明,它有效地维护了美国资产阶级的统治。但是,广大劳动人民不可能在这种制度下享有真正的民主。虽然三大权力机关之间互相制约、平衡,却没有一个代表人民意志的权力机关,因而不可能实现人民群众的多数人统治。

【本框小结】通过本框内容的学习,我们对美国的三权分立制有了深入的了解和正确的认识,为后面讲我国的民主集中制设下伏笔。

2. 课例点评

(1)教学目标上,重视了知识目标的落实,尤其是通过图表结构对知识点的整理和比较,使学生能较好地掌握较为复杂的知识点,但由于过于侧重知识点的讲解与落实,在情感、态度和价值观目标上的落实就显得不够,由于缺乏情感体验,学生对美国三权分立制没有深刻的体验。

(2)教学内容上,重难点是比较突出的,尤其是知识点上的难点突破是有效的,学生的知识点落实上较好。但通过分析美国的三权分立制,对于资本主义民主缺少从现象到本质的深刻认识。

(3)教学方式上,通过问题探究,创设教学情境,能激发学生探究的热情和兴趣,但由于过于侧重知识点的落实,留给学生深入探究的时间和空间不够,很多探究流于形式,深入不够。

(4)教学过程中,结构完整,条理清晰,图文并茂。但课堂预设太多,生成性不够,没有充分发挥学生的主体作用。

总之,这是一堂较为典型的常规课,以落实基础知识点为主要教学目标,通过教学情境的合作探究,层层深入,课堂思路清晰,教学效果明显。但缺乏学生的情感体验,难以为我国民主集中制的教学打下情感的基础,学生的情感体验不够,情感升华不够。

四、创新课例研制

【教学目标】

知识目标：识记美国联邦政府组建和运行的基本原则；理解美国三权分立制的核心内容；正确认识美国三权分立制的历史进步性和局限性。

能力目标：培养学生辩证分析的能力、比较分析的能力及阶级分析的能力；培养学生的问题探究精神和协作学习精神。

情感、态度与价值观目标：通过本节课的探究，使学生认识到三权分立制的进步性和局限性，学会理性地看待美国的政治制度。

【教学重点、难点】

重点：美国三权分立制的核心内容和弊端。

难点：美国三大机关的相互制衡。

【教学方法】

问题探究法、案例分析法、情景体验法。

【新课教学】

导入新课：阅读以下材料。

美国女植物人生死升级为政坛争斗，引发三权分立大讨论！

1990年，美国人泰丽成植物人。8年后，其丈夫向法官申请对妻子实施安乐死，由此开始了7年的官司生涯，特丽身上的多条喂食管多次拔出，又被插回。2001年，佛罗里达法庭第一次判定拔去特丽喂食管，后被州政府干预，重新插上喂食管。2003年，佛罗里达法庭再次判定拔去特丽的喂食管。佛罗里达州长杰布·布什决定介入，州议会通过特丽法案干预法院判决，特丽被再次插回喂食管。2005年，美国国会表示关注，但3月18日佛州法庭第三次判定拔去特丽喂食管。美国国会3月19日达成一项议案，要求重新为她插入喂食管，美国总统布什中断休假为特丽签署救命法案，特丽父母请求法院强制执行。3月21—24日，美国地区法庭、巡回上诉法庭和联邦最高法院先后驳回了为特丽恢复喂食管的请求。

问题探究一：一个普通人，牵动了美国高层政坛，从中我们可以看出美国的政体是如何运行的。

学生回答：三权分立制。

三权分立是美国联邦政府组建和运行的基本原则，其核心内容是权力的分立、制约和平衡。

扩展阅读：历史回眸：美国三权分立制的理论和实践溯源。

人物	理论	实践
洛克(1632—1704)	国家权力划分为立法权、行政权、对外权	英国君主立宪制(1689)
孟德斯鸠(1689—1755)	国家权力划分为立法权、行政权、司法权，三权分立、相互制衡	法国共和制(1789)
汉密尔顿(18—19世纪)	继承孟德斯鸠的思想，强调增强行政权和司法独立	美国三权分立制(1787)

学科延伸：回顾所学的历史知识：美国选择三权分立制这一政体，是由什么条件决定的？

(1)历史条件：资产阶级革命取得胜利，分权制衡制取代封建专制。

(2)具体国情：松散的美国联邦需要强有力的行政机构；饱受殖民统治之苦的美国人希望通过增强司法独立保障公民权利。

(3)国家性质：国体决定政体，美国作为资本主义国家必然选择分权制衡制度。

问题探究二：

(1)案例中，三权分立的主体是谁？三方如何"分权"？

(2)请选择你感兴趣的一方，结合教材完成知识结构图一。

第一步，识图：美国联邦政府结构示意图。

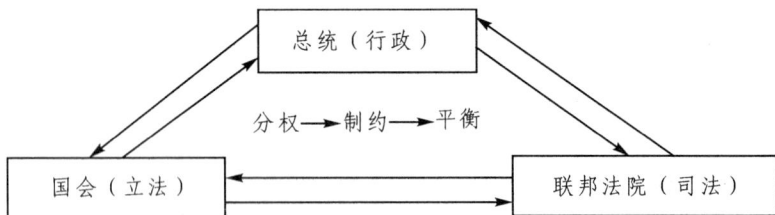

第二步，填表与比较：完成知识结构图一，并进行比较研究。

	有何权力	如何产生、对谁负责	特别保障
国会	掌握立法权，制定法律	由选民直接选举产生，只对选民负责。不受行政机关的干预	总统无权解散国会，不能决定议员的工资待遇
总统	掌握行政权，实施法律，组织政府	由选民间接选举产生，直接对选民负责。不对国会负责	国会不得增减总统报酬，不得罢免总统(除非定罪)
联邦法院	掌握司法权，审查法律 最高法院有终审权和违宪审查权	联邦法院法官均由总统征得参议院同意后任命	法官只要忠于职守，可终身任职，非经国会弹劾不得免职

(分别由三方各自自主探究,完成自己的部分,然后分享。)

知识拓展:比较:根据前面所学知识,试从分权界限、议会与政府关系、司法独立程度分析美国在"分权"上与英、法两国有何不同。

第一,从分权界限看:美国三大机关的分权界限比较明确。

第二,从议会和行政机关的关系看:国会不产生政府,也不能罢免总统(除非定罪),总统不得干涉国会,更无权解散国会,所以二者的独立性比较强。

第三,从司法独立看:法官虽然是总统征得国会同意后任命,但可终身任职(除非定罪),其独立性也很强。

综上可知,"分权"思想在美国贯彻得比较彻底,充分体现了"三权分立"这一权力运行的规则。

问题探究三:在案例中,三方是如何相互"制约"的?

学生站在自己感兴趣的一方,小组合作探究,完成知识结构图二。

拓展阅读:"绝对的权力导致绝对的腐败,一切有权力的人都容易滥用权力,要防止滥用权力,就必须以权力约束权力。"——孟德斯鸠《论法的精神》

"野心必须用野心来对抗。"——汉密尔顿《联邦党人文集》

"分权"的意义就在于防止专制,从而保障民主和自由。但是,仅仅"分权"并非就能保障民主和自由。三权分立学说论者认为"人性本恶,政府也不例外"。享有权力的机关仍然可能滥用权力,要解决这一问题,就必须用"权力约束权力"、用"野心对抗野心"。

	所属机关	受 制 约 表 现	
		总统的制约	法院的制约
立法权	国 会	总统有权否决国会立法;可以发布拥有法律效力的行政命令;还有立法倡议权,即建议国会立什么样的法	法院有权宣布国会制定的法律违反联邦宪法
	所属机关	受制约表现	
		国会的制约	法院的制约
行政权	总 统	行政机构的设置和所需经费须由国会批准,国会还有权监督行政执行情况、经费开支和官员行为	美国最高法院可以宣布总统发布的行政命令、行政机关颁布的规章条例违宪;还能通过案件的判决对宪法作出新解释,扩大或限制总统的权力

续表

	所属机关	受 制 约 表 现	
		总统的制约	国会的制约
司法权	法 院	法官由总统提名经参议院同意后任命;最高法院法官人数和联邦其他法院的设立,均由国会决定,总统亦可施加影响	
			国会可以通过批准对法官的任命或弹劾法官的办法,来改变法院的组成。国会和各州一起,可以用宪法修正案推翻最高法院的裁决

情景体验:根据美国三权分立制,下列事项可能采取什么样的程序?

(1)"9·11"事件后,美国设立国土安全部

总统提出设立国安部的法案

↓

国会批准

↓

正式成立

(2)美国为伊拉克战后重建拨款数百亿美元

总统提出拨款法案

↓

国会提出预算法案

↓

总统签署

↓

正式拨款

(3)针对美国公民焚烧美国国旗,美国当局出台《国旗保护法》

国会出台法案

↓

总统签署,法案生效

↓

(如果)有人诉该法案违宪

↓

联邦最高法院介入

↓

宣布该法案因违宪而无效

↓

(可能)国会联合各州推翻最高法院判决

情景感悟:美国"三权"相互制衡有什么重要意义?

三权相互制衡的意义:一是协调执掌权力的各方利益,从而维护政局稳定;二是防止国家机关滥用权力侵犯公民权利。

问题探究三:案例中女植物人生死的持久战暴露出什么问题?

学生合作探究,列举三权分立的弊端。

(1)人民无权参与,事实上成为协调资产阶级内部权力分配的一种机制——协调范围的局限性。

(2)三权分立、权力制衡导致三大权力机关的工作效率低下——效率低下。

(3)三权分立原则难以真正贯彻——贯彻难。

拓展阅读:美国三权分立制的"硬伤"

资本主义国家的"三权分立"制度,使立法、行政、司法三个国家机关之间经常摩擦、扯皮、互相牵制,致使许多重要国事无法及时决断。

美国国会通过的法案往往被否决,仅在罗斯福总统时就达580项之多。美国总统提出的议案也常常被搁置,如提出建立海军部的议案,得到国会同意用了10年,建立内政部用了39年,建立司法部用了40年,建立劳工部用了45年。

一些资产阶级学者也认为,权力分立论不符合积极增进效率的原理,它是以对国家权力及其行使人持怀疑的、不信任的、猜疑的态度为出发点的。这无疑是"三权分立"制的"硬伤"。

情景体验:2005年12月,《纽约时报》披露,过去3年里,美国国家安全局未经法庭许可下,对多名境内人士的国际电话和电子邮件进行监控,寻找与"基地"有关证据。12月17日布什被迫承认,是他授权情报部门进行窃听。12月19日,联邦法官詹姆斯·罗伯逊挂冠辞职,抗议布什未经法院许可,授权国家安全局在国内搞秘密窃听。"窃听门"的实质在于,布什的行为侵犯司法独立,因为如果总统可单方面决定谁是恐怖嫌疑人,那么美国的司法独立就遭到严重侵犯和践踏。

问题探究三:

这段材料反映了当前美国政治生活中的什么现实?

这起丑闻背后显示了这样的现实：借助反恐，总统权力正无限膨胀；借助反恐，行政权再次触犯法律与人权的"底线"。行政权的日益膨胀，表明美国三权分立的原则难以在政治实践中真正贯彻。

思维拓展：

三权分立制
- 进步性 —— 反对封建专制；维护资产阶级民主
- 局限性 —— 效率低下
  难以在政治实践中真正贯彻
  资产阶级内部协调的一种工具

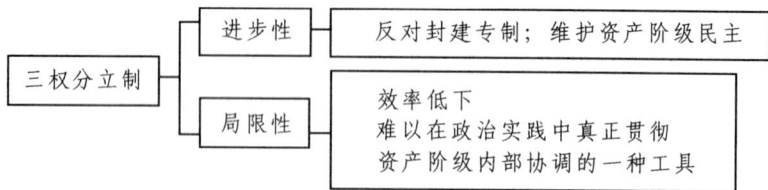

问题探究四：这场"死亡战争"的实质是什么？

学生合作探究。

美国的三权分立制虽然处处打着维护公民权利的旗号，但在美国"金钱选举"的体制下，下层人民不可能对权力的运用施加重要影响，因此，美国的三权分立制在本质上不过是协调资产阶级内部权力分配的一种机制。

课堂小结：

● 3种权力：即立法权、行政权和司法权

3个弊端：即三权分立原则的3个弊端

3个中央政权机构：即立法机关、行政机关和司法机关

● 2个原因：即确立三权分立原则的原因

● 1个本质：即三权分立原则的本质

思维拓展：

对比金融危机背景下美国和中国"救市"政策的出台及效果，说明两国权力运行的规则。

五、研制意图

1. 设计理念

本框内容的教学设计主要采用问题教学法，以问题探究为主体，以情感体验为载体，以合作学习为主线，开展教学。课本只是提供了现成的知识，但这些知识如何转化为学生自己的知识，去解决生活中的实际问题，这才是教学的关键。叶圣陶说："学生跟种子一样，有自己的生命力，老师能做到的，只是给他们适当的条件和照料，让他们自己成长。"本课通过对几个问题的探究，结合知识结果图的整理，不仅有效整合了知识，提升了情感体验，而且课堂上还特

别强调自主、探究、合作的学习方式,以学生为主体,给学生充分的自学时间、提问时间、讨论交流时间和阅读时间,从而使学生具有了探究的意识和能力,学得主动,学得投入。

2. 教学过程的创新

第一,美国的三权分立制是如何分立、如何制衡的? 教材关于本部分的内容非常翔实,且理论难度不大,关键是要从琐碎的知识点中理出美国三权分立制的基本框架。因此这一环节的教学,主要由学生根据教师设计的思路,采用图表归纳法和情境分析法,进行自主学习。

第二,基于是选修课,为了让学生拓宽视野和加深理解,由教师进行了适当扩展,并采取问题探究法,师生之间、同学之间共同探讨。例如:

扩展的内容:主要是对美国三权分立制的综合分析——与英法两国政体的比较分析、对三权分立制的内在合理性和历史进步性的探讨、对三权分立制的内在缺陷和历史局限性的探讨等。

扩展的理由:一是只有深刻理解的东西才能深刻地记住它;二是三权分立制是人类政治文明的里程碑,作为政治常识课,仅仅使学生了解其制度外壳是不够的,还应当使他们领会其中深邃的政治思想,并能够对此作出理性的分析和判断;三是本课选取美国这一三权分立制的典型,目的是让学生窥斑见豹,借此了解资本主义国家三权分立制的全貌。

第三,在完成对课本主体内容的学习之后,对本课的基本知识进行了总结,并承上启下地提出思维拓展问题,这一问题的提出,是为后面讲授我国的人民代表大会制度及民主集中制埋下伏笔。

第四,注重在知识目标的落实基础上突破情感、态度和价值观目标,加深学生对资本主义民主制度的深刻理解和体验。课堂期望达到的教学效果是:用学生自己的眼睛去观察,用自己的情感去感悟,用自己的头脑去判断,用自己的语言去表达。

宁波四明中学　　许溶溶

专题四第四框：坚持和完善人民代表大会制度

一、课例选取依据

一是此框内容离学生的生活实践远，学生不易理解。二是此框内容从理论到理论，单用一般教学方法难以达到教学的真正目的，学生不可能感悟其中的道理。三是此框教学目标不仅是理论知识的学习，更重要的是对坚持和完善人民代表大会制度必要性、重要性及措施的感悟和理解。这样的课程对教师教学提出了很高的要求，也是对教师传统教学的挑战。

二、基本内容和要求

1. 基本内容。本框教学内容分三目：第一目"坚持和改善党对国家事务的领导"，是从如何实施党对国家的领导和党对国家领导的意义来分析的；第二目"坚定不移地实施依法治国的基本方略"主要分析了依法治国的定义和依法治国对国家机关的要求；第三目"加强人大的自身建设"主要讲了人大认真行使职权和加强自身建设的方向。

2. 基本要求。(1)课程标准：归纳全国人民代表大会作为最高国家权力机关的职权，理解我国的一切权力属于人民。(2)学科教学指导意见中此专题是作为课外阅读内容。此框在必修2中的发展要求是理解人民代表大会制度是适合我国国情的根本政治制度。

三、常规课例解读

1. 教学课例（选自中学政治教学网）

【教学目标】（略）

【教学重点、难点】

重点：党对人大的领导和依法治国。

难点：深刻理解坚持和完善人民代表大会制度的必要性及途径

【教学方式和手段】

教学方式:讲授式、探究式。

教学手段:课件、材料。

【教学过程】

(一)坚持和改善党对国家事务的领导

课堂探究:

请你根据材料说说党的主张是通过什么途径实现的。

你是怎样理解党的领导与人民代表大会制度的关系的?

1.为什么——坚持和完善人民代表大会制度,必须始终坚持党的领导

相关链接:

共产党执政,就是领导、支持、保证人民当家作主,维护和实现最广大人民的根本利益。各级人大及其常委会都要自觉接受党的领导。

2.是什么——党对国家的领导方式

(1)党对国家的领导方式、其表现及其要求:

①领导方式——政治、思想和组织领导;②党领导的表现;③要求。

(2)党要坚持在宪法和法律范围内活动。

课堂探究:

根据某些观点,进一步说明坚持党的政治领导、组织领导、思想领导的意义。

3.坚持和改善党对国家事务的领导的意义

①有利于把党的主张与人民的意志统一起来;

②有利于把党的决策和决策的贯彻执行统一起来;

③有利于国家政权机关及其领导人员把对党负责与对人民负责统一起来。

(二)坚定不移地实施依法治国的基本方略

1.依法治国

(1)是什么(含义)

(2)为什么要坚持依法治国

(3)怎样才能实现依法治国——要求在坚持和完善人民代表大会制度的实践中,必须树立宪法和法律的权威。

(三)加强人大的自身建设

课堂探究:

1.为什么要加强人大自身建设——坚持和完善人民代表大会制度的要求

2.如何加强人大自身建设

(1)认真落实宪法赋予人民代表大会及其常务委员会的各项职权,充分发

挥人民代表大会作为国家权力机关的作用,使之真正成为全面担负起宪法赋予的各项职责的工作机关,成为同人民群众保持密切联系的代表机关。

课堂探究:

(2)加强人大自身建设,就要不断完善适合国家权力机关特点的、充满活力的组织制度和运行机制,不断促进人大及其常委会工作的制度化、法制化、规范化;不断完善各级人大及其常委会的议事程序和工作制度,以更好地坚持民主集中制原则,使人大代表及常委会组成人员能够依法履行职责。

课堂探究:

(3)坚持和完善人民代表大会制度,就要更好地把坚持党的领导、人民当家作主和依法治国统一于社会主义政治文明建设的实践。

本框题小结:

- 3个要求:即坚持和完善人民代表大会制度的要求
- 3种方式:即党对国家领导的3种方式——政治、思想和组织领导
- 3个意义:即坚持和改善党对国家事务的领导的意义
- 3个方面:即依法治国的"是什么、为什么、如何做"
- 3个如何:即如何加强人大自身建设

[学习效果评价建议](略)

2. 课例点评

本课教学知识点基本落实,教学形式也符合新教学模式,实现了学生的探究和师生互动,对学生提高能力有一定的作用。但关键是本框内容距离学生生活的实际远,学生感性知识缺乏,加之受其理解能力的制约,学生学后不会有多大的印记,基本是靠多次重复来实现理解和记忆,这与真正深刻认识坚持和完善人民代表大会的意义和途径,从思想情感上提高对坚持和完善人民代表大会制度的领悟是远远不够的。有必要以一种更新的适合学生特点的教学模式来进行本框的教学。

四、创新课例研制

【教学目标】

知识目标:把握党对人大的领导、依法治国、加强人大自身建设相关知识。

能力目标:提高理解知识能力,提高分析问题的能力和感悟事物的能力。

情感目标:更加坚定坚持人民代表大会制度的信念。

【教学重点、难点】

重点:领悟理解坚持和完善人民代表大会制度的重要意义。

难点:深刻理解和领悟坚持和完善人民代表大会制度的必要性及途径。

【教学方式和手段】

教学方式:教师与学生共同探究、分析、演说。

教学手段:历史材料展示、电脑课件。

【教学过程】

(一)导入:展示材料

第十一届全国人民代表大会第一次会议议程

(2008年3月4日第十一届全国人民代表大会第一次会议预备会议通过)

一、听取和审议国务院总理温家宝关于政府工作的报告

二、审查和批准2007年国民经济和社会发展计划执行情况与2008年国民经济和社会发展计划草案的报告

批准2008年国民经济和社会发展计划

三、审查和批准2007年中央和地方预算执行情况与2008年中央和地方预算草案的报告

批准2008年中央预算

四、听取和审议全国人民代表大会常务委员会委员长吴邦国关于全国人民代表大会常务委员会工作的报告

五、听取和审议最高人民法院院长肖扬关于最高人民法院工作的报告

六、听取和审议最高人民检察院检察长贾春旺关于最高人民检察院工作的报告

七、审议国务院机构改革方案

八、选举第十一届全国人民代表大会常务委员会委员长、副委员长、秘书长、委员

九、选举中华人民共和国主席、副主席

十、决定国务院总理的人选

十一、决定国务院副总理、国务委员、各部部长、各委员会主任、中国人民银行行长、审计长、秘书长的人选

十二、选举中华人民共和国中央军事委员会主席

十三、决定中华人民共和国中央军事委员会副主席、委员的人选

十四、选举最高人民法院院长

十五、选举最高人民检察院检察长

十六、决定第十一届全国人民代表大会各专门委员会的设立及其组成人

员的人选

思考:1. 这些材料展示了我国的什么政治现象?

师生共分析。

主要围绕以下几点:说明了全国人民代表大会代表人民履行人大职能,行使人民管理国家的权力。其中主要是对国家主要领导的任免权,对国家重大事务的决定权,对一府两院的监督权。

思考:2. 审查和批准 2007 年中央和地方预算执行情况与 2008 年中央和地方预算草案的报告,批准 2008 年中央预算。选举中华人民共和国主席、副主席,决定国务院总理的人选。这些为什么要由全国人大决定和执行? 国务院、最高法院和最高检察院为什么要向人大报告工作?

学生思考并发表看法,主要是:

指出全国人民代表大会和各级地方人民代表大会是人民行使管理国家事务的权力机关,全国人大在国家机构中居最高地位。全国人大主要行使最高立法权、最高任免权、最高决定权、最高监督权。国务院和最高人民法院、最高人民检察由全国人大产生,对全国人大负责,并受全国人大的监督等观点。全国人民代表大会和各级地方人民代表大会是人民选举代表组成国家权力机关,行使管理国家事务的权力机关(此主要是一个向后面知识的过渡)。

(二)新授课程

展示苏联最高苏维埃会议图片并说明某届苏维埃会议议程。

教师展示图片并说明:

根据苏联宪法,苏联最高苏维埃由联盟院和民族院组成。两院权力平等,均享有法律创制权。其成员称"最高苏维埃代表",是根据普遍、平等和直接选举的原则,以秘密投票方式选出的。最高苏维埃代表任期为 4 年。在最高苏维埃休会期间,由苏联最高苏维埃主席团执行其职权。

苏联最高苏维埃主席团的首脑为"苏联最高苏维埃主席团主席",是苏联的国家元首。主席团副主席通常由各加盟共和国最高苏维埃主席团主席担任。联盟院主席、副主席,民族院主席、副主席,也是最高苏维埃主席团成员。

请同学们分析:

思考:3. 苏联最高苏维埃是什么国家机关? 它在苏联的建设和发展中发挥了怎样的作用?

教师展示材料并分析:

苏联最高苏维埃和各级地方苏维埃是由列宁领导的苏联共产党缔造的苏联国家权力机关,是人民行使当家作主的权力,管理国家事务的机关。它具有国家最高立法权、最高决定权、最高任免权、最高监督权。

教师提出:

这样一个由列宁缔造的、人民行使国家权力的机关,在苏联历史上发挥了怎样的作用,后来又发生怎样的变化呢?

学生读材料:

1917 年 11 月 7 日,伟大的革命导师列宁成功地领导了十月革命,在世界历史上建立了第一个无产阶级掌握的政权——苏维埃政府诞生了!

1917 年 11 月—1918 年 3 月,全国各地相继建立了苏维埃政权。1918 年 1 月 25 日,全俄苏维埃第三次代表大会通过《被剥削劳动人民权利宣言》,宣布俄国为工兵农代表苏维埃共和国。同年 7 月 10 日,全俄苏维埃第五次代表大会通过的《俄罗斯苏维埃联邦社会主义共和国宪法(根本法)》(简称苏俄宪法),确立了以苏维埃为基础的社会主义的政治制度。

在列宁领导的苏维埃政权领导下,苏联在极端困难的国内外环境下,胜利地粉碎了 1917 年十月开始的国内几次反革命叛乱,1918 年到 1920 年在苏联领土四分之三被反革命势力占领的恶劣环境下,苏联共产党和苏维埃政权领导苏联人民彻底粉碎了帝国主义十四国的武装干涉。

1924 年 1 月 21 日,苏联的缔造者列宁逝世。约瑟夫·斯大林获得政权。他成功地把苏联改成了一个工业和军事强国。1932 年,第一个五年计划完成,苏联从农业国变成工业国。1937 年,第二个五年计划完成,苏联的工业生产总值跃居欧洲第一、世界第二。

1936 年 12 月 5 日苏联苏维埃第八次非常代表大会通过的苏联宪法,进一步完善了苏维埃制度。

1941 年 6 月 22 日到 1945 年,苏联人民英勇抗击法西斯德国的进攻。德军深入苏联腹地 850~1200 公里,红军损失约 700 万人,其中被俘 300 余万人。为抗击侵略,苏联共产党和政府动员全国军民奋起进行卫国战争,最后胜利地保卫了苏维埃政权。

苏联卫国战争胜利后,在苏共和苏维埃政权的领导下,国家经济、军事、文化等各项事业得到高速发展,20 世纪 50 年代中期到 90 年代初期,成为与美国并称的两个超级大国。

1977 年 10 月 7 日,第九届最高苏维埃第七次非常会议通过苏联宪法。该宪法继承前三部苏联宪法的思想和原则,宣布苏联已经建成发达的社会主义社会。宪法以专章规定了苏联的政治制度,宣布苏联是社会主义全民国家,代表工人、农民、知识分子和国内各族劳动人民的意志和利益;规定苏联的一切权力属于人民,人民行使国家权力的机关是人民代表苏维埃,并规定苏联共产党是苏联政治制度的核心(注:苏联最高苏维埃是苏联的最高国家权力机关,它的常设机构是最高苏维埃主席团)。

1988年12月以后,苏联多次修改宪法,其政治体制不断变化,1989年最高苏维埃改作人民代表大会,由大会选举了第一任总统。直至1991年年底苏联解体后,苏维埃这个权力机构已不存在。

思考:4. 为什么列宁缔造的苏维埃成功领导了苏联革命,战胜国内外强大敌人并成为世界超级大国,但在20世纪90年代之后苏维埃却不存在了? 为什么苏联人民当家作主的权力机关会解散? 人民为何失掉自己的权力?

由几个学生发表看法:

学生理解分析的话题是开放的,学生无论提出什么看法,都要充分让其发表自己的见解,在这个不同见解的争论、探讨过程中,点燃学生思维的火花。正是在学生的争议中,学生深刻认识问题。

教师进一步展示材料:

二战后,美苏争霸,世界进入冷战,美苏的军备竞赛进入白热化,苏联用无数的枪炮、飞机、战车,以及从地狱带入人间的威力大到能够毁灭一切的超核子武器装备着自己的军队,苏联还干预周边国家,如在1968年入侵捷克斯洛伐克,以及1979年入侵了阿富汗。当这个令西方世界如鲁西菲尔一般恐惧的庞大帝国表面风光的时候,内部已经危机四伏,各种矛盾如同虫蛀一般地从帝国的中心开始腐烂。

苏联各级干部的特权现象早就存在,二战后逐渐形成为特权阶层,享有各种既得利益。此时的苏联共产党抛弃了他们的导师列宁,独裁、专权、官僚主义横行,到勃列日涅夫时期,更形成一个个"官僚氏族集团",这些集团内部儿女联姻,官官相护,贪污渎职,使执政党与民众之间隔阂越来越大,民心尽失。有一种观点认为,搞垮苏联的不是反共产党分子,不是外国敌对势力,就是这些官僚特权阶层为维护和扩大其既得利益而造成的。

勃列日涅夫当政的18年间,苏共党内风气的败坏和各级官员的种种腐败事件广为流行,贪污受贿、任人唯亲、盗窃国库等毒素迅速蔓延,不仅党内高官涉嫌腐败,就连勃列日涅夫的家人和他本人也都身陷其中。例如,谢洛科夫在当内务部长的17年间,实际上将内务部第一大型国家别墅和曾作为内务部迎宾馆的第八国家别墅据为己有。他还在赫尔岑大街24号占有一套很大的公寓。这两座国家别墅和公寓里,存放着谢洛科夫及其家人的大量私人财物。在其中的一个别墅里,光地毯就一张叠一张地堆放了七层;而俄罗斯著名画家的油画都放在了床底下。身为内务部第一副部长的丘尔巴诺夫,作为勃列日涅夫的驸马爷,在几年的时间里,贪污受贿达654200卢布,约合美元105万。

　　一个以马克思列宁主义为指导的、代表工人阶级根本利益的政党,一个由列宁亲自建立起来的世界上第一个社会主义国家,怎么会被它的人民抛弃呢?但铁的事实证明:苏联共产党和苏联政府确实是被它的人民抛弃的。

　　1990年6月《西伯利亚报》,曾作过一次"苏共究竟代表谁的利益"的民意调查,结果详见表1。

表 1　"苏共代表谁的利益"民意调查结果

项目	工人阶级	全体人民	全体党员	官僚、干部、机关工作人员
结果(%)	4	7	11	85

　　1991年12月25日,世界将记住这一天。19时38分,克里姆林宫上空那面为苏联几代人所熟悉的印有镰刀斧头图案的苏联国旗在沉沉夜色中最后一次降落下来,苏联历史合上了最后一页。

　　第二天上午,苏联最高苏维埃举行了最后一次会议,正式宣布苏维埃社会主义共和国联盟停止存在,这个辉煌存在了69年的庞大苏联帝国灭亡。

　　思考:5. 苏共党内和政权机关的腐败与苏联解体、最高苏维埃解散有何关系?

　　由几个学生发表见解,主要引导学生得出以下共识:

　　一是最高苏维埃的解散是由于苏共失去了对国家的领导权,人民当家作主的机关随之解散。二是正是苏共和政府的腐败,使苏共和苏维埃失掉民心,被人民、被历史所抛弃。三是执政党和国家政权机关的腐败的作用,是任何强大的敌人都不可比拟的,这些附在党和国家政权机关身上的毒瘤,起到了任何强大敌人都不能起到的作用。

　　思考:6. 从苏联共产党与苏联苏维埃的演变这一国际共产主义运动的重大挫折和惨痛历史教训中,分析社会主义国家执政党与人民行使管理国家权力机关之间是一种怎样的关系?

　　学生读书后发表自己的看法,可以进行不同认识的争论,主要分析得出以下几点:

　　(1)在社会主义国家中,工人阶级对国家的领导是通过共产党对国家的领导来实现的。工人阶级的政党成为执政党。共产党执政,就是领导、支持、保证人民当家作主,维护和实现最广大人民的根本利益。(2)人民代表大会是人民行使当家作主权力,管理国家事务的权力机关。党通过对全国人大的政治、思想、组织领导,通过制定大政方针,提出立法建议,推荐重要干部,进行思想宣传,发挥党组织和党员的作用,坚持依法执政,实施对国家和社会的领导。(3)坚持和完善人民代表大会制度其核心就是坚持党的领导。(4)全国人民代表大会制定宪法和法律,执政党必须遵守宪法和法律,在法律范围内活动。

思考:7. 苏联共产党失去执政地位和苏维埃的灭亡直接原因是其腐败,是党和国家领导机关工作人员成为脱离人民,被人民大众所唾弃的特权阶级。但从深层原因分析,我国坚持和完善人民代表大会制度得到哪些启示?(请同学们上台发表自己的看法。)

学生读书后讨论充分发表自己的各自见解或直接进行演说,引导学生深刻理解认识。

主要是把握以下要点:

苏联之所以出现脱离人民、被人民所唾弃的特权阶层,其深层原因是:执政党在新情况下没有大力进行自身建设,尤其是理论建设和思想作风建设,没有加强执政能力建设;国家没有真正实施依法治国,实现党和国家建设的法制化、制度化;不是依靠人民民主加强对党和国家机关的民主监督,而是脱离人民失掉民心。

由此对我国坚持和完善人民代表大会制度的重大启示是:

(1)社会主义事业在发展到新的阶段后,巩固党的执政地位必须加强党自身的思想、组织、作风建设,提高党的执政能力,特别是马克思主义理论建设。加强国家机关自身的建设,全面提高国家机关及工作人员的整体素质。

(2)在没有强大外敌压迫下,党和国家要将社会主义事业不断推向前进,必须坚持依法治国,从制度上、法律上保证党的执政地位,保证人民当家作主。反对人治和权治。苏共对国家领导的后期关键是没有坚持依法治国,从制度上、法律上保证人民当家的地位,官僚阶层滋生,包庇、纵容腐败行为,官官相护,贪官弹冠相庆。

(3)坚持依法治国必须坚持立法机关严格依照法律程序制定法律;行政机关严格依法行政;司法机关严格执法。通过各种途径保障人民对国家机关的民主监督。

(4)加强人民代表大会自身的建设,落实宪法规定的人大的各项职权,消除"人大是行政机关的附属"、"人大是橡皮图章"的现象,不断促进人大及常委会工作的制度化、法制化、规范化,完善人大及常委会的议事程序和工作制度。加强发挥人大对国家机关及工作人员的监督作用,惩治国家机关及工作人员腐败行为、不作为行为、越权和不缺位行为,将人大建设成真正保证人民当家作主的权力机关。

（5）从苏联的解体、苏共的下台、苏联苏维埃的解散中汲取血的教训，把党和国家机关的廉政建设放在突出地位，通过反腐的制度化、法律化，通过大力开通人民群众参与国家事务管理，行使民主决策、民主监督的权利的渠道，真正实现人民的政权为人民，人民依法监督人民的政权，使人民的国家政权永远掌握在人民的手里。

（三）总结归纳全课内容（略）

（四）课堂板书（略）

（五）课堂练习（略）

五、研制意图

1. 教材特点和学生特点。本框教材理论性强，一般是从理论上、从国家层面来分析说明问题的，离学生的生活实际较远。由于学生生活阅历较少，他们对我国为什么必须坚持和完善人民代表大会制度只是从书本条文来理解，难以从社会现实和社会发展的深度来理解。

2. 运用反面事例启示方法。基于以上原因，如果仍按常规教法指导学生学习，学生也只能从理论到理论，记忆一些条文，不可能实现他们真正地理解和把握知识，更难以从价值上实现提高。所以我们采用以反面事例为线索展开教学，指导学生从认识分析苏联这样一个法西斯用几百万军队、帝国主义用飞机大炮原子弹都不可能战胜的强大的社会主义国家，正是由于党内和国家机关的腐败，导致红旗落地，社会主义丧失，一个苏联人民行使国家权力机关的各级苏维埃退出历史的舞台。以国际共产主义运动中血的教训指导学生认识本课思想。

3. 深刻领悟课本的思想意图。这样教学会指导学生不单是理解课本知识，更重要的是让他们从实践上、从历史的教训方面，认识更好地坚持和完善人民代表大会制度的必要性、重要性，认识人民要当家作主就必须坚持人民代表大会制度，要坚持人民代表大会制度必须坚持中国共产党对人大的领导，要坚持党对人大的领导必须加强党的建设，要加强党的建设必须提高党的执政水平和执政能力，必须坚持依法治国，把党内反腐败斗争长期不懈地进行下去。要坚持完善人民代表大会制度必须加强各级人大自身建设。只有亿万人民群众把加强党的建设和国家机关的建设当成关系国家和个人前途命运的大事去办，才能永远保证人民代表大会是人民管理国家事务的权力机关。

宁波市第三中学　范树怀

专题五第三框:走进世界贸易组织

一、课例选取依据

一是内容本身的重要性。世贸组织是当代最重要的国际经济组织之一,经济全球化把越来越多的国家和民族卷入了世界市场和国际经济的联系中。它是一把双刃剑,一方面它促进了资源配置的优化,推动经济高速增长;另一方面,各国经济联系加强的同时,贸易摩擦也越来越多。世界贸易组织作为"经济联合国",在处理多边贸易问题中发挥着重要的作用。

二是现实的必要性。改革开放后,中国经济飞速发展,中国要更好地融入到世界经济的发展中,利用世界市场的资源,离不开世贸组织。中国既要应用WTO的规则进行国际合作,又要应对WTO的挑战,在保护自身安全中发展自己。所以必须深入掌握WTO的基本原则,来应对在国际贸易中遇到的各种问题。

二、基本内容和要求

教学指导意见要求:(1)基本要求:①了解世界贸易组织及其宗旨;②理解世界贸易组织的基本原则及职能;③懂得我国加入世界贸易组织的意义;(2)发展要求:无。(3)说明:不作拓展的内容:①世界贸易组织中的发达成员和发展中成员;②中国加入世界贸易组织后的主要权利和义务。

三、常规课例解读

1. 教学课例(选自江西省信丰中学网站 http://www.jxxfzx.com/,有删节)

【教学目标】(略)

【教学重点、难点】

1. 世界贸易组织的作用。

2. 加入世贸组织对中国的影响。

【教学方法】

情景讨论法、小组探究法、分析讲授法、活动启发法。

【教学过程】

导入:

教师:当今世界被称为"经济联合国"的是哪个国际组织?

学生:世界贸易组织。

教师:今天我们就来全面了解一下世贸组织。

学习探究过程:

教师:播放《世贸组织》的录像,出示问题:

1. 什么是世界贸易组织?

2. 世贸组织的宗旨是什么?

3. 世贸组织的职能是什么?

学生:观看录像,分组讨论,分析交流。

探究总结:

1. 世界贸易组织的含义、地位——"经济联合国"

(1)含义:略。

(2)地位——"经济联合国":它是当代最重要的国际经济组织之一,其成员间的贸易额占世界贸易额的绝大多数,被称为"经济联合国"。

2. 世贸组织的宗旨

通过图表说明:

人民方面	提高生活水平,保证充分就业,大幅度稳步地提高实际收入和有效需求
途径方面	扩大货物、服务的生产和贸易
资源利用方面	坚持走可持续发展道路,促进对世界资源的最优利用,保护环境
国家方面	积极努力确保发展中国家,尤其是最不发达国家在国际贸易增长中获得与其经济发展需要相适应的份额
目的	通过实质性削减关税等措施,建立一个完整的、更具活力的、持久的多边贸易体制

3. 世贸组织的职能

(1)促进公平竞争和自由贸易;(2)促进贸易规则的透明度;(3)提供贸易谈判的场所;(4)解决贸易争端。

课堂探究:

问题:世贸组织为什么被称为经济联合国?

探究整合:

世贸组织被称为"经济联合国"的缘由

世界贸易组织(WTO,简称世贸组织),是多边贸易体制的法律和组织基础,是众多贸易协定的管理者,是各国贸易立法的监督者,是就贸易问题进行谈判和解决争端的场所。它与世界银行和国际货币基金组织并驾齐驱,成为当今世界经济体系的三大支柱之一。它是当代最重要的国际经济组织之一,其成员间的贸易额占世界贸易额的绝大多数,被称为"经济联合国"。

深化探究:

教师:出示问题:

1. 世贸组织的基本原则是什么?

2. 世贸组织的机构有哪些?

3. 世贸组织有哪些作用?

学生:依据问题,分组合作探究,交流。

探究整合:

1. 世界贸易组织的基本原则

世贸组织的基本原则,贯穿于各贸易协定和协议之中,是各成员处理贸易关系必须遵循的基本行为准则,构成了多边贸易体制的基础。

非歧视原则,透明度原则,自由贸易原则,公平竞争原则(举例解说略)。

2. 主要机构

世贸组织的主要机构包括部长级会议、总理事会及其下设的理事会、各专门委员会。

3. 作用

世贸组织加强了国际多边贸易体制,深化了国际分工和资源在世界范围内的合理配置,促进了世界市场的统一和市场经济的普及,推动了政府职能的转换。但是,世贸组织自身存在的各种矛盾也制约其作用的发挥。

探究例证:

教师展示有关原则和机构的图片并解释,与学生共享。

深化探究:

教师:播放《中国与世贸组织》的录像,出示问题:

1. 中国是不是世贸组织成员?

2. 中国在世贸组织中发挥怎样的作用?

3. 加入世贸组织给中国带来哪些影响?

学生:阅读课文,分组探究问题,主要分析加入世贸组织对中国的影响,以及如何应对。

探究总结:

1. 中国是关贸总协定原始缔约国

2. 2001 年 12 月 11 日中国正式加入世贸组织

(1)中国加入世界贸易组织的意义

加入世贸组织,是我国改革开放和现代化建设的必然要求,是我国在经济全球化的新形势下,审时度势作出的重大战略决策。它标志着中国的对外开放进入了新的阶段,对我国进一步完善社会主义市场经济体制,促进国民经济与社会发展,都具有重大意义,符合中国人民的根本利益。

(2)中国加入世贸组织承担的义务和享有的权利

①内容

权利方面	对外方面	进一步降低关税;取消非关税贸易壁垒;放宽和改善外资政策;增加贸易政策的透明度等	
	对内方面	取消被禁止的出口补贴;开放国内市场,特别是服务市场;扩大对知识产权的保护范围	
义务方面	所享有的权利	1. 享受多边、无条件、稳定的最惠国待遇和国民待遇 2. 享受发展中国家特有的权益	
	参与的活动	在世贸组织内	参与世贸组织各机构的所有会议;参与新一轮多边贸易谈判,制定多边贸易规则
		对贸易伙伴	参与贸易政策审议,对贸易伙伴的贸易政策进行质询和监督
	解决争端的手段	利用世贸组织的争端解决机制解决贸易纠纷	

②意义

中国正充分行使这些权利,积极主动地参与、加强和发展多边贸易体制,推动建立公平、合理的国际经济新秩序,维护国家利益。

小结:

通过本节的学习,我们主要应掌握如下知识:

●4 个基本原则:即世界贸易组织的 4 个基本原则

●3 个 1:即世界贸易组织的地位、宗旨和作用

●2 个方面:即世界贸易组织作用的 2 个方面,既有积极作用又有其自身局限性

●1 个日期:即我国正式加入世界贸易组织的时间

课堂练习(略)

2. 课例点评

（1）教学目标上，在知识和能力目标方面，形式上重视知识目标的落实，而实际教学中因为没有一个有效的载体，使教学重点世贸组织的基本原则，并没有很好的突破和落实。

（2）教学方式上，运用多种教学方式和手段，如情景讨论法、小组探究法、分析讲授法、活动启发法，但因情景过于简单和宏观，在实际教学中不能很好地引导学生深入思考问题。

（3）教学过程上，语言简洁，条理清晰，问题设计合理，但预设明显，不利于发挥学生的主体作用。同时理论逻辑合理，但没能设计生活逻辑，不利于调动学生的积极主动性。

四、创新课例研制

【教学目标】

知识目标：知道世贸组织被称为"经济联合国"的缘由；理解世贸组织的基本原则和机构；了解中国加入世贸组织后的权利和义务；懂得中国加入世贸组织的意义。

能力目标：通过活动体验，让学生知道入世后我们生活有哪些改变；通过案例探究，让学生学会分析在中外贸易摩擦中，美国的行为以及我国的应对，从中要学会熟练地运用世贸组织的原则和机构来维护我国的利益；通晓我国入世后拥有的权利和要履行的义务，培养学生的综合分析能力。

情感、态度、价值观目标：通过活动体验，让学生感受到入世后我们身边生活的改变，理解加入世贸组织符合中国人民的根本利益，培养学生的国家观；通过案例探究，培养学生的世界眼光。

【教学重点、难点】

重点：世界贸易组织的基本原则、入世对中国的影响。

难点：中美贸易摩擦分析。

【教学方式和手段】

教学方式：关注话题，活动体验，案例探究。

教学手段：多媒体课件。

【课前准备】

（一）问卷调查：《我们的生活因外资超市的进入而改变吗？》

1. 宁波外资超市数量及分布调查。

2. 本土超市和外资超市，你或你的家人购物更喜欢去哪类型的超市？请陈述这类型超市的至少两条优点。

　　4. 如果让你选择工作,你想去本土超市还是外资超市工作?(受访者超市工作人员)

　　3. 你认为外资超市进入宁波对本土超市有什么影响?

　　(二)知识回顾:结合必修 1(已学过世贸组织的性质、作用、原则)

　　世界贸易组织的成立时间、地位、性质、宗旨、中国入世的时间(世贸组织常识知识的介绍)

　　【教学过程】

　　环节一:导入新课——

　　从 2001 年加入世贸到现在,中国入世已经经历了 10 年的时间,根据我国作出的"入世"承诺,所有省会城市及重庆、宁波,将在两年内向合资零售企业开放,三年内取消地域、股权比例和门店数量限制,零售业全面放开,意味着国际化连锁企业不再受"只能在特定城市开店、必须由中方控股"这两个条件限制,意味着将会有越来越多的外资超市、商场在老百姓的生活中出现。宁波作为沿海港口城市,在流通领域上的竞争更加激烈。近年来,宁波强劲的经济增长势头和旺盛的购买力吸引着国际商业巨鳄纷纷抢滩。

　　10 年了,宁波有多少家外资超市,它们的分布怎样? 这些超市对我们老百姓生活有什么影响呢? 下面有请我们班记者团为我们介绍一下他们的调查。

　　环节二:感受生活——学生记者汇报"我们的生活因外资超市的进入而改变吗"活动调查情况(分组多媒体展示)

　　主要变化:

　　1. 老百姓生活:关税降低,买东西更便宜了;生活、购物更方便;新的生活、消费方式和品牌观念的出现;中国人与世界的距离不断在拉近,比如可以方便地买到进口商品;提供老百姓就业之路。

　　2. 企业经营:我们会感受到更激烈的竞争,比如本土超市在外资超市进入后竞争越来越激烈;学习外资超市优质服务、现代化经营的理念(采购技术、管理技术等)、强硬的品牌。

　　3. 整个社会的开放意识、国际化意识、全球化意识增强了。

　　老师小结:

　　从外资超市进入宁波可见,中国加入世贸组织对普通老百姓的影响是渐进的,但却是深刻的。刚才只是从一个角度看到入世对我们中国老百姓生活的影响。

　　从宏观上看,伴随着我国经济持续高速增长,以加入世贸组织为契机,我国外贸进入前所未有的高增长时期。2001 年,我国进出口贸易额 5000 亿美元,2008 年 2.56 万亿美元,7 年间增四倍。同期我国外贸规模占世界贸易比重由 4.3% 上升至 2008 年约 10%,居世界贸易位次,由第六位升至第二位。如此大规模的贸易还能持续以 20%～40% 的速度增长,显然属于超常规增长。这不仅是我国改革开放以来发展最快时期,也是世界贸易发展史上发生的奇迹。因此,我们有理由为取得如此显著成绩给予高度评价。

中国入世的积极意义:经过艰苦谈判,中国终于在 2001 年 12 月 11 日正式加入世贸组织。加入世贸组织,是我国改革开放和现代化建设的必然要求,是我国在经济全球化的新形势下,审时度势作出的重大战略决策。它标志着中国的对外开放进入了新的阶段,对我国进一步完善社会主义市场经济体制,促进国民经济与社会发展,都具有重大意义,符合中国人民的根本利益。

[设计意图]结合必修 1 的已学过 入世对中国的影响,并进一步拓展。

过渡一:入世是我国改革开放和现代化建设的必然要求,也是经济全球化的客观要求,入世给我们带来了上述的机遇,同时也会使我们面临挑战——中外企业的竞争激烈、中外贸易摩擦问题、金融危机迅速波及中国。

过渡二:但我们也不得不看到另一面:外资超市涌入中国,国内超市被逼"上山下乡"。

环节三:案例探究

案例一:外资超市涌入中国,国内超市被逼"上山下乡":"目前在中国的上海、杭州等这些大城市,在发达地区,90% 的大型超市都是外资,几乎没有中资超市生存的空间。中国加入 WTO 以后,闸门一打开,外资超市如洪水般涌了进来,中国零售业这些'稻田里生长的小苗',几乎全被冲垮。"根据中国连锁经营协会提供的统计数据,目前,在中国全国范围,外资超市的市场份额已经逼近 47%。

中资超市承受的社会责任和政策待遇不相称,一些地方为了形象工程,非常欢迎外资超市去,外资零售商到一个城市,基本是白拿或低价得到土地,免租期好几年,税收还要减免,而对于引进本土企业,他们却以房地产的市场价格提供土地。

综合探究:(1)本土超市该如何应对?

(2)中国政府能做些什么?

[设计意图]案例探究,结合市场实际,可以突破一个教学难点,加入世贸组织,我们应该有一个怎样的正确态度,对待外资和中资企业。

案例二:受美国国内经济下滑、保护主义抬头以及政客操弄等多种因素影响,美国最近频繁对中国产品实施贸易救济措施,"中国制造"正成为美国保护主义抬头的最大受害者。据央视报道，截至 2008 年，中国已经连续 14 年成为贸易摩擦最多的国家，目前全球有 35％的反倾销调查和 71％的反补贴调查针对我国出口产品。

相关链接：贸易救济是指当进口对一国国内产业造成损害时，该国政府所采取的减轻乃至消除该种损害的措施。在 WTO 框架内，"贸易救济"包括三种形式，即反倾销、反补贴和保障措施。一般而言，采取贸易救济程序为：经国内产业或其代表申请后或一国主管当局认为有必要自行发起时，主管当局发起一项反倾销、反补贴或者保障措施调查，最终确定对外国进口产品加征关税或者实行配额管理（保障措施中可能二者并用）。

近期中美贸易摩擦事件（多媒体展示）

美国方面：

2009 年 9 月 11 日，美国总统奥巴马宣布，对从中国进口的所有小轿车和轻型卡车轮胎实施为期三年的惩罚性关税。

2009 年 10 月 29 日，中美双方在杭州中美商贸联委会上达成共识，承诺共同反对贸易和投资保护主义，不出台新的贸易保护措施。

2009 年 10 月 30 日，美国国际贸易委员会以 6：0 投票同意商务部对从中国进口的无缝钢管发起反倾销和反补贴税调查。此举有可能导致对从中国进口价值 3.82 亿美元的钢管征收 100％的关税。

2009 年 11 月 3 日，美国商务部初裁对中国输美金属丝托盘实施惩罚性关税。

2009 年 11 月 4 日，美国就所谓的中国原材料出口问题请求世贸组织设立专家组。

2009 年 11 月 5 日，美国商务部初步裁定对从中国进口的油井无缝钢管征收最高达 99.14％的反倾销税。美国商务部宣称，中国制造商和出口商在美销售的油井无缝钢管价格低于正常水平，因此决定对 37 家中国公司征收 36.53％的反倾销税，另一些中国公司将被征收高达 99.14％的反倾销税。

中国方面：

2009 年 9 月 13 日，中国商务部发布公告，依照中国法律和世贸组织规则，对原产于美国的部分进口汽车产品和肉鸡产品启动反倾销、反补贴联合调查。

2009 年 9 月 28 日，中国商务部发布公告，自 2009 年 9 月 29 日起，继续对原产于美国等地的进口聚氯乙烯实施反倾销措施，实施期限为 5 年。

2009 年 10 月 12 日，中国商务部发布公告，决定自 10 月 13 日起，对原产于美国等地的聚酰胺征收最高 37.5％的反倾销税，期限为 5 年。

2009 年 10 月 20 日,中国商务部公布了对原产于美国等地的进口锦纶 6 切片反倾销调查的初裁决定。自 10 月 20 日起,对进口自上述国家和地区的该产品征收保证金。

综合探究一:(1)简单评析美国行为。

(2)中美贸易摩擦大战有何危害? 两国可以诉诸哪个国际组织进行调解? 它可以做些什么?

(3)作为世贸成员国,美国违背了世贸哪些基本原则?

综合探究二:(1)简单评析中国的应对行为。

(2)加入 WTO 后我们应该如何更好地应对越演越烈的国际贸易战?

设计意图——案例探究,结合课本内容,可以突破一个教学重点(世贸组织的基本原则和职能)和一个教学难点(中美贸易摩擦分析):

1. 通过对中美两国行为的分析,可以巩固已学知识训练学生知识运用能力。

国家利益是国家处理国际关系的主要因素。

2. 对综合探究一(2)(3)的探究,可以帮助学生深入理解世贸组织的基本原则和职能,简单了解世贸组织的机构。

(1)世界贸易组织的基本原则:贯穿于各贸易协定和协议之中,是各成员处理贸易关系必须遵循的基本行为准则,构成了多边贸易体制的基础。

①非歧视原则。A. 最惠国待遇原则:一成员将在货物贸易、服务贸易和知识产权领域给予任何其他国家(无论是否世贸组织成员)的优惠待遇,立即和无条件地给予其他各成员。

B. 国民待遇原则:对其他成员的产品、服务或服务提供者、知识产权所有者和特有者所提供的待遇,不低于本国同类产品、服务或服务提供者、知识产权所有者和持有者所享有的待遇。

②透明度原则。各成员应公布所制定和实施的贸易措施及其变化情况,并通知世贸组织,不公布的不得实施。各成员参加的有关影响国际贸易政策的国际协议也在公布和通知之列。

③自由贸易原则。通过多边贸易谈判,实质性削减关税,减少其他贸易壁垒,扩大成员之间的货物和服务贸易。

④公平竞争原则。各成员应避免采取扭曲市场竞争的措施,纠正不公平贸易行为,在货物贸易、服务贸易和与贸易有关的知识产权领域,创造和维护公开、公平、公正的市场环境。

(2)世贸组织的宗旨和主要职能。

宗旨:

人民方面	提高生活水平,保证充分就业,大幅度稳步地提高实际收入和有效需求
途径方面	扩大货物、服务的生产和贸易
资源利用方面	坚持走可持续发展道路,促进对世界资源的最优利用,保护环境
国家方面	积极努力确保发展中国家,尤其是最不发达国家在国际贸易增长中获得与其经济发展需要相适应的份额
目的	通过实质性削减关税等措施,建立一个完整的、更具活力的、持久的多边贸易体制

主要职能:

组织实施所管辖的各项贸易协定、协议;

为成员提供处理各协定、协议有关事务的谈判场所;

解决各成员间的贸易争端;

对各成员的贸易政策法规进行定期审评;

协调与国际货币基金组织和世界银行等国际经济组织的关系,

对发展中国家和最不发达国家提供技术援助及培训。

(3)世贸组织的主要机构(略)。

3. 对综合探究二的探究,可以深入分析中国入世后如何运用世贸成员国的权利,并可以引导学生用世界的眼光看待分析问题。

中国加入世贸组织承担的义务和享有的主要权利:

义务方面	对外方面		进一步降低关税;取消非关税贸易壁垒;放宽和改善外资政策;增加贸易政策的透明度等
	对内方面		取消被禁止的出口补贴;开放国内市场,特别是服务市场;扩大对知识产权的保护范围
权利方面	所享有的权利		1. 享受多边、无条件、稳定的最惠国待遇和国民待遇 2. 享受发展中国家特有的权益
	参与的活动	在世贸组织内	参与世界组织各机构的所有会议;参与新一轮多边贸易谈判,制定多边贸易规则
		对贸易伙伴	参与贸易政策审议,对贸易伙伴的贸易政策进行质询和监督
	解决争端的手段		利用世界组织的争端解决机制解决贸易纠纷

过渡三:中国入世有利有弊,有机遇也有挑战,但总的来说加入世贸组织符合我国人民的根本利益,它标志着我国的对外开放进入了新的阶段,对我国进一步完善社会主义市场经济体制,促进国民经济与社会的发展都具有重大的意义。中国正充分行使这些权利,积极主动地参与、加强和发展多边贸易体

制,推动建立公平、合理的国际经济新秩序,维护国家利益。最后,让我们再一次回顾中国入世的艰难历程和中国入世后的积极应对!

环节四:回顾过去、展望未来——

以 Flash 的形式介绍中国入世的艰难历程和入世后我国取得的成绩。(视频资料)

环节五:教学效果课堂检测:用四句话概括本节课的知识要点:

● 4 个基本原则:即世界贸易组织的 4 个基本原则

● 3 个 1:即世界贸易组织的地位、宗旨和作用

● 2 个方面:入世对中国的 2 个方面影响,总体上利大于弊

● 1 个日期:即我国正式加入世界贸易组织的时间(教师归纳,可供参考)

五、教后比较反思

1. 研制意图

教学目的:通过课堂学习使学生知道世贸组织被称为"经济联合国"的缘由;理解世贸组织的基本原则和机构;了解中国加入世贸组织后的权利和义务;懂得中国加入世贸组织的意义。

学情分析:现代的高中生在日常生活和以往的学习中,已经形成了丰富的经验,对很多问题和现象都有自己的独立看法,尤其是一些事关国家利益的大事,比如中美贸易摩擦等;即使有些问题还没有接触过,当问题呈现在面前时,也可以凭借相关的经验进行一些解释。对此,在教学中需要我们立足学生的生活和学习实际,充分利用学生的生活经验和已学知识,同时培养学生更为全面系统地认识问题。

如何教?通过活动实践体验,让学生知道入世后我们生活有哪些改变;通过联系中国与美国贸易摩擦的典型事例,让学生学会分析在中美贸易摩擦中,美国的行为以及我国的应对,从中要学会熟练地运用世贸组织的原则和机构来维护我国的利益,通晓我国入世后拥有的权利和要履行的义务,培养学生的综合分析能力。

同时通过活动体验,在情感、态度、价值观方面,能让学生更深刻地感受到入世后我们身边生活的改变,体会中国加入世贸组织对中国和世界的发展产生的重要影响,理解加入世贸组织符合中国人民的根本利益,培养学生的国家观;通过案例探究,培养学生的世界眼光。

2. 研制的创新点

立足于外资超市进入宁波、中国与美国的贸易摩擦两个话题,通过课前生

活体验调查让学生亲身感受入世对我国的影响,然后在课堂上归纳提炼入世有利有弊,但利大于弊,入世符合我国的国家利益。

在形式上,通过热点话题和生活体验,充分发挥学生的主体地位和调动其积极主动性,在微观上体会入世的影响,其教学效果大大优于教师在课堂上宏观的数据和事例的展示。同时又可以把有限的课堂教学时间放在案例探究上,让学生可以进行充分的讨论,深入分析如何解决中美贸易摩擦。

在内容上,以外资超市进入宁波和中美贸易摩擦为载体,把处理国际关系的主要因素——国家利益与世贸组织的基本原则和宗旨结合起来,有利于培养学生的综合思维能力、对所学知识的综合运用能力。这也是在高考中要求学生掌握的重要能力之一。

宁波惠贞书院　俞颖莹

编 后 记

　　高中思想政治课作为一门以进行马克思主义基本观点教育为核心价值，提高学生认识、参与当代社会生活能力为基本内容，培养公民思想政治素质为主要目标的课程，兼具了学科教学与德育的双重功能，体现了教书育人的直接统一。也正因为此，教学中常会碰到一些"症结"课例（如内容特别枯燥的，理论特别疑难的，学生思想情感上特别难以认同的等），给具体教学实践带来诸多困惑。如不能有效突破，势必影响教学内容的落实、教学目标的达成以及课程的生命力。因此，选择这些内容进行课例解读与研制，通过创新性探索来寻求有效的解决途径，并提出自己的观点与思考，无论对老师教学、学生学习以及对新课程的深化研究，都是必要的。

　　在课例的选取上，我们根据课程设置的基本框架，结合本省的教学实际，确定四门必修课程和一门选修课程（国家和国际组织常识）为研制对象，每门课程各选 4 至 5 个课例来进行解读，兼顾相对均衡又能以点带面。在选取的依据上，我们强调典型，力求抓住"症结"，即大家普遍认为在某一方面特别疑难的，在教学实践中有诸多困惑的。"迎难而上"是我们的出发点，有所突破是我们的价值追求。

　　在编写的体例上，我们分为：①章节、标题；②课例选取依据（主要是说明"症结"在哪里，研制的必要性和意义等）；③基本内容和要求（一是教材里有哪些内容，二是课程标准和省教学指导意见有哪些要求）；④常规课例解读（包括常规教案示例，得失点评等）；⑤创新课例研制（力求有所突破，呈现出不一样的课例）；⑥研制意图说明（主要说明为什么要这样处理，理由是什么，价值在哪里）；⑦教后反思与讨论（教学实践中的得失总结）等几个部分，目的是通过多角度的研讨来探索"症结"课例的解决途径，通过分析比较来寻求教学的创新与突破，通过教学实践提供相应的思考与讨论。

　　在人员的确定上，我们邀请的都是教学第一线的骨干教师。他们中有教有所长的特级教师和名教师，也有初露锋芒的省、市教坛新秀，还有各有风格特点的资深教师。他们来自于不同学校，但有着共同的目标和追求：让政治课焕发出应有的生命活力和魅力。

　　本书以"只要心儿长出翅膀"为题，一是我们认为教学是需要用心付出的，只有心与心的互动，才有情与情的交融；二是不管现实中有多少困惑和无奈，我们都要有一颗向往美好的心灵，用自己的执著去追求理想的彼岸。"只要心儿长出翅膀，就没有到不了的地方。"

　　这只是一本抛砖引玉的书。因为课堂教学是一件"仁者见仁、智者见智"的事，没有什么绝对的是非标准，地域、学生等各种差异也意味着必须具体问题具体分析。我们所能做的仅仅是提供一些"与众不同"的课例，来引发大家的关注与思考，从而去共同探索政治课教学的有效途径。同时，由于时间和能力的原因，缺点和不足在所难免，希望诸位同行不吝指正。

陈方梁

2012 年 3 月 30 日

图书在版编目(CIP)数据

只要心儿长出翅膀：高中思想政治课"症结"课例
的解读与研制 / 陈方梁,吴志贵主编. —杭州:浙江大
学出版社,2012.6
ISBN 978-7-308-10046-5

Ⅰ.①只… Ⅱ.①陈… ②吴… Ⅲ.①政治课－教学
研究－高中 Ⅳ.①G633.202

中国版本图书馆 CIP 数据核字(2012)第 114043 号

只要心儿长出翅膀——高中思想政治课"症结"课例的解读与研制

陈方梁　吴志贵　主编

责任编辑	吴伟伟 weiweiwu@zju.edu.cn
封面设计	十木米
出版发行	浙江大学出版社
	（杭州市天目山路 148 号　邮政编码 310007）
	（网址:http://www.zjupress.com)
排　　版	浙江时代出版服务有限公司
印　　刷	杭州日报报业集团盛元印务有限公司
开　　本	710mm×1000mm　1/16
印　　张	14.75
字　　数	266 千
版 印 次	2012 年 6 月第 1 版　2012 年 6 月第 1 次印刷
书　　号	ISBN 978-7-308-10046-5
定　　价	42.00 元